本书是国家社会科学基金青年项目"国家在场与近百年来湘西苗族文化的变迁"（09CMZ026）的结项成果

总　序

　　民族学是中南民族大学特色学科、优势学科，曾先后被评为国家民委重点学科、湖北省重点学科、湖北省优势学科。中南民族大学民族学学科形成了从预科、本科到硕士、博士、博士后完整的人才培养链条。民族学本科专业是教育部特色品牌专业、湖北省特色优势专业，马克思主义民族理论与政策是国家级精品课程、国家精品资源共享课程。拥有民族学一级学科博士点、一级学科硕士点，其中一级学科博士点下设民族学、马克思主义民族理论与政策、中国少数民族史、中国少数民族经济、中国少数民族艺术、民族教育、民族法学和少数民族语言文学8个二级学科博士点，一级学科硕士点下设民族学等5个二级学科硕士点。设立有民族学专业博士后科研流动站。在2013年教育部公布的学科评估中，中南民族大学民族学在全国同类学科中排名第四，保持了在全国该学科中的领先水平。

　　中南民族大学民族学历史悠久，底蕴深厚。早在1951年，由我国著名民族学家岑家梧教授领衔，学校创建了民族研究室。20世纪50—60年代，以岑家梧、严学宭、容观琼、刘孝瑜等先生为代表的一批学者，积极开展民族研究工作，参与了新中国成立初期的全国民族大调查，并为京族、毛南族、土家族、黎族等中南、东南地区的民族识别做出了突出贡献。1983年，著名民族学家、社会学家吴泽霖先生在中南民族学院创建了国家民委直属重点研究机构——民族研究所，由此民族学学科发展迅速。20世纪80—90年代，在吴泽霖先生的带领下，涌现了彭英明、吴永章、吴永明、答振益、李干、张雄、刘美崧、杨清震等一批具有全国影响的专家，在南方少数民族历史与文化、马克思主义民族理论与政策、少数民族经济等研究领域取得了一大批突出的成果。

近10余年来，中南民族大学大力开展民族学学科群建设，在进一步突出民族学传统学科方向和研究领域的同时，以民族学一级学科为平台，形成了民族教育、民族法学、民族语言文学、民族艺术、民族药学等多个特色交叉学科，学科覆盖面日益扩大。学科发展支撑条件优势明显，现有湖北省南方少数民族研究中心、国家民委南方少数民族非物质文化遗产研究中心、国家民委中国城市民族与宗教事务治理研究中心、国家民委少数民族教育发展研究基地、国家民委民族团结进步创建活动研究中心、湖北省中国少数民族审美文化研究中心、湖北省民族地区经济社会发展研究中心、湖北少数民族非物质文化遗产保护基地、湖北省民族立法研究中心、湖北区域历史文化研究基地和中国人类学民族学研究会散杂居民族问题研究专业委员会等10余个省部级研究中心和研究基地。2016年，获批国家民委"武陵山片区减贫与发展协同创新中心"，同时，中国武陵山减贫与发展研究院、中南民族大学与湖北恩施州共建"恩施发展研究院"也依托该一级学科。

该学科条件优良，设施完备，团队实力雄厚。建有藏书10万余册的"民族学人类学文献资料中心"，设施完备的"民族学人类学田野调查实验室"，拥有国内第一家民族学博物馆，馆藏民族文物2万余件。学科还打造了国家民委创新团队"民族文化传承与发展创新团队"，以及南方少数民族历史文化研究、散杂居民族研究、南方少数民族非物质文化遗产、民族社会发展研究、中国边疆民族与宗教问题研究、民族地区减贫与发展等校级资助的研究团队。

学科现有专职研究人员79人，其中教授33人，副教授38人，博士生导师20余人。学科团队结构合理，具有雄厚的教学科研实力。学科带头人雷振扬、段超、许宪隆、田敏、柏贵喜、李吉和、李俊杰、李忠斌、康翠萍、哈正利、闫天灵等学者表现突出，在中国特色民族理论与民族政策、南方民族历史文化、散杂居民族问题、城市民族问题、少

◇中南民族大学民族学文库

国家在场与文化调适

湘西苗族文化的百年变迁研究

崔榕 著

中国社会科学出版社

图书在版编目（CIP）数据

国家在场与文化调适：湘西苗族文化的百年变迁研究／崔榕著 . —北京：中国社会科学出版社，2017. 2

ISBN 978-7-5161-9125-5

Ⅰ.①国…　Ⅱ.①崔…　Ⅲ.①苗族-民族文化-文化史-研究-湘西地区　Ⅳ.①K281.6

中国版本图书馆 CIP 数据核字（2016）第 252555 号

出 版 人	赵剑英	
责任编辑	朱华彬	
责任校对	胡新芳	
责任印制	张雪娇	

出　　版	中国社会科学出版社	
社　　址	北京鼓楼西大街甲 158 号	
邮　　编	100720	
网　　址	http://www.csspw.cn	
发 行 部	010-84083685	
门 市 部	010-84029450	
经　　销	新华书店及其他书店	

印　　刷	北京君升印刷有限公司	
装　　订	廊坊市广阳区广增装订厂	
版　　次	2017 年 2 月第 1 版	
印　　次	2017 年 2 月第 1 次印刷	

开　　本	710×1000　1/16	
印　　张	20.5	
插　　页	2	
字　　数	322 千字	
定　　价	75.00 元	

凡购买中国社会科学出版社图书，如有质量问题请与本社营销中心联系调换
电话：010-84083683

数民族非物质文化遗产保护、民族地区社会发展、民族地区减贫与区域发展、民族教育与管理等研究领域获得一大批最新成果，形成新的研究特色和学科优势。高层次学科专家发挥重要影响，有国务院学位委员会学科评议组专家1人，国家"万人计划"1人，国家社科基金评委2人，国家出版基金评委2人，"新世纪百千万人才工程"人才3人，享受国务院津贴专家5人，国家民委领军人才1人，国家民委突出贡献专家4人，教育部新世纪优秀人才计划支持人选4人，另有湖北省突出贡献专家、国家民委民族问题优秀青年专家、国家民委中青年英才等多人。近20余人次担任国家级一级学会及省部级学会的会长、副会长、秘书长和常务理事。

中南民族大学民族学学术研究成果丰硕，近5年就累计主持完成国家级和省部级科研课题140余项，承担国家社科基金重大项目、教育部哲学社科重大攻关项目5项，主持国家社科基金63项；发表核心期刊论文和出版专著230篇（部），40余项成果获教育部及省部级奖，其中教育部人文社科优秀成果奖5项，省部级一、二等奖20余项。部分成果为国家级及省部级领导批示或地方政府采纳，在服务民族地区经济社会发展方面作出了较为突出的贡献。

当前，国家正在统筹推进以建设一流大学和一流学科为主旨的"双一流"建设，我们将以此为契机，以建设一流师资队伍、培养拔尖创新人才、产出标志性科研成果、传承创新优秀文化、切实服务民族社会为抓手，不懈努力，开拓创新，争创一流民族学学科。为及时推出中南民族大学民族学学科建设的最新成果，特编辑出版《中南民族大学民族学文库》，以期为中国民族学学科发展作出新的贡献。

内容提要

　　一百年（1912年至今）来正是中国政治格局风云变幻、社会文化剧烈转型的历史阶段，捍卫独立主权、追求现代化是国家的宏大话语。湘西苗族作为深居中部腹地的一个少数民族，在国家话语的导引下，发生了巨大的文化变迁。本书以"国家在场"为理论框架，以百年来的湘西苗族社会为时空背景，运用历史民族学的研究方法，将史料与民族学理论分析、宏大历史背景与现实个案考察相结合，深入探讨国家与湘西苗族文化变迁的关系。

　　百年来湘西苗族文化的变迁表现在多个方面：在生活方式上发生了趋向现代的深刻变化；种类繁多的传统民间信仰仍保持着强盛的生命力；自由恋爱的婚姻缔结方式得以延续，而一些传统的婚姻仪式和禁忌则逐渐被废弃；虽然少数民间规约依旧在发挥作用，但维持传统社会秩序的乡规民约逐渐被现代法治取代；苗族语言一直处于持续性发展状态，"双语"现象与地域性特征明显。

　　在湘西苗族文化变迁过程中，"国家在场"是主要动因，国家通过一系列策略实现在苗族文化变迁中的强势"在场"：

　　（1）国民政府的文化同化政策。为加快现代民族—国家的建构，国民政府通过改变苗族称呼、推行国民教育、改革苗族风俗等方式，向苗族渗透主体民族的文化因素和现代理念，试图将苗族文化改造、同化为与汉族一样的文化。文化同化政策在一定程度上促进了现代化与民族—国家理念在苗族社会的传播，但由于政策未能持续实施，对苗族文化的冲击不大。

　　（2）"总体性社会"时期国家发动的一系列政治运动。在集体化运动中，湘西苗族生活方式被意识形态化、生产方式被统一化；在"破旧立新"运动中，苗族的民间信仰被禁止，文艺活动被取缔，文化活动受到限制，传统工艺品被禁止生产、出售等，苗族的传统文化受到严重破坏，并迅速解构；社会主义价值取向、现代化理念在苗族文化中充分渗透，为湘西苗族文化的现代性建构奠定了基础。

（3）民族区域自治制度的实施。国家以定章立法的方式体现对民族文化的尊重与保护，为湘西苗族文化的保护与发展提供了制度保障与法律依据。

（4）发展国民教育事业。国家通过兴建学校、改善办学条件、培训师资、稳定教师队伍、给予学生特殊照顾等方式，发展湘西苗族教育事业。这一举措对湘西苗族文化的变迁产生了重要影响：社会主义文化通过国民教育进入苗族社会，淘洗、冲击了苗族传统的知识体系；现代知识的传播，推进了苗族文化的现代性建构。

（5）改革开放以后征用苗族文化。为了弘扬苗族文化，促进苗族经济的发展，国家采用了征用苗族文化的谋略，如直接借用苗族传统的乡间治理形式，实现对苗族乡村的社会控制；改造苗族文化，为经济发展服务；改变苗族节庆的文化意义和移置仪式的文化场景，推动苗族文化的发展；将苗族文化保护纳入国家规划，以顺应国际社会重视民族民间文化的潮流等。这些谋略虽然在某种程度上背离了苗族文化的原初内涵，但却为苗族文化的保护和发展提供了国家力量的强有力支持。

（6）民族团结政策。国家始终大力宣传和贯彻民族团结政策，这一政策不仅有利于缓和苗族与其他民族矛盾，消除民族壁垒，还有利于苗族有机会与他民族交换生存智慧，主动地吸纳、借鉴他族文化因子和现代文化因子，促进了苗族文化的创新。

面对强劲的"国家在场"，湘西苗族采取了许多的回应策略：（1）排拒，即公然对抗国家对苗族文化的高压态势。（2）顺应与合作，即将国家的主导文化符号"请进"苗族社会中，与国家的文化策略形成合作关系。（3）调适中捍卫，即苗族民间社会以表面放弃、内心坚守的低调抗拒策略捍卫自己的精神家园。（4）借用，即对有助于苗族文化传承的国家话语高调借用，实现保存和弘扬苗族文化、发展苗族地区经济的目的。（5）引进，即将国家形象引进民间仪式，以表达对国家的理解与认同。苗族文化回应"国家在场"的过程，也是自身不断调适、重塑与创新的过程。

　　一百年来，现代化是国家的宏大话语。湘西苗族地区在国家力量的裹胁之下，也被卷入了现代化的浪潮，并发生着巨大的变化。百年来湘西苗族文化变迁的过程，就是现代性文化与湘西苗族传统文化不断交流、博弈的过程。在此过程中，现化性因素凭借国家话语的倡扬和自身的吸引力渗透进湘西苗族文化，湘西苗族携带着独特的传统文化基因去迎接现代文化，从而实现了湘西苗族文化的现代性建构。主要表现为：理性、科学对民间信仰的冲击；苗族的文化主体意识不断增强；苗族文化的开放性日益明显；民族权利意识强烈伸张。

　　综观百年来湘西苗族文化的变迁进程，从整体上看，"国家在场"是自变量，苗族文化是因变量。这给予我们深刻启示：国家力量过强与过弱都不利于民族文化的发展；国家对民族文化要予以充分的尊重与科学的观照，在制定民族地区现代化策略时，把握好国家在场的"量度"问题，规划好如何"出场"和"在场"；将国家的现代化目标与民族文化传统相契合，是形成国家与社会良好互动的重要途径，现代化目标能引领民族社会的发展，民族文化也在现代化过程中得到了保护、创新与发展。

Abstract

The one hundred years (from 1912 to today) has witnessed China's ever-changing political patterns, dramatic social & cultural history transition. Defending the country's independence, sovereignty, and the pursuit of modernization is the nation's great topics. Guided by national discourse, Miao ethnic minority of Western Hunan, a minority located in the central China, has gone through great changes, With the historical Ethnology researching method, combining historical data with theory of Ethnology, historical background with realistic case inspection, based on the "State presence" theoretical framework, the paper explores the relationship between the cultural changes of our country and those of the Miao ethnic minority of Western Hunan in the one hundred years.

The cultural changes in the past century of Miao ethnic minority are represented in a number of aspects: in the way of life style, the profound changes toward modern trend has taken place; A wide variety of traditional folk beliefs are still maintained a strong vitality. The marriage based on the means of free love obtains its continuation while some of the traditional marriage ceremonies and taboos are gradually being abandoned. Traditional rural orders and rules are gradually being replaced by modern laws and regulations, although a small number of folk statues are still in effect. Miao language has been in a continuous state of development, and "bilingualism" and regional characteristics are very obvious. National force is the major motivation of the cultural development and change of Miao ethnic minority of Western Hunan.

In the past century, the state has controlled and guided the Miao traditional culture through a series of strategies, with the main ideas as Follows:

(1) KMD Government's policy of cultural assimilation. To speed up the modernized construction of the nation, KMD Government, by the means of changing Miao's addressing, of promoting national education, and of reforming its customs, infiltrated main ethnic cultural factors and concept of modernization to the Miao Ethnic, trying to transform and assimilate the Miao's culture. Cultural assimilation, to a certain extent, has promoted the spread of modernization and nation-state concept in the Miao community, but it has not executed great impact on Miao culture due to the lack of continuation of the policy implementation.

(2) A series of political movements launched by socialist state power during the total society. In collectivization campaigns, the life style of Miao ethnic minority of Western Hunan has been ideologized and the mode of production has been united. In the campaign of "eliminating the old and establishing the new", the Miao folk beliefs were banned, cultural activities were banned and restricted, and traditional crafts were forbidden to produce or to sell. As a result, traditional culture of Miao were severely damaged and rapidly deconstructed. Meanwhile, country - guided socialist values and modern concepts have been fully infiltrated in Miao culture, and it laid the foundation for the modern construction of Miao culture in Western Hunan.

(3) Formulate system of regional ethnic autonomy. The state respects and protects the national culture in the form of law so as to provide a security of system and law basis for protection and development of Miao culture.

(4) Developing school education. Through the construction of schools, the improvement of school conditions, the teachers' training, and stabilization of the contingent of teachers, the country provides the students of Miao ethnic minority with preferential terms to develop the school education of Miao ethnic minority of western Hunan. This initiative has exerted great influence on Miao's cultural changes: socialist culture entered the Miao community through the national education and has exerted great impact on the traditional knowledge sys-

tems of Miao culture; The spread of modern knowledge has promoted the modern Construction of Miao culture.

(5) Expropriating the Miao culture after the reform and opening up. In order to carry forward the Miao culture and promote its economic development, the country adopted a strategy of expropriating the Miao culture to realize social control of Miao Villages, such as the direct use of the traditional village of MiaoTransform the Miao culture to provide services for its economic development; Change the cultural implications of Miao festivals and shift the cultural scene of ceremonies, so as to realize the new development of the Miao culture. Include the protection of Miao culture into national task, to conform to the trend of attention to folk culture of the international community. Although these strategies to some extent deviated from the original content of the Miao culture, they provide the national support for the protection and development of the Miao culture.

(6) Ethnic unity policy. The country has always vigorously publicized and implemented the policy of ehnic unity, and it is not only conducive to alleviate the ethnic conflicts between the Miao and other ethnic groups and to eliminate the national barriers, but it gives the Miao an opportunity to exchange survival wisdom with other ethnics, to actively absorb and draw on Chinese culture and modern culture− factors. All these have promoted the renovation of the Miao culture.

Faced with strongstate presence, the Miao of Western Hunan has taken a lot of responses:

(1) Opposition. Openly oppose the state high pressure on the Miao culture.

(2) Compliance and cooperation. Invite the dominating ultural symbols into Miao community and form cooperative relations with the country's cultural strategy.

(3) Adjustments and defenses. The Miao's civil society defends and adheres to their spiritual home, although giving up on the surface.

（4）Borrowing. Apply with high-profile the national discourse which can contribute to the heritage of the Miao culture, so as to preserve and promote the Miao culture and fulfill the purposes of regional economic development.

（5）Introduction. Introduce the national image to the civil ceremony, to express its understanding and recognition of the country. The process of responding the state presence of the Miao culture is the process of its continuous adjustment, remodeling and Innovation.

In the last century, modernization is the country's magnificent discourse. Under the influence of the national strength, the Miao ethnic minorityreligion has also been swept into the wave of modernization and great changes have taken place there. The process of the changes of Miao culture of western Hunan in the past century is the process of continuous exchanges and competitions between modern culture and the Miao traditional culture. During this process, with the advocating of national discourse, the modernized factors have infiltrated into the Miao culture. The Miao ethnic minority of Western Hunan, bringing with it a unique traditional culture, has been embracing the modern culture, thus achieving a modern construction of the Miao culture. It is Mainly presented in several aspects: rationality and science and conflicting with the folk beliefs; the active consciousness of the Miao culture has increased; the openness of the Miao culture has become more obvious; the sense of national rights has strongly upheld.

Looking at the "State presence" in the process of changes of the Miao culture in the past century, generally speaking, the country has been the variable and the Miao culture has been the dependent variable. That is to say, the Miao community has changed following the changes of the country. Over-weakness or over-powerfulness of the State forces is harmful to the development of national culture. This gives us profound enlightenment: the state should have better understanding and good plan to Ethnic culture. In the development of modernization strategy on ethnic areas, the state should handle properly the state strength "measurement" and should plan well the "presence" and "absence". A good balance between the goal of national modernization and traditional culture is an important way to form a good interaction between the State and the society. The goals of Modernization can lead the development of the ethnic society, and the ethnic culture can be protected, innovated and developed in the process of modernization.

目　录

导　言 …………………………………………………………（1）

　一　研究意义 ………………………………………………（1）

　二　学术综述 ………………………………………………（3）

　　（一）有关"国家在场"的理论概述 ……………………（3）

　　（二）有关湘西苗族研究概述 ……………………………（22）

　　（三）对学术综述的总结与评价 …………………………（33）

　三　本书的结构与创新 ……………………………………（34）

　四　有关说明………………………………………………（36）

第一章　湘西苗族概况 ……………………………………（45）

　一　湘西苗族的自然生境 …………………………………（45）

　　（一）地形地貌 ……………………………………………（45）

　　（二）气候特征 ……………………………………………（47）

　二　湘西苗族的历史 ………………………………………（47）

　　（一）湘西苗族的族源 ……………………………………（48）

　　（二）湘西苗族远古的沧桑与近代初期的磨难 …………（48）

　　（三）百年来湘西苗族的发展历程 ………………………（52）

第二章　百年来湘西苗族文化变迁的表征 ………………（56）

　一　生活方式的变迁 ………………………………………（56）

　　（一）服饰 …………………………………………………（57）

　　（二）饮食 …………………………………………………（61）

　　（三）居住 …………………………………………………（65）

（四）交通与通信 ……………………………………… （68）

（五）闲暇活动 …………………………………………… （73）

二 民间信仰的变迁 ………………………………………… （81）

（一）椎牛 ………………………………………………… （84）

（二）椎猪 ………………………………………………… （86）

（三）祭家先 ……………………………………………… （87）

（四）接龙 ………………………………………………… （90）

（五）还傩愿 ……………………………………………… （92）

（六）天王崇拜 …………………………………………… （93）

（七）"作鬼作神" ………………………………………… （96）

三 婚姻文化的变迁 ………………………………………… （103）

（一）婚姻缔结方式 ……………………………………… （103）

（二）婚姻仪式 …………………………………………… （106）

（三）通婚规则 …………………………………………… （110）

四 习惯法规的变迁 ………………………………………… （114）

（一）合款与款约 ………………………………………… （114）

（二）乡规民约 …………………………………………… （115）

（三）饮血息讼 …………………………………………… （118）

五 语言的变迁 ……………………………………………… （121）

（一）民国时期湘西苗族的语言 ………………………… （122）

（二）20世纪50—70年代湘西苗族语言的状态 ……… （123）

（三）改革开放以来湘西苗族语言的发展 ……………… （125）

第三章 "国家在场"对湘西苗族传统文化变迁的影响 ……… （128）

一 国民政府的文化同化 …………………………………… （128）

（一）文化同化的动力：建立民族—国家的
美好初衷 ……………………………………… （128）

（二）文化同化政策的具体举措 ………………………… （133）

（三）文化同化的实施效果 ……………………………… （142）

（四）文化同化失效的原因 ……………………………… （143）

　二　"总体性社会"的政治运动 ………………………………（148）
　　（一）"总体性运动"对湘西苗族生活方式的影响 ……（150）
　　（二）"破旧立新"对苗族文化的影响 …………………（153）
　三　民族区域自治的实施 ……………………………………（158）
　　（一）民族区域自治的国家理念 ………………………（158）
　　（二）湘西民族区域自治的历程 ………………………（162）
　　（三）民族区域自治对苗族文化的意义 ………………（166）
　四　学校教育的推广与普及 …………………………………（167）
　　（一）"总体性社会"时期学校教育的初步发展 ………（168）
　　（二）改革开放以后教育体制进一步完善 ……………（171）
　　（三）学校教育对湘西苗族文化的影响 ………………（177）
　五　改革开放后国家的民族文化策略 ………………………（185）
　　（一）国家征用苗族文化的意义 ………………………（186）
　　（二）国家征用苗族文化的方式 ………………………（200）
　六　民族团结政策与外来文化的传播 ………………………（210）
　　（一）国家积极宣传、贯彻民族团结政策 ……………（210）
　　（二）外来文化的传播与涵化 …………………………（217）

第四章　民间社会对"国家在场"的回应 ……………………（222）
　一　排拒 ………………………………………………………（222）
　二　顺应与合作 ………………………………………………（224）
　　（一）主动合作 …………………………………………（225）
　　（二）消极合作 …………………………………………（233）
　三　调适中捍卫 ………………………………………………（236）
　　（一）藏匿物品 …………………………………………（237）
　　（二）隐蔽活动 …………………………………………（238）
　　（三）相互掩护 …………………………………………（239）
　　（四）变通 ………………………………………………（241）
　　（五）并用 ………………………………………………（242）
　　（六）冲突 ………………………………………………（244）

四　借用 ·· （245）
　　（一）借国家话语保护民族文化 ······················· （246）
　　（二）借国家话语争取资金支持 ······················· （248）
五　引进 ·· （252）
　　（一）傩戏中国家角色的扮演 ··························· （252）
　　（二）神龛的布置 ··· （259）

第五章　"国家在场"与湘西苗族文化的现代性建构 ············· （263）
一　祛魅：理性、科学对民间信仰的冲击 ················· （268）
二　高扬苗族文化价值：主体意识的增强 ················· （271）
三　采纳他文化：开放性的培育 ··························· （275）
四　捍卫民族权利：权利意识的伸张 ····················· （277）
　　（一）积极投入捍卫国家主权的战争 ················· （278）
　　（二）诉求苗族的参政权 ······························ （279）
　　（三）创建文字，表达文化权利 ······················ （282）

结　语 ·· （286）

主要参考书目 ·· （292）

后　记 ·· （302）

导　言

一　研究意义

　　湘西苗族是生活在湖南西北部的一个古老的少数民族，西与渝、黔接壤，北与鄂西毗邻。作为历代中央政府管辖下的一个行政区域，湘西苗族地区的每一步发展历程基本上都是在国家力量的导引下发生；作为深居中部腹地的一个少数民族，湘西苗族在有史可载的历史长河里，在与其他民族的交会中，屡迁屡止，或战或和，时兴时衰，遍历坎坷，饱尝沧桑，顽强不息，成就了一个富有传奇历史的伟大民族。在1912年以来的一百余年间，正是中国政治格局风云变幻、社会文化剧烈转型的历史阶段。在国家话语的主宰下，湘西苗族文化也发生了巨大的变迁。对"国家在场与百年来湘西苗族的文化变迁"的研究，具有十分重要的意义：

　　第一，从研究的时间段来看，这一百年是中国捍卫独立主权、追逐现代化的重要阶段。在这两大国家话语的主导下，湘西苗族也以浓缩的形式集中展演了近现代变迁，传递出珍贵的文化信息，因而它是具有很高研究价值的历史阶段。同时，在湘西苗族厚重的发展史中，一百年只是历史光圈较薄的一个片段，留下了离现时段极近的书证、人证或物证，因而它也是极具研究的可能性的历史阶段。

　　第二，从湘西苗族所处的地理位置来看，它正处于中部文化沉积带上。在中国，"北起大巴山，中经巫山，南过武陵山，止于南岭，是一条文化沉积带。古代的许多文化事象，在其他地方已经绝迹或濒临绝迹了，在这个地方尚有遗踪可寻。这么长又这么宽的一条文化沉积带，在中国是绝无仅有的"①。湘西苗族正好分布在这条文化沉积带上，保存有丰富的近现代文化信息。作为居处文化沉积带上的一个族群，苗族秉承了中部地域文化特征；作为单一的少数民族，苗族又具有独特的民族文化积淀，因而湘西苗族是地域文化与民族文化相生相合的文化载体，累蓄着世代相袭的生存智慧，蕴含有丰厚多姿的文化含义，散发出神秘深邃的独特魅力。通过对百年来湘西苗族文化变迁的个案研究，为我们探寻这条珍贵的文化沉积带开启了一扇窗户。

第三，从研究视角上看，本书以民族学理论和"国家在场"理论为分析框架，通过史料的发掘和现存人、物的访谈与考证，对湘西苗族文化百年来的变迁进行细致梳理与全新阐释，立体而生动地呈现湘西苗族文化的发展脉络，丰富对湘西苗族的研究，消除以往由于单一性的理论解释而形成的刻板印象，同时也为文化变迁理论提供了一个典型个案。

第四，从现实价值上看，通过对"国家在场与百年来湘西苗族文化的变迁"的研究，发掘国家力量对百年来湘西文化变迁的影响，把握湘西苗族文化变迁的规律与特点，为湘西苗族的当代发展提供历史的经验与启示，从而促进湘西苗族经济、社会的发展与繁荣，文化的保护与创新。

第五，从研究传承上看，对"国家在场与百年来湘西苗族文化的变迁"的研究，是对学术前辈研究工作的自觉接应。1933 年，凌纯声、芮逸夫等人来到湘西，对当地的苗族进行了深入细致的调查，撰写了《湘西苗族调查报告》②。这一报告是现代中国学术界对湘西苗族研究的第一部专著，被我国民族学界公认为民族学发展史上的一座里程碑。另外，湘西苗族学者石启贵也写成《湘西苗族实地调查报告》③ 一书。这两部著作形成"姊妹篇"，成为近现代湘西苗族研究的奠基之作与经典之作。但它们的主体部分都完成于民国时期，主要追溯了湘西苗族的发展历史，记述了民国时期的社会文化现象。然而时过境迁，民国至今近一百年时间内，在国家力量的影响下，湘西苗族社会已经发生了翻天覆

　　① 张正明：《土家族研究丛书·总序》，载萧洪恩《土家族仪典文化哲学研究》，中央民族大学出版社 2002 年版。

　　② 凌纯声、芮逸夫：《湘西苗族调查报告》，民族出版社 2003 年版。

　　③ 石启贵：《湘西苗族实地调查报告》，湖南人民出版社 1986 年版。

地的变化，至今民族学界还没有人对此进行过专门系统的研究与总结，也未曾有相关的民族学专著出现。因此，这项研究是对学术前辈研究工作的自觉接应，也是对他们学术成就的理性尊重。

二　学术综述

由于本书围绕着"国家在场"与湘西苗族文化变迁的关系展开论述，涉及两方面的学术综述，即"国家在场"理论的研究现状和百年来湘西苗族文化的研究。在此分别进行陈述。

（一）有关"国家在场"的理论概述

"国家在场"作为一种理论框架，源于国家与社会的关系的讨论。它主要探讨国家与社会之间的互动关系，即国家通过政策、法律、运动等方式对民间社会产生影响，民间社会采取一定的方式和策略对"国家在场"进行回应。这一理论源于西方，20 世纪 90 年代初被引入中国学术界。此后，政治学、社会学、人类学、社会史学等学科都纷纷借鉴了这一研究思路，并将它运用到对中国社会的研究中，为重新认识中国社会提供了一种新的研究范式与解释模式。有关"国家在场"的研究，主要是从以下方面展开的。

1. 有关概念的讨论

"国家在场"理论是对西方社会历史实践的一种概括与总结，中国学术界在运用这一理论解释中国的社会问题时，对相关概念，诸如国家、市民社会、公共领域等的本质内涵都做出了本土化的界定。

（1）"国家"与"社会"

对于什么是"国家"与"社会"，由于研究的视野与领域不同，学者们有着各自不同的理解，因此，目前还没有一个被绝大多数人所接受的定义。米格代尔将关注点从国家高层转向国家的不同部分，尤其是国家组织结构与社会相接的国家底层。他将国家分为四层：最高决策中心，指的是国家机器顶端的最高行政决策者；中央政府，指的是国家决策的神经枢纽，它制定国家政策、安排资源的分配，并对最高决策中心负责；地方政府，包括地方的政府部门、立法团体、法院、军事和警察机构，它们在一个固定的次国家范围的区域内执行上级政府政策，制定并执行地方政策；执行者，指的是直接面对社会执行国家政策的人员，例如收税员、警察、教师、士兵以及其他直接执行政府规定的人员，他们直接与社会打交道。[1] 正因为国家组成部分的多样性，那么它带给社会的影响与压力也是不同的，因此，才有了社会多样性的回应。"国家"不仅包含政治学意义上的"国家构成要素说"（人口、领土、主权三要素或人口、领土、主权与政府四要素），或认为它是以暴力为后盾的政治统治和管理组织，而更多的是采用了民族学、人类学的视角，即"国家"具有多元符号与象征意义，可指代国家政府、国家"代理人"，包括国家公务人员、乡村干部等，或指代国家话语，如"破四旧、立四新"、现代化建设、发展民族经济、社会主义新农村建设、科学发展等时代话语，也可指代国家策略，如国家发动的政治运动、制定的政策措施等。因此，"国家"的构成不是统一整体性的，而是多层次、多样性的。

至于"国家在场"中的"社会"，中国学者起初着重于黑格尔狭义的"市民社会"概念的使用。后来，随着对"国家在场"理论认识的深入，学者们开始摆脱"市民社会"这一理论内涵的束缚，逐渐将"社会"内涵泛化，并倾向于理解为"民间社会"或"基层社会"等。应当说，这一转向不仅是当代中国研究中"国家在场"理论呈现的一个重要特点，也是"国家在场"模式回归本土化道路的重要标志。之所以出现这种认识取向，主要原因如下：其一，学术界有着建构一个普适性"国家与社会"分析框架的倾向。如前所述，20世纪90年代以来，学者们曾对中国"有无市民社会"、"能否建立市民社会"等问题进行过激烈的讨论。但是后来，学者们在运用"国家在场"实践中，主要是将其作为一种理论框架来认识中国社会发展，这样不仅避免了"市民社会"相关问题的争论，而且也更加符合中国的历史与现实。其二，学者们有研究中国政权建设与基层社会秩序关系的学术传统，并且提出了很多著名的见解或理论。例如，费孝通的礼治秩序、长老统治理

---

① Joel S. Migdal, *State in Society：Studying How States and Societys Transform and Constitute One Another*, Cambridge：Cambridge University Press, 2001. p. 17.

念、杜赞奇的"权力的文化网络"理念、黄宗智的"内卷化"理论、萧凤霞的村庄"细胞组织"理论等。这些研究不仅成为中国学者采取广义"社会"理念的事实依据，而且也为学者们探讨国家政权建设和基层社会之间关系问题提供了研究范式与路径。因此，在这一阶段的研究中，由于广义"社会"理念的建构，使得"国家与社会"研究的内涵逐渐脱离了近代以来西方"市民社会"理论内涵的束缚，而更加着眼于广义的社会即民间和基层社会的研究，并成为中国基层社会国家力量及政府行动的主流分析框架。①

（2）"市民社会"与"公共领域"

"国家在场"理论框架的兴起是与市民社会、公共领域的理论紧密联系在一起的。关于"市民社会"的概念，学者们也是众说纷纭，莫衷一是。但学者们倾向于认为它是相对于国家的一种自主性空间。例如，有学者认为"市民社会指的是社会中的一个部分，它具有自身的生命，与国家有明显的区别，且大都具有相对于国家的自主性。市民社会存在于家庭、家族与地域的界域之外，但并未达致国家。市民社会的观念有三个主要要素：其一是由一套经济的、宗教的、知识的、政治的自主性机构组成的，有别于家庭、家族、地域或国家的一部分社会；其二，这一部分社会在它自身与国家之间存在一系列特定关系以及一套独特的机构或制度，得以保障国家与市民社会的分离并维持二者之间的有效联系。其三是一整套广泛传播的文明的抑或市民的风范（refined or civil manner）。第一个要素一直被称为市民社会；有时，具有上述特殊品质的整个社会被称为市民社会"②。另外，有学者将有关市民社会的定义，归为两类：一类是建立在国家与市民社会的二分法基础上，市民社会是指独立于国家但又受到法律保护的社会生活领域及与之相关联的一系列社会价值或原则；另一类是建立在国家、经济、市民社会的三分法基础之上，市民社会是指介于国家和社会之间的一个相互作用领域及

---

① 张静：《基层政权——乡村制度诸问题》，上海人民出版社 2007 年版，第 15 页。
② ［美］爱德华·希尔斯：《市民社会的美德》，载邓正来、［英］J. C. 亚历山大编《国家与市民社会———种社会理论的研究路径》，中央编译出版社 2005 年版，第 33 页。

与之相关的价值或原则。①

关于公共领域的概念，哈贝马斯将其界定为"我们社会生活当中的一个领域，其间能够形成公共舆论一类的事物"，"在原则上讲，公共领域对其公民都是开放的，公共领域的一部分也就构成为公众。此时他们既非像商人或专业人员处理其私人事务那样行事，也不像屈从于国家官僚的法律规则和负有服从之义务的合法组织那样行动。当人们在不必屈从于强制高压的情况下处理有关普遍利益的事务时，也就是说能够保证他们自由地集会和聚会、能够自由地表达和发表其观点时，公民也就起到了公众的作用"②。据此说法，公共领域应是介于私人领域与公共权威之间的一个领域，它是一个非官方的公共领域，是各种自发的公共聚会场所和机构的总称，公众在这一领域可以理性地对公共权威及其政策和其他共同关心的问题做出评价。由于"公共领域"与"市民社会"这两个概念具有较多的一致性，因此，许多学者或将它们混用而不加区分，或将公共领域作为市民社会的核心内容使用。

从研究的现状来看，中国学者在利用这些概念时，均加入了各自的诠注与理解，虽然这种倾向有可能偏离西方的历史经验和理论原旨，但这也是西方理论中国化的必然结果。

（3）"国家在场"的概念

有学者曾对"国家在场"进行过界定，如"当中国以现代民族国家的身份推进其现代转型的时候，中国的社会历史经历了从线性到复线的变迁。受此影响，国家、地方、社会和族群之间的关系也相应发生了变化，即从传统意义上的松散联系演变为今日的紧密勾连与持续互动，在此过程中，来自国家层面的影响自始至终地伴随了社会历史的解释、书写和演进，这种现象就是所谓的国家在场"③。但是大多数中国学者在使用"国家在场"一词时，并没有对其概念做出清晰的界定。

---

① 唐利平：《国家与社会：当代中国研究的主流分析框架》，《广西社会科学》2005 年第2 期。

② ［美］魏斐德：《市民社会和公共领域问题的论争——西方人对当代中国政治文化的思考》，载［美］黄宗智主编《中国研究的范式问题讨论》，社会科学文献出版社 2003 年版。

③ 雷勇：《国家在场与民族社区宗教正功能的生成——以贵州青岩为例》，《广西民族研究》2010 年第 4 期。

2. 国家与市民社会

（1）国家与市民社会关系理论

西方思想领域中关于国家与市民社会关系的讨论，主要是建立于近代西方市民社会的形成及与王权相对抗的历史基础之上，从宏观上可分为两大流派，即以洛克为代表的自由主义者的"市民社会先于或外于国家"的架构和由黑格尔所倡导的"国家高于市民社会"的架构。

在前一架构中，洛克将个人权利置于市民社会理论的中心地位，他认为，国家之于市民社会，只具工具性的功用，是手段而非目的，作为手段的国家原则上是不能渗透市民社会的，国家的功用只在于维系或具体完善市民社会。由于国家的权力源于人民，是由人民所赋予的，因此，市民社会决定国家，对国家享有最高裁判权。这意味着，"市民社会创造了国家，但国家对市民社会只限工具性的作用，而且市民社会透过对其自身先于或外于国家的身份之规定而在根本上构成了对国家侵吞市民社会的可能性的抵抗甚或革命的力量"①。

而在后一理论架构中，黑格尔认为，市民社会是个人私利和欲望驱动的非理性力量所致的状态，是一个由机械的必然性所支配的王国，因此，离开国家来谈市民社会，只能是伦理层面上的政府状态，而绝非是由理性人构成的完满的状态。其学理架构的主要内容包括：其一，市民社会与国家的关系是一种相别又相依的关系；其二，国家不是手段而是目的，它代表不断发展的理性的理想和文明的真正精神要素，并以此地位高于并区别于市民社会的经济安排以及支配市民行为的私人道德规范，国家以此地位运用并超越市民社会；其三，市民社会在伦理层面是表现为一种不自足的地位，对于这种不自足的状况，只有社会进程中唯一真正的道义力量，即国家，才能实施救济与干预。② 这两种将国家与社会分离的理论，反映了近代西方国家和社会权利的分疏以及二者达到某种制衡的过程。

因此，"国家与市民社会"的关系在西方学者的视野中更注重其矛

———————————

① 邓正来：《市民社会与国家——学理上的分野与两种架构》，载邓正来、〔英〕J. C. 亚历山大编《国家与市民社会——一种社会理论的研究路径》，中央编译出版社 2005 年版，第96 页。

② 同上书，第 97 页。

盾、分立、对抗的一面，学者们常常以国家—社会二分法来看待问题，认为国家与社会是零和博弈的关系。但是，自20世纪90年代以来，米格代尔、埃文斯、奥斯特罗姆等学者逐渐打破了这种二分法的视角，认为国家与社会存在合作与互补的关系，二者是相互形塑的，并提出国家在社会中、国家与社会共治、公与私合作伙伴关系等理论。① 在这些理论的影响下，学者们的认识发生了转变，开始突破传统二分法的观点，将目光投向国家与社会互动的研究。

　　中国学者则对这一关系进行了本土化的阐释，提出两者是一对相互联系的历史范畴，社会具有"私人的"、"市民的"和"经济的"特征，而国家具有"公共的"、"政治的"特征。② 有人将其归纳为：国家是指"在一定领土范围内通过合法垄断暴力的使用权对其居民进行强制性管理和各种组织机构及其体现的强制性等级关系的总体"，"社会则相应地指在该国家领土范围内的居民及其群体的非国家组织与关系的总和"。两者关系的调整，也就是对国家的机构设置、职能的界定，以及某一社会共同体中强制性、等级制关系与其他关系（经济的、文化的、宗教的、血缘的等）在社会生活中所占比例的调整。由于政府是国家的具体化，是国家意志的合法代理者，因此，在很多分析中，"国家"与"政府"往往相互替用。③

　　（2）关于中国市民社会的讨论

　　中国历史上是否存在市民社会，也是学术界争论的焦点。一部分学者持肯定态度，认为清末民初时，出现了类似于西方市民社会或公共领域的情况，如晚清时期地方精英的活动，民国时期的社团政治、五四运动以后工人和学生的抗议示威与斗争传统等。还有学者分析了晚清时期

　　① Joel S. Migdal, *State in Society：Studying How States and Societys Transform and Constitute One Another*, Cambridge：Cambridge University Press, 2001；Peter B. Evans ed, *State - Society Synergy：Government and Social Capital in Development*, Berkeley：University of California, 1997；Elinor Ostrom, Crossing the Great Divide：Coproduction, Synergy, and Development, in Peter B. Evansed, *State-Society Synergy：Government and SocialCapital in Development*, Berkeley：University of California, 1997, pp. 85-118.

　　② 李建斌、李寒：《国家与社会在海外中国研究领域中的兴起及其反思》，《江汉论坛》2006年第12期。

　　③ 何艳玲：《西方话语与本土关怀——基层社会变迁过程中"国家与社会"研究综述》，《江西行政学院学报》2004年第1期。

中国已经产生游离于政府控制之外的商人组织及公共机构，如圣仓、普济堂、善堂等，这类机构的非官僚特征日益增强，在地方社会颇有影响，最终成为批评政府政策的场所。[①] 此方面的研究，西方汉学家的成就较为突出。例如，萧邦齐（R. Keith Schoppa）最早用市民社会的理论考察知识分子角色变迁与基层组织互动问题。此后，罗威斯在对近代汉口的研究中，指出当时汉口商人市民组织的各种机构如商会、救火队等都已经具有了类似西方公共领域的特征，并用"精英能动主义"一词来描述汉口近代市民精神的形成。玛丽·兰金也认为，从晚明开始，公共领域就开始不断而缓慢地在中国发展，但与西方市民社会的开端有所不同。19 世纪末，一些带有市民社会特征的组织和活动就出现了，并在 20 世纪的前 30 年中获得了发展。[②] 在国内，也有一些学者直接利用市民社会理论，来探讨中国近代历史上的国家与市民社会的关系。例如，马敏、朱英等人对近代商会的实证研究中，提出了"在野市政权力网络——市民社会雏形"一说。马敏认为，近代中国的市民社会或公共领域与西方不同，西方的市民社会和公共领域是作为国家的对立面而出现的，而中国早期建立的市民社会，是为了协调官方与民间的关系，以民治辅助官治。晚清市民社会雏形与国家之间，是一种既互相依赖，又互相矛盾、摩擦的关系；其中，依赖的一面占据主导地位。[③] 朱英提出，清政府在推行新政时，常依赖于市民社会的运作，而市民社会雏形对国家也有特殊的依赖性，国家与社会之间保持着良性的互动关系；同时社会也发挥了对国家的制衡作用。[④] 王笛也认为从传统社会向近代社会过渡的过程中，公共领域的发展成为市民社会的重要基础，中国社会似乎也经历了这样一个演变过程。一方面，清代长江上游地区公共领域的扩张与国家有着密切关系，国家依靠公共领域来实施地方管理；另一方面，公共领域的发展则又有可能导致与国家权力对立的民权的扩张及

①　朱英：《近代中国的社会与国家：研究回顾与思考》，《江苏社会科学》2006 年第 4 期。

②　［美］玛丽·兰金：《中国公共领域观察》，载［美］黄宗智主编《中国研究的范式问题讨论》，社会科学文献出版社 2003 年版，第 196 页。

③　马敏：《官商之间：社会剧变中的近代绅商》，天津人民出版社 1995 年版，第 281—292 页。

④　朱英：《关于晚清市民社会研究的思考》，《历史研究》1996 年第 4 期。

一个市民社会的形成。①

　　而另一部分学者则认为，关于中国市民社会的理论更多的只是一种理性的价值建构，未必适合于中国实际。例如，魏斐德认为将哈贝马斯的概念应用于中国的尝试是不恰当的，"因为尽管自 1900 年以来公共空间一直在不断扩大，但这仍不足以使人们踌躇地肯定对抗国家的公民权力。相反，国家的强制权力也在持续地扩大，而绝大多数中国公民看来主要是按照义务和依附而非权利和责任来理解社会存在的"②。萧功秦认为，中国市民社会发展曾面临传统专制主义、社会自主领域畸形化与国家政权的软化以及国家本位主义三大阻力，这些阻力在未消除的情况下，建构市民社会的前景并不乐观。③ 同样，夏维中也认为，由于中国历史上从来不存在严格意义上的市民阶级，加之大一统社会中央高度集权的强大障碍，理论建构的操作性很差，因此市民社会在中国很长时间内将是一个难圆之梦。④ 罗威廉也对中国是否存在市民社会提出质疑，"如果我们断定中国应当早就形成了一个市民社会，则我们会为自己的种族中心主义式的态度而感到负疚，因为我们实际上是把我们自己的文化发展的地方性路径（local path）确立为其他社会必须遵循的普世模式"⑤。"寻求在中国发现（或发明）这个概念的结果则无异于用一系列价值判断来审视中国的历史，而这些价值判断所根据的则是源于我们自身地方性经验的期望，甚至这些期望的产生也未经正当性证明。"⑥

　　与上述学者论述不同，黄宗智另辟蹊径，他根据哈贝马斯"公共领域"的概念，提出了"第三领域"（third realm）这一概念，他认为在国家与社会之间存在着一个第三空间，而国家与社会又都参与其中。第

　　① 王笛：《晚清长江上游地区公共领域的发展》，《历史研究》1996 年第 1 期。

　　② ［美］魏斐德：《市民社会和公共领域问题的论争——西方人对当代中国政治文化的思考》，载［美］黄宗智主编《中国研究的范式问题讨论》，社会科学文献出版社 2003 年版，第165 页。

　　③ 萧功秦：《市民社会与中国现代化的三重障碍》，《中国社会科学季刊》1993 年第5 期。

　　④ 夏维中：《市民社会：中国社会近期难圆的梦》，《中国社会科学季刊》1993 年第5 期。

　　⑤ ［美］罗威廉：《晚清帝国的"市民社会"问题》，载［美］黄宗智主编《中国研究的范式问题讨论》，社会科学文献出版社 2003 年版，第 174 页。

　　⑥ 同上书，第 189 页。

三领域随着时间的变化而具有不同的特征与制度形式。它是一个价值中立的范畴，可以帮助摆脱哈贝马斯资产者公共领域那种充满价值意义的目的论，也能更为清晰地界分出一种理论上区别于国家与社会的第三区域。这一概念还可以阻止把第三区域化约到国家或社会范围的倾向。国家与社会两者同时影响着第三区域。据此，当讨论国家或社会或两者一起对第三区域产生影响时，就不会造成这一区域会消融到国家里或社会里或同时消融到国家与社会的错觉。第三领域具有超出国家与社会之影响的自身特性和自身逻辑。① 黄宗智"第三领域"的提出，对于我们判断中国社会中是否存在西方式的市民社会，理解中国"国家"与"社会"的关系及特性提供了一个独特的思路。

3. 国家政权建设与乡村社会

学者们运用"国家在场"的分析框架进行中国乡村的研究，取得了较为丰富的成果。西方汉学研究者杜赞奇、萧凤霞、黄树民等学者对近现代以来国家政权在乡村的不断渗透与扩张之下，中国乡村秩序与文化所发生的巨大变迁，均作出过精彩的描述，给中国学术界带来了极大震动。

杜赞奇在其著作《文化、权力与国家：1900—1942 年的华北农村》中，着重论述了国家政权与乡村社会之间的互动关系，包括：国家的权力与法令是如何行之于乡村的？它们与地方组织与领袖是怎样的关系？国家权力的扩张是如何改造乡村旧有领导机构，又如何建立新型领导层并推行新的政策的？他提出了"权力的文化网络"的概念。这一概念的提出有着重要的方法论意义，它将国家政权、乡绅文化与乡民社会纳入了一个共同的框架，并将权力、统治等抽象概念与中国社会特有的文化体系联系起来了。他认为文化网络是由乡村社会中多种组织体系以及塑造权力运作的各种规范构成。由于文化网络中有各种组织成员所认同的具有象征价值的文化因素，使它成为地方社会中领导权具有合法性的表现场所，也就是说，文化网络中有人想出任乡村领导的主要动机，是出于提高社会地位、威望、荣耀并向大众负责的考虑，而并不是为了追

---

① ［美］黄宗智：《中国的"公共领域"与"市民社会"？——国家与社会间的第三领域》，载 ［美］黄宗智主编《中国研究的范式问题讨论》，社会科学文献出版社 2003 年版，第 260—285 页。

求物质利益。乡村的文化网络也是国家政权深入乡村社会的主要渠道，国家权力正是通过乡村这一文化网络深入社会底层，从而使自己的权力披上合法的外衣。但是，20世纪的国家政权建设则试图抛开乡村这种文化网络，建立现代的官僚化、系统化的社会控制机构，最终产生了一个变形的乡村权力结构，士绅逐渐淡出了乡村的权力结构，恶势力横行，腐败现象普遍。他认为19世纪末，地方政权与中央政府严重依赖文化网络，20世纪国家政权如果要抛开、毁灭文化网络以深入乡村社会，这种企图注定要失败。①

萧凤霞在《华南的代理人与受害者》一书中对珠江三角洲的一个乡级社区进行了研究。在中国传统社会中，皇权止于县政，国家政权只延伸至县一级，而县以下的广大乡村地区是自治性的社区，主要由民间社会组织来控制。但作者认为，国家与乡村社会并非完全分化，因为国家通过意识形态与象征性等级制度把地方的精英吸收到国家的势力范围之内，并进而利用他们的网络控制民间社会和社区生活。晚清以来，在现代民族—国家的建构之中，国家的行政力量更是不断地向乡村社会延伸，力图将社区变成"细胞化"的社会控制单位，把新的政治精英阶层改选成这些"行政细胞"的"管家"，造成社区国家化的倾向，而联系国家与地方社会的地方精英扮演着"代理人"的角色。②

黄树民在《林村的故事：1949年后的中国农村变革》一书中，以民族志的手法详细讲述了闽南林村叶书记的生活经历，作者将宏观的社会变迁史与微观层面的村落史和个人史结合起来，分析了中国农村社会变迁过程中国家对村落政治文化的改造与干预。他认为，1949年以后，在农民生活普遍得到改善的情况下，传统上封闭、自治而独立的村落社区，逐渐受到官方意识形态的强力影响，但国家与民间社会仍处于一种双向的互动中，村落的某些信仰和风俗习惯仍然得以延续下来。③

---

① ［美］杜赞奇：《文化、权力与国家：1900—1942年的华北农村》，王福明译，江苏人民出版社2004年版，第3—16、189页。

② 李建斌、李寒：《国家与社会在海外中国研究领域中的兴起及其反思》，《江汉论坛》2006年第12期。

③ ［美］黄树民：《林村的故事：1949年后的中国农村变革》，素兰、纳日碧力戈译，生活·读书·新知三联书店2002年版。

　　20世纪80年代以后，受上述学者的启发，运用"国家在场"的理论框架分析此类问题的学者越来越多，而且也提出了许多精辟的观点。如国外学者崔大伟（David Zweig）提出中国农村非集体化改革的动力，既不是单纯决定于国家，也不是单纯决定于农民，而是国家、地方、基层干部和农民多方互动和作用的结果；何高潮分析了抗日战争时期"减租减息"运动中，中共、地主、农民的策略性互动；弗里曼（Edward Friedman）、毕克伟（Paul G. Pickowicz）和赛尔登（Mark Selden）通过对河北省饶阳县村落的调查，写出《中国的乡村，社会主义国家》一书，探讨了中国共产党在战争时期及革命胜利后在华北农村进行的一系列改革，分析了这些改革在不同时期对农村社会及农民的影响，对国家建设的作用，以及它们与传统文化的关系。此外，国内的许多学者从"宏观把握微观着手"，站在多元主义的立场上，在国家政权建设的宏观理论背景下，将对中国乡村社会的历史关照与现实考察结合起来，试图从本土经验中提炼出一般性的理论解释，在许多方面的研究都取得了历史性的突破，例如郑大华、朱德新、李德芳、马敏等对乡村建设、保甲制度及乡绅阶层的研究；赵秀玲、张静、张乐天、荣敬本、沈延生、吴理财等对乡村政权组织的研究；徐勇、彭勃、何包钢、朗友兴、吴毅等对村民自治和乡村治理的研究；徐勇、程同顺、于建嵘、张鸣等对乡村政治的研究；王沪宁、王铭铭、曹锦清等对乡村社会文化与权力的研究，以及孙立平等人对改革前后中国社会性质的研究等。其中，孙立平提出的"总体性社会"与荣敬本等的"压力型体制"成为学者们在描述改革前后乡村内部国家与社会关系时广泛使用的概念。①

　　4. 国家与民间信仰

　　近年来，中国社会史学界、历史人类学界开始从民间信仰的视角来审视国家与民间社会的关系。例如，陈春声通过广东樟林神庙系统演变过程的记述，认为"在乡村社会生活中，'功利'层面上关于地方官府与基层社会的关系，与乡民们在文化价值层面上关于'国家'的理念，

---

　　① 郑卫东：《"国家与社会"框架下的中国乡村研究综述》，《中国农村观察》2005年第2期。

是分离的。对于日夜为生计操劳的百姓来说，'国家'既是一种无处不有，无处不在，又充满了遥远的、不可触摸的神秘感的神圣力量，常常是政治、社会与文化'正统'的主要来源。……这种理想化的'国家'的'原型'，始终存在于中国老百姓的集体无意识之中"①。赵世瑜以明清北京祭祀碧霞元君的各"顶"和东岳庙的个案研究，来探讨非国家正祀的民间信仰为获得国家的认同所采取的措施，从中揭示出国家权力与民间社会互惠、互动的关系。他认为在不同地方，通过民间信仰表现出来的国家与民间的关系是不同的，民间社会利用了国家，国家也利用了民间社会。前者这样做的目的依然是为了壮大自己，后者这样做则是为了实现对民间社会的控制，只不过表现出来的不是激烈的冲突，而是温和的互动而已。②

朱炳祥以三个民族村庄神龛的变迁为例，分析了国家的"在场"方式：国家政治的强行控制影响了神龛形式的变化；国家意识形态的渗透影响了神龛功能的变化；国家经济体制变革从根本上导致了神龛内在生命形式的变化。③ 他还通过对白族"朝珠花传说"的研究，探讨了国家与民族社会之间的张力关系，认为在空间维度上，当国家权力出现掠夺性下沉时，国家与民族社会处于对立关系之中，双方互残互伤；反之，则形成整合关系，国家与民族和谐互动发展。在时间维度上，当现代国家排斥民族文化传统，国家与民族社会亦形成对立关系，传统与现代断裂；反之，则形成整合关系，民族传统适应国家现代化发展。④ 另外，他与夏循祥通过对武汉市黄陂区屏风村的龙灯文化的考察，梳理了国家与民间社会集体记忆分歧、糅合、分离、混杂的过程，认为龙灯文化所代表的民间社会被迫放弃了记忆，处于全能国家时代之后的一种混乱状态。如果这种现状无法改变，民间文化的重构将出现失

---

① 陈春声：《乡村神庙系统与社区历史的演变——以樟林为例》，载周积明、宋德金主编《中国社会史论》（下卷），湖北教育出版社 2000 年版，第 761 页。

② 赵世瑜：《国家正祀与民间信仰的互动——以明清京师的"顶"与东岳庙为个案》，《北京师范大学学报》1998 年第 6 期。

③ 朱炳祥：《民族宗教文化的现代化——以三个少数民族村庄神龛变迁为例》，《民族研究》2002 年第 3 期。

④ 朱炳祥：《张力的度量——以"朝珠花的传说"为例对国家与民族社会关系的研究》，《武汉大学学报》2004 年第 1 期。

序与混乱。①

郑振满、陈春声主编的《民间信仰与社会空间》② 一书中，所收录的一些文章也集中谈论了民间信仰与国家的关系。例如，陈春声记述了双忠公崇拜在潮州从开始传入到逐渐普及的过程，认为这一过程与当地乡村社会逐步融入国家体制的过程是一致的。他还认为，一个在国家意识形态中具有合法地位的外来神明，要被某一地域的民众所接受，除了有待于王朝和国家认同感的培养外，还需要通过灵验故事和占卜仪式来建立与地方社会的利益关系。黄挺则主要探讨了双忠公信仰活动中乡民、官师与士绅的不同态度，及其背后反映出的国家政权与乡土社会的复杂矛盾。侯旭东通过北朝时期民众在所塑造或购买的佛像上的祈愿题字（即造像记），发现在佛教较受统治者推崇的北朝时期，有百姓利用塑造佛像祀愿的机会，表达他们对皇帝的祝福和对朝廷、国家的忠心；复杂动荡的政治局势似乎对乡民们的"国家"信念没有产生多大影响，理想化的"国家"的原型长期存在于中国老百姓的集体无意识之中。潘淑华通过对1929—1930年间广州市"移风易俗"活动的考察，梳理了国民党为建构政权而解构民间迷信的举措，以及国民党组织与地方政府之间的立场分歧和相互纷争。

仪式是人们表达与实践民间信仰的重要方式。通过仪式来洞察民间社会与国家权力间的关系是学术界的关注重点。高丙中以"国家在社会中"为视角，对河北范村"龙牌会"、北京花会和部分少数民族仪式进行了分析，认为：一方面，国家在不同的社会背景下可以成为民间仪式兴衰存亡的决定性力量，它既可以运用暴力或自己的象征符号摧毁或替代民间仪式，也可能征用民间仪式与象征服务于经济目的或政治治理，从而为民间仪式留下了回复演变的空间；另一方面，民间社会可将地方信仰转化为民族—国家象征符号，从而使之获得合法性并产生积极后果。文化仪式的相互承认、互融及共融正是国家与地方民族传统、政府与民众之间新型关系的体现。郭于华通过叙述一个村落社区的仪式与其

---

① 朱炳祥、夏循祥：《屏风村龙灯文化变迁中的国家与社会》，《广西民族学院学报》2003年第11期。

② 郑振满、陈春声：《民间信仰与社会空间》，福建人民出版社2003年版，第3—5页。

生活世界的逻辑，展示作为权力实践的国家仪式在该社区展开的过程，以此理解社会变迁与重组的机制。她认为，在民间社会层面上，仪式往往是当地人们日常生活中最基本的生存技术；在国家层面上，它们则与权力技术相关联，或者说它就是一种权力技术或权力实践的过程。而这一过程在半个世纪的时段中表现为国家仪式对民间仪式的替代，或者说仪式从生存技术向权力技术的转变。通过仪式与象征的运作，国家权力与政治力量嵌入普通民众的日常生活之中。[①]

5. 国家与宗族

宗族现象是探究国家与社会关系的重要视角。一些学者从国家力量和民间社会力量的交织互动中探索宗族问题，这种视角反映出宗族研究的本地化取向。[②] 例如，科大卫、刘志伟指出，明清以后在华南地区发展起来的所谓"宗族"，并不是中国历史上从来就有的制度，也不是所有中国人的社会共有的制度。这种"宗族"不是人类学所谓的"血缘群体"，宗族的意识形态也不是一般意义上的祖先血脉的观念。明清华南宗族的发展，是明代以后国家政治变化和经济发展的一种表现，是国家礼仪改变并向地方社会渗透过程在时间和空间上的扩展，这个趋向反映了在国家与地方认同上整体关系的改变。宗族的实践是宋明理学利用文字的表达推广他们的世界观，在地方上建立起与国家正统相关联的社会秩序的过程。他们还考察了宗族意识形态通过何种渠道向地方社会扩张与渗透，宗族礼仪如何在地方社会推广，把地方认同与国家象征结合起来的过程。[③] 陈柯云通过对徽州宗族社会的考察，探讨了宗族社会与封建国家在乡村事务管理上的关系，认为宗族统治与封建政权相互支持、相互补充，使中国封建社会具有不断修补、自我完善的机制。宗族统治比单纯封建政权的统治更细密、更有效、更易于接受。宗族有效地控制了某些地区的乡村，成为那里的实际管理者，维护了当地社会秩

---

① 郭于华：《民间社会与仪式国家：一种权力实践的解释——陕西骥村的仪式与社会变迁研究》，载郭于华主编《仪式与社会变迁》，社会科学文献出版社 2000 年版，第 338—383 页。

② 邓京力：《"国家与社会"分析框架在中国史领域的应用》，《史学月刊》2004 年第 12 期。

③ 科大卫、刘志伟：《宗族与地方社会的国家认同——明清华南地区宗族发展的意识形态基础》，《历史研究》2000 年第 3 期。

序，使封建社会的基础更加巩固。① 朱炳祥、普珍以摩哈苴彝汉杂居村为例，探讨了在民族—国家的现代性建设中，摩哈苴家族共同体在国家权力与地方传统的互动中消解的图景：国家"经济暴力"的利民性下沉造成了家族生产共同体的缺失，国家政治权力的强制性下沉造成了家族仪式共同体的消亡，国家"话语霸权"的渗透性下沉造成了家族象征共同体功能的失落。这就说明，在"有国家的社会"中，特别是在民族—国家的现代性建设的背景下，国家与民间社会家族之间的关系并不是"你进我退，你退我进"的弹簧式张力关系，而是国家在社会中始终占据主导性地位。②

此外，还有学者对"国家在场"与乡村社区互动关系进行了分析。王铭铭曾论述过国家与社会关系变迁史的体系及其对该社区地方性制度（包括亲属制度、仪式制度、经济制度、区域性通婚与象征制度等）的影响，以及地方性观念认同的体系及其变异。他通过对该社区"传统的复兴"与"社区生活的回归"的考察，认为片面强调现代性取代传统的有效性，忽略了乡土传统的持续性的观点是不可取的。③ 黄剑波则以西北的一个村庄为例，阐释了国家力量在社区事务、社区变迁和社区权力分配中的特殊影响，认为随着民间力量的重新崛起，今后的发展趋势是国家力量与民间社会在一定程度上达成某种共识。④

综上所述，"国家在场"理论分析框架的运用，使得中国的学者突破了原有的思维惯性和提问方式，"在对原本中国社会发展研究中那种自上而下单向性'国家'范式进行批判的基础上，把社会或市民社会的观念引入了中国社会发展研究之中，进而形成了'国家与社会'这一理论分析框架"⑤。这一分析框架为学者们进行更具空间式的、力量

① 陈柯云：《明清徽州宗族对乡村统治的加强》，《中国史研究》1995 年第 3 期。

② 朱炳祥、普珍：《国家的在场与家族共同体的消亡——以摩哈苴彝汉杂居村为例》，《中南民族大学学报》2004 年第 4 期。

③ 王铭铭：《村落视野中的文化与权力》，生活·读书·新知三联书店 1997 年版，第 4—10 页。

④ 黄剑波：《乡村社区的国家在场——以一个西北村庄为例》，《西北民族研究》2005 年第 1 期。

⑤ 邓正来：《"国家与社会"研究框架的建构与限度——对中国的乡土社会研究的评论》，载王铭铭、[英] 王斯福主编《乡土社会的秩序、公正与权威》，中国政法大学出版社 1997 年版，第 609 页。

对应式的和横向关系结构的学术探索，重新认识中国传统文化与现实社会提供了新的思考路径。

综合以上学术前史，"国家在场"理论中国本土化的明显倾向和主要特征主要体现在以下方面：

第一，"国家在场"在中国的运用中，主要强调国家与社会的互动。如前所述，西方学者在使用"国家在场"理论时，往往将国家与社会进行分离，注重两者之间对立与矛盾的一面，注重对其相互抗衡的特点分析。20世纪90年代初，"国家在场"理论进入中国学者的研究视野，经过短暂的"社会对抗国家"路径探索之后，一些中国学者在中国改革开放和经济、社会、文化发展的现实中，逐渐认识到，"中国的社会权利结构呈现出一种排列式的上下包含关系，而非西方对应式的平衡对应关系，对权利的划分界定始终不是传统中国秩序论证的中心问题。讨论'国家与市民社会'所需要的权利分立前提在中国严格说来并不具备"[①]。于是，中国学术界开始从中国历史自身的整体特点出发，关注对国家与社会间复杂互动关系的探索。学者们接受了以米格代尔、埃文斯、奥斯特罗姆等人为代表的"国家与社会互动"理论，积极倡导用"国家与社会良性互动"的视角来研究并指导中国现实的国家与社会关系，认为"它更多地被设想为一种基于各自具有的发展逻辑和自主性而展开的良性互动关系，是一种能辅成为实现民主政治的可欲的基础性结构；因此市民社会与国家的良性互动对于中国大陆论者来讲更是一种目的性状态，从而他们的研究多趋向于对此状态的构设以及如何迈向或达致这一状态的道路的设计"[②]。郑杭生等学者也明确指出"西方概念中的国家与社会关系是二元对立关系，尽管当代西方国家与社会有走向重合的趋势；而我们概念中的国家与社会是一个统一整体，尽管目前社会结构转型过程中出现了国家与社会相对分离的现象。我们在研究过程中使用'国家—社会'这对范畴，并不是要接受西方的价值和照搬西方的经验，去探讨建构一个什么独立于国家、并与国家相对立的

---

① 张静：《国家与社会》，浙江人民出版社1998年版，第3页。

② 邓正来：《导论：国家与市民社会——一种社会理论的研究路径》，载邓正来、［英］J. C. 亚历山大编《国家与市民社会——一种社会理论的研究路径》，中央编译出版社2005年版，第15页。

'社会'，而是在尊重传统和坚持国家与社会统一的前提下，去探讨如
何协调国家与社会的关系"①。这段话充分体现了中国学者运用国家在
场理论来阐释中国国家与社会关系的基本立场。

　　第二，创设了"国家在场"理论的主要范式。中国学者在运用
"国家在场"理论过程中，已建立起两种基本的分析范式，即"静态—
结构"范式和"过程—事件"范式，用以讨论与解释国家与社会的
关系。

　　"静态—结构"范式重点考察作为反复不断地再生产出来的规则与
资源的制度，而暂时搁置行动者的自觉意识。这种视角将国家和社会的
关系看作是一种静态的结构，存在着一种稳定的模式，即从整体化、制
度化的角度将国家与社会的关系划分为四种模式：强国家—弱社会；弱
国家—强社会；弱国家—弱社会；强国家—强社会。学者认为，第一种
模式是指在权威主义国家中，国家处于绝对主导地位，社会处于一种被
控制、被主宰的状态；第二种模式即社会对抗国家，属传统自由主义模
式；第三种模式在中世纪西欧封建制国家与现代不发达政体中表现突
出；第四种模式是指国家有意识地向社会"出让"一部分权力，与社
会和谐共存与相互协作。此模式要求：社会具有相对独立性，非国家的
社会组织在法律范围内享有较为广阔的自主活动领域，国家行政性联系
之外的其他社会联系方式在社会生活的协调过程中发挥较大作用；国家
在尊重社会及其多种组织法律上的独立性的前提下积极介入社会生活过
程，对社会生活进行多种形式的协调、引导，为它们创造适宜的活动环
境与条件；建立国家与社会，尤其是多种社会组织之间的协同合作、互
相监督的良性互动机制。② 当代中国研究的学者主要运用这种分析范式
的视角，对当代中国不同时期"国家在场"的特点进行分析，并存在
着这样二种观点：国家控制社会、国家与社会相互渗透、社会改造国
家。③ 社会与国家的良性互动应该是"中国社会主义现代化和民主建设

　　① 郑杭生、洪大用：《现代化进程中的中国国家与社会——从文化的角度看国家与社会
关系的协调》，《云南社会科学》1997 年第 5 期。
　　② 唐士其：《"市民社会"、现代国家以及中国的国家与社会的关系》，《北京大学学报》
1996 年第 6 期。
　　③ 周晓红：《从国家与社会关系看中国农民的政治参与——毛泽东和后毛泽东时代的比
较》，《香港社会科学学报》2000 年第 4 期。

的合理选择"①。

"静态—结构"范式在分析国家与社会关系时，存在着很大的局限性：它没有关注到国家与社会关系具体的动态表现。在现实生活中，国家与社会的互动是多样化、多层次的，"国家在场"是一种实践表现，是一种动态的、流动的"在场"。正如米格代尔指出的那样："国家和社会都不是固定的实体，在相互作用的过程中，它们的结构、目标、支持者，规则和社会控制能力都在发生变化，它们处于不断的相互适应过程之中。"② 孙立平提出的"过程—事件分析"的研究范式，主张将国家与社会的关系由静态的结构转向由若干事件所构成的动态过程，并将过程看作是一种独立的解释变项或解释源泉。这种策略认为过程本身存在着创造性，在很大程度上可以弥补体制和组织结构的缺陷。这种分析视角侧重对具体事件和过程的关注、描述和分析，对其中的逻辑进行动态的解释。③ 有助于我们看清"潜在的因素是如何被激活的，衰败的东西是如何得到强化的，散乱的东西是如何重组的，更重要的是，从这个过程中看到国家与社会的关系是如何再生产出来的"④，克服非此即彼的对立，避免将"国家"或"社会"整体化、实体化的倾向，展示了国家与社会在日常生活中进行权力博弈的动态场景，这种复杂的互动关系在动态的过程中不是一成不变的，而是处于不断建构的过程之中。

当然，"过程—事件"范式也并不能替代"静态—结构"范式。两种分析范式各具特点，它们在探讨国家与社会关系时都有较强的说服力，只是它们在讨论国家与社会关系时，选择了不同的观察角度："静态—结构"范式关注的是国家与社会模式化关系形态；"过程—事件"范式关注的是国家与社会多样性的互动实践活动形态。因此，"国家在场"理论框架实际上存在着这样两种互补的分析视角：一方面将国家与社会关系看作是一种静态的模式从结构层面去探讨，另一方面又将国家

---

① 戴桂斌：《"互强型"国家与乡村社会的建构》，《社会主义研究》2010 年第 1 期。

② Joel S. Migdal, *State in Society*: *Studying How States and Societies Transform and Constitute One Another*, Cambridge: Cambridge University Press, 2001, p. 57 .

③ 孙立平：《"过程—事件分析"与当代中国国家—农民关系的实践形态》，《清华社会学评论》（特辑）2000 年第 1 期。

④ 同上。

与社会的关系看作是动态的过程，注重从具体事件和互动中去把握。以上两种研究范式的讨论，也为笔者提供了理论分析的基本思路，即在确立国家与社会二元化结构分立的基础上，再来探讨"国家在场"的动态表现，探讨不同时期国家与社会互动的方式、途径和上下权力互动的复杂关系。

第三，重点探讨了"国家在场"在中国不同历史时期的表现形式与基本特点。学者们普遍认为，民国期间，由于国民政府对民族国家的仓促建构，传统社会的迅速解体以及国家不能对民间精英进行有效的吸纳与认可，从而导致了民间精英的角色发生转变，其掠夺性表现得越来越浓厚，并且侵吞了国家权力，进而导致"国家政权内卷化"①。在内卷化的趋势下，国家权力向民间社会的渗透与延伸，只能意味着社会进一步被压榨和破产，从而将国家与社会的关系逐步引向对立。另外，"国家权力"的渗透能力也显得十分脆弱，国民政府并没能成功地在广大农村建构起强大的政权组织体系，广大乡村社会处在失控状态，乡村社会本身有限的治理权力被经纪化了的大小官僚、地方豪绅剥夺殆尽，国家失去了管理社会的权威，同时，国家整合民间社会，快速走向现代化道路的企图也未能实现。1949 年新中国成立以后，国家面临着进行工业现代化，实现国家富强的重大历史任务。为迅速巩固政权、整合社会、集中资源、加快国家建设提供有效的社会基础和组织保证，新中国政权采取了一系列措施实现了国家的对外独立以及对内的高度整合，国家与社会之间的关系较新中国成立前发生了根本性的转变，国家权力得到了强力扩张与伸展，"依仗利益和资源所产生的依赖性结构，与依仗国家的命令权力所产生的依赖性结构仍然结合在一起，共同维持了国家对社会的统治"，"国家将一切权力掌握在自己手中，同时就剥夺了其他任何权力，基本上完全取代了社会"②，导致国家与社会处于同构、同质状态。1978 年改革开放政策实行以后，为了促进国家经济发展和政治结构转型，国家权力从社会领域主动回撤，给予社会的自主发展宽余度逐渐

---

① ［美］杜赞奇：《文化、权力与国家：1900—1942 年的华北农村》，王福明译，江苏人民出版社 2004 年，第 51 页。

② 李汉林、李路路：《资源与交换：中国单位组织中的依赖性结构》，《社会学研究》1999 年第 4 期。

增加，激发了社会的活力，国家权力与社会权力的关系处于良性互动的状态，这种关系的建构为推动国家现代化事业创造了良好的条件与基础。

"国家在场"理论毕竟是"舶来品"，运用它来审视中国经验时，需要分辨历史与文化的场景，注重"自上而下"与"自下而上"、制度分析与策略分析、内部视野与外部视野等方法的有机结合。中国学者在这一理论的运用上既实现了本土关怀，又实现了理论自身的丰富与拓展。当然，"国家在场"理论本身还有一个不断完善的过程，例如，在文化变迁中，国家在场是如何体现的，如何评价它的功效，它的适用范围以及它与文化现代性建构的关系等问题，都需要学者们进一步探索与总结。

本书在运用"国家在场"概念时，更强调它是一种分析框架和研究方法，而不仅仅是一种理论。基于此，本书的"国家在场"是指在社会历史变迁进程中发生的国家与社会的互动。其中，国家对社会变迁的方向、特征以及进展等进行"自上而下"地干预与影响；而面对国家力量的干预与影响，社会也会"自下而上"地以多种方式做出回应，或调适或捍卫。正是在国家与社会的复杂嵌离中，在国家作用与社会回应的生动互动中，湘西苗族文化在百年间才发生了巨大变迁。

（二）有关湘西苗族研究概述

1. 有关湘西苗族历史的研究

20世纪80年代以来，湘西苗族历史逐渐成为学术界研究的重点，研究的内容涉及湘西苗族的古代史、近现代史、重要制度与策略以及重要历史事件等方面。在此，笔者选择有代表性的著述，对上述各方面的研究概况加以总结。

（1）对湘西苗族古代史的研究

苗族是一个具有悠久历史的单一民族，湘西苗族是苗族分化出来的一个支系。考察湘西苗族的族群起源、迁徙历程、各朝代的政治制度，是研究湘西苗族历史、解读湘西苗族文化的"入口"。20世纪80年代以来，学术界对这些问题进行了考证和研究。

关于湘西苗族的起源，20世纪80年代以来，学术界普遍认为湘西苗族是古代"三苗"的后裔，"三苗"起源于传说时代以蚩尤为首的九黎集团。隋唐以前，苗族长期与其他的一些民族一起被统称为"蛮"

或"南蛮"。唐宋以后，"苗"作为一个族称正式出现。① 这就是湘西苗族的祖先。这种观点与20世纪初凌纯声、芮逸夫在此问题上的认识完全不同，他们认为"三苗"不是苗族的祖先；九黎也与苗族无关，而是黎族的祖先；古代的蛮人与瑶族、畲族关系密切。他们认为苗族起源于古代的髦人；湘西苗族为竹王之后，并推测竹王是夜郎之后。②

关于湘西苗族的古代史，学术界普遍认为湘西苗族的先民九黎集团曾生活于黄河中下游地区，后与炎、黄两大部落集团发生了多次战争。战败之后，九黎集团分裂瓦解，其中一部分形成"三苗"集团，主要活动于长江中下游地区。后"三苗"被禹所败，一部分苗民留在原居地，另一部分向南或西南迁徙至今天的湘西、鄂西、贵州北部地区。迁入的这部分人在周朝时被称为"荆蛮"，春秋战国时划归"楚人"、"黔中蛮"，汉朝时分属"武陵蛮"或"五溪蛮"。秦汉至唐宋，在历代封建王朝的统治下，湘西苗族的社会经济得到了发展；自元朝开始，湘西苗族的大部分地区进入土司统治时期；清朝康熙至雍正年间，统治者一方面在土司地区进行"改土归流"，另一方面，由于"生苗"地区不在土司管辖范围之内，无土司可"改"，因此，清政府对"生苗"地区实施残酷的"开辟"政策。所谓"开辟"，就是将原本较为自由的"生苗"强行纳入统治，消除"化外"，并采取以"进剿"为主，"先剿后抚"的策略。乾嘉苗民起义之后，为了尽快平抚"苗疆"，重建当地的社会秩序，清政府推行傅鼐制定的"苗防屯政"政策，在"苗疆"大筑碉堡哨卡，修复"边墙"，实行均田屯丁与屯租制度。③

（2）对湘西苗族近现代史的研究

湘西苗族作为深处中部腹地的一个民族，作为中央政府管辖下的一个行政区域，自然被裹挟进了风云变幻、云谲波诡的中国近现代史。在近现代史上的每一次重大革命运动中，湘西苗族"抛头颅，洒热血"，表现出了英勇顽强的精神与高尚的爱国情怀，积极维护了国家的统一与

---

① 《湘西苗族》编写组：《湘西苗族（初稿）》，《吉首大学学报》（社会科学版民族问题增刊）1982年第3期；湘西土家族苗族自治州地方志编纂委员会：《湘西土家族苗族自治州志丛书·民族志》，湖南人民出版社1999年版。

② 凌纯声、芮逸夫：《湘西苗族调查报告》，民族出版社2003年版，第1—14页。

③ 湘西土家族苗族自治州地方志编纂委员会：《湘西土家族苗族自治州志丛书·民族志》，湖南人民出版社1999年版；伍新福、龙伯亚：《苗族史》，四川民族出版社1992年版。

安定。学术界对这段历史的研究主要集中于辛亥革命及抗日战争这两大历史事件上。

关于湘西苗族在辛亥革命中发挥的作用，有学者认为表现在以下方面：稳定了两湖局势，巩固了两湖辛亥革命的成果，并推动了革命在全国的发展；推翻了清王朝在湘鄂西的统治与民族压迫，使民主共和的观念为少数民族所接受，从而维护了多民族国家的团结和统一；促进了湘鄂西的社会文化的发展与变革;[1] 构成整个辛亥革命不可分割的组成部分。[2]

关于湘西苗族在抗日战争中的参与，有学者分为三种形式，即中国共产党领导下的抗日斗争、湘西苗族地区社会各界所进行的抗日救国运动以及湘西苗族人民自发的反抗压迫、要求抗日的斗争，并认为湘西苗族人民的抗日运动，是中国各族人民反对民族压迫、争取民族独立和解放斗争的重要组成部分。[3]

（3）重要制度与策略的研究

历代统治者为了将湘西苗族纳入国家政权的有效管理范围之内，维护中央集权与社会稳定，经常根据该地区的社会局势，调整、制定管理制度和统治策略，这些制度或策略往往成为学者们聚焦的对象。

关于屯政制度的研究。如前所述，乾嘉苗民起义之后，清政府从嘉庆年间开始对湘西苗区实行"苗防屯政"制度。这一制度残酷剥削苗民的利益。1936年，湘西苗族地区爆发了革屯运动，并取得了胜利，实现了"废屯升科"的目的，标志着维持了近一百四十年的"苗防屯政"的彻底崩溃。这在湘西苗族发展解放史上是一个里程碑性质的事件，因而备受学者们的关注。在屯政制度的社会影响上，有学者认为它对于恢复与加强湘西苗区的统治有一定的效果，但同时也加重了对苗民的压迫与剥削，促使社会关系出现阶级分化与对立，也使得苗民斗争的阶级性质日益明显，而民族斗争的色彩愈加淡薄，这些变化对清中叶以后，特别是近现代湘西苗族社会历史的发展产生了

① 胡岳：《湘鄂西少数民族地区的辛亥革命》，《中南民族学院学报》1993年第4期。
② 伍新福：《湘西苗族人民辛亥反清起义始末》，《贵州民族研究》1982年第2期。
③ 彭清洲、沈桂萍：《湘西各族人民的抗日救亡斗争》，《中南民族学院学报》1993年第3期。

重大影响。① 此外，还有人对革屯运动给予了高度评价，认为它废除了"屯租"的剥削制度，使湘西苗族地区的土地问题得到了部分的、暂时的解决，沉重地打击了屯租剥削利益既得者；革屯军开赴抗日前线，具有爱国主义精神。② 有人称它是一次横扫黑暗、废除历史秕政的革命运动，是湘西苗疆社会经济转机的起点，也是湘西苗族人民迎接翻身解放的序幕。③

关于治苗策略的研究。有学者认为清朝在湘西苗区实施的"三防"（即"营防"、"屯防"、"苗防"）政策出台的深层原因在于吸取明朝治理苗区的经验教训，加强对苗区的军事统治，直接原因是乾嘉苗民起义的推动，认为这一政策阻碍了苗区的社会生产力的发展，造成民族压迫，加深了民族矛盾，最终导致了苗民的不断反抗与斗争。④ 有学者将明清统治者在湘黔边苗民区实施的政策归纳为赶杀政策、军事封锁隔离政策、屯田养勇与钳制弹压政策、以土治苗政策以及文化同化政策，认为这些政策的实行，严重阻碍了苗区的经济、文化的发展。⑤ 还有学者对一些著名的治苗人士进行了研究，如认为傅鼐对苗疆的善后政策具有两方面的内容与作用，一方面通过屯政残酷镇压了苗民的反抗斗争，实行了高压的军事统治和民族隔离政策；另一方面，实施屯田，客观上推动了苗疆社会生产的发展，兴办教育，促进了苗族文化水平的提高。⑥和琳的《湖南苗疆善后六条》与傅鼐的《治苗论》相比，前者更具有积极性，表现在：第一，客观反映了苗疆的真实情况，在一定程度上肯定了苗民起义的正义性与合理性；第二，较为合理地解决了苗汉疆界问题和苗民的土地问题；第三，撤销了苗区的军事设施，为苗民营造了宽松和平的生存环境；第四，设立苗官，建立了属于苗民自己的管理机构

---

① 伍新福：《试论清代"屯政"对湘西苗族社会发展的影响》，《民族研究》1983 年第 3 期。

② 伍新福：《湘西"革屯"运动述评》，《贵州民族研究》1983 年第 4 期。

③ 石昭明：《湘西革屯运动的特点及历史作用》，《中南民族学院学报》1988 年第 4 期。

④ 石邦彦：《清朝对湘西苗区的"三防"统治》，《中南民族学院学报》1988 年第 4 期。

⑤ 姚金泉：《明清统治者对湘黔边苗民的政策及其影响》，《中央民族大学学报》2002 年第 3 期。

⑥ 张应和、麻树纲：《评傅鼐在苗疆的善后政策》，载湘西自治州凤凰县委、贵州松桃苗族自治县委、湖南省社科历史研究所《苗族史文集——纪念乾嘉起义一百九十周年》，湖南大学出版社 1986 年版，第 261—274 页。

与地方武装，具有一定的政治、军事权利。后者则具有"反动实质"，并且以它为指导而进行的治苗实践，对湘西苗民造成了严重的损害：汉族地主武装被扶植，苗族人民被屠杀，致使苗民人口剧减；苗疆地域大为缩小，而租税却日渐增加，民族同化日益严重；苗民生产经济遭受破坏。①

关于清代湘西苗区吏制的研究。有学者认为湘西苗区吏制是苗区政治制度的核心组成部分，并将吏制分为清吏、屯吏与苗吏，分别介绍了这三种官吏的官职系统与从属，指出它们之间的关系是一种控制与被控制、利用与被利用的关系，其目的是为了对苗区进行有效的管理，这些吏制在客观上促进了满汉民族与苗族之间的经济文化交流。②

关于湘西苗疆社区的近代重构的研究。有学者认为自 1796 年以后，以傅鼐为首的流官群体进行了湘西苗疆社区的重构运动，这个运动以民族关系和人地关系的重构为切入点，以"和平共居"为目标，通过实施各项改革措施，湘西苗疆终于摆脱了与外界延续千年的"冲突与合作"的历史宿命，走上了一条"和平共居"的社区发展新路。③

关于湘西苗区边墙的研究。有学者认为明清政府修建屯堡、边墙的主要目的在于军事镇压与征战，此外，它还是苗汉生产、生活区域的分界线，是明清王朝在自己疆域内对不同统治区的划分，以便实现"分而治之"的目的。④ 但也有学者提出，边墙是改土归流后民族矛盾加剧后，在平息民族冲突、重新调适社会秩序的产物，它保障了民族的有序交往，巩固了改土归流的成果，促进了湘西少数民族地区政治、经济、文化的发展，同时在巩固中华民族的统一与发展过程中发挥了应有的历史作用。⑤

---

① 吴荣臻：《清代治苗政策管窥——评〈湖南苗疆善后六条〉和〈治苗论〉及其社会实践》，载湘西自治州凤凰县委、贵州松桃苗族自治县民委、湖南省社科历史研究所《苗族史文集——纪念乾嘉起义一百九十周年》，湖南大学出版社 1986 年版，第 237—260 页。

② 石邦彦：《清代湘西苗区吏治考谈》，《中南民族学院学报》1991 年第 2 期。

③ 谭必友：《清代湘西苗疆多民族社区的近代重构》，博士学位论文，兰州大学，2006 年。

④ 伍新福：《清代湘黔边"苗防"考略》，《贵州民族研究》2001 年第 4 期。

⑤ 高应达：《冲突和调适的界碑——湘西南长城之历史文化定位》，《贵州民族研究》2004 年第 1 期。

（4）乾嘉苗民起义的研究

湘西苗族地区在历史上是一个事件频发、局势动荡的地区，为了反抗压迫，获取生存的权利，湘西苗民经常发动起义，其中乾嘉苗民起义的影响最为巨大。乾嘉苗民起义发生于 1795 年至 1797 年间，湘黔地区的苗民为反抗清政府的残酷统治，发动了起义。起义中苗民英勇抗击清军十八万之众，对湘西苗族地区的政治局势与社会发展产生了深远影响，是湘西苗族史上一段重要的篇章。1985 年 5 月，为纪念乾嘉苗民起义一百九十周年，湖南省历史学会与湘西凤凰县、贵州松桃县联合举行了一次学术讨论会，集中研讨这一重要历史事件。此次会议是对乾嘉苗民起义的全面总结，基本上能够反映出学术界研究乾嘉苗民起义的现状。

关于起义的原因。大多数学者认为民族压迫与阶级剥削是造成这次起义的根本原因。湘西苗疆"归流"之后，社会经济虽然有所发展，但是随着苗区"客民"的不断涌入，土地兼并、贫富分化日益严重，大量苗民失去了土地，加之汉人官弁的残酷剥削，他们的生存受到严重威胁，阶级矛盾与民族矛盾逐步激化，最后导致了起义的发生。①

关于起义的性质或意义。有学者提出，这次起义绝不是狭隘的民族暴动和反对"改土归流"，而是一次苗族人民反抗民族歧视与民族压迫的民族斗争，也是一次苗族与其他民族共同反抗残酷统治与剥削的阶级斗争，它加速了清王朝的衰落进程，为新的生产方式的萌芽与发展创造了条件。② 从起义口号"逐客民，复故地"上看，这次起义的目的就是要求在政治上反对民族压迫，在经济上反对土地与财富掠夺，其性质既是民族斗争，也是阶级斗争。③ 此外，也有人提出，苗族起义并非要求独立，而是要求清政府承认苗族为国家臣民，享有平等的国民待遇，因

---

① 伍新福：《试论湘西苗区"改土归流"——兼析乾嘉起义的原因》，载湘西自治州凤凰县委、贵州松桃苗族自治县民委、湖南省社科历史研究所《苗族史文集——纪念乾嘉起义一百九十周年》，湖南大学出版社 1986 年版，第 56—69 页。

② 秦宝琦：《乾嘉苗民起义的性质与作用初探》，载湘西自治州凤凰县委、贵州松桃苗族自治县民委、湖南省社科历史研究所《苗族史文集——纪念乾嘉起义一百九十周年》，湖南大学出版社 1986 年版，第 102—113 页。

③ 马少侨：《湘黔苗族乾嘉起义散论》，载湘西自治州凤凰县委、贵州松桃苗族自治县民委、湖南省社科历史研究所《苗族史文集——纪念乾嘉起义一百九十周年》，湖南大学出版社 1986 年版，第 70—79 页。

而苗族同胞是在寻求归属，而不是制造分裂，这有利于维护国家的统一；起义反对民族歧视与压迫，要求民族平等自由与发展，具有民主性与先进性。[①]

关于起义的军事策略。有学者提出，此次起义能够产生如此大的影响，关键在于它具有较成熟的军事策略，主要表现在：这次起义有组织、有政治纲领；组织者具有较高的文化水平与军事才能；起义军具有较先进的武器装备和军事技术；起义军具有团结战斗的精神，建立了民族地方政权。[②] 起义军以弱胜强的法宝可归纳为：一是"逐客民，复故地"的战斗口号，切中时弊，符合苗民的共同要求；二是他们占据险要地形，易守难攻；三是指挥者有明确的战斗纲领与战术思想，且注重根据地的建设与巩固；四是他们具有勤劳勇敢、英勇善战的传统品格和维护民族尊严的强烈感情。[③]

关于失败的原因。有学者认为，起义失败的原因有二：一是苗王虽是最高首领，但却没有最高指挥权，这就使得起义组织处于比较涣散的状态，始终无法形成一个统一的军事组织，制定出周密的战略部署，导致最终被清军迅速剿灭；二是当清军采取"剿抚兼施"的战略部署时，起义苗民却未能有效应对好"招降与反招降"的斗争，这也致使组织内部分裂，队伍瓦解，起义最终失败。[④]

综上可见，对于湘西苗族历史的研究，学者们注重于对湘西苗族地区重大历史事件的描述与分析，属于典型的"国家大历史"或精英政治史的叙事风格，缺乏其他研究视野。

2. 有关湘西苗族文化的研究

作为深居中部腹地的一个少数民族，湘西苗族是一个具有鲜明文化

---

① 吴荣臻：《关于乾嘉苗民起义的几个问题》，载湘西自治州凤凰县委、贵州松桃苗族自治县民委、湖南省社科历史研究所《苗族史文集——纪念乾嘉起义一百九十周年》，湖南大学出版社1986年版，第80—89页。

② 同上。

③ 石家齐、石邦本：《宏伟的胆略、求实的战术——浅谈乾嘉苗民起义军以弱胜强的原因》，载湘西自治州凤凰县委、贵州松桃苗族自治县民委、湖南省社科历史研究所《苗族史文集——纪念乾嘉起义一百九十周年》，湖南大学出版社1986年版，第125—129页。

④ 马少侨：《湘黔苗族乾嘉起义散论》，载湘西自治州凤凰县委、贵州松桃苗族自治县民委、湖南省社科历史研究所《苗族史文集——纪念乾嘉起义一百九十周年》，湖南大学出版社1986年版，第70—79页。

个性的民族，也是民族边界保存得比较完整的民族。20 世纪 80 年代以来，学术界开始关注并研究独特而丰富的湘西苗族文化，形成了较为丰富的研究成果。

（1）对艺术成就的研究

湘西苗族是一个能歌善舞、心灵手巧的民族，在长期的生存实践中，创造出了独特的艺术形式。近 20 年来，随着苗族文化自觉意识的逐渐增强，学术界开始对湘西苗族的艺术成就展开研究，内容集中于服饰、音乐、舞蹈、民间工艺等方面。

关于舞蹈的研究。鼓舞是盛行于湘西苗族地区的一种独特的舞蹈艺术。有学者通过考察湘西鼓舞的历史渊源，提出它源自湘西苗民祖先的祭祀活动。[1] 就艺术风格而言，鼓舞具有模拟性、对称性、娱乐性与竞技性、简练性与规整性以及鲜明的民族风格等特征。[2] 鼓舞的节奏特征可分为陈述型、衬托型、骨干型与基本型。[3] 鼓舞对湘西苗鼓的打击节奏、技法特色、舞蹈特色都进行了详细的解说。[4] "跳香舞" 是湘西苗族的另一种舞蹈形式，它具有拜神、祭祀传承与集体流传的特征，和声演唱、舞蹈表演与锣鼓、牛角伴奏的特征，以及演唱的独创性与表演的即兴性等特征。[5]

关于歌曲的研究。有学者对湘西苗歌的结构形式、音韵格律及表现艺术等方面进行了综合性的探讨，认为湘西苗歌独具特色，造诣精湛，是苗族文化艺术中的典型代表。[6] 有学者按照演唱内容和形式，将湘西苗歌分为古歌、情歌、礼仪歌、喜庆歌与生活歌等十多种；按歌唱腔调，将其分为高腔与平腔两大类。它的歌腔曲式结构由引腔、基本乐句或变化基本乐句、衬腔与尾腔组成；在曲调结构中，四音列是基础音列，实出支柱音与色彩音，并把主音放在次要位置、次音放在主要位置，是曲调结构的两个主要特点；真声、假声、真假声结合是苗歌的演

① 龙庆凤：《论湘西苗族鼓舞》，《民族论坛》2004 年第 12 期。
② 蒋浩、姚岚、石明灯：《湘西苗鼓艺术》，《怀化学院学报》2003 年第 8 期。
③ 李静：《鼓之韵——湘西苗族鼓舞节奏特征分析》，《艺术教育》2006 年第 7 期。
④ 唐志明：《浅论湘西苗鼓的文化特征及艺术特色》，《中国音乐》2002 年第 2 期。
⑤ 熊晓辉：《湘西地区苗族"跳香舞"探析》，《湖北民族学院学报》2003 年第 6 期。
⑥ 吴荣臻：《论湘西苗歌的艺术特色》，载伍新福主编《苗族文化论丛》，湖南大学出版社 1989 年版，第 258—275 页。

唱方法，滑音与装饰音是湘西苗歌润腔的基础。① 苗族情歌创作中赋比兴手法的巧妙运用，使歌唱者完美地表达了他们的内心情感。②

关于服饰的研究。有学者提出，湘西苗族服饰的样式、色彩、图案、制作工艺等方面都充分反映了其和谐、自然、古朴、优雅的装饰风格。③ 有学者对湘西苗族妇女服饰中的巫术精神进行了研究，认为它来源于图腾崇拜、鬼神信仰与神话传说，其巫术特征具有符号性、象征性与功能性，并在其服饰的发展中，这种巫术特征日趋浓郁。④ 有学者对湘西苗族童帽进行了研究，认为它具有生动多变的造型，丰富多样的装饰手法以及深厚的民俗文化内涵，表达了湘西苗族妇女的审美情趣与浓浓的舐犊之情。⑤

关于手工的研究。剪纸是湘西苗族传统的手工艺术。有学者将湘西苗族剪纸分为服饰类纹样和日常物品纹样两大类；图案的纹样主要有龙凤纹样、狮子纹样、蝴蝶纹样、花鸟组合纹样、动植物组合纹样和其他的一些纹样；其艺术风格可分为台地型与河谷边缘型风格；它的文化内涵也十分丰富，它形象地再现了苗族的农耕生活与民族历史，反映了苗族独特的民俗文化与神灵信仰。⑥ 有学者将湘西苗族剪纸的传承方式归纳为地域传承、家庭传承与视觉传承三种；并认为对这一珍贵民间艺术的保护必须首先解决好保护对象、保护主体与保护动力等问题。⑦ 有学者从审美艺术的角度对湘西苗族刺绣进行了研究，认为它在独特的生存状态中形成了独特的审美范式；取材广泛，寓意丰富，工艺精湛，针法讲究，风格浪漫，情趣淡雅、古朴，体现了湘西苗族纯情乐观的传统品格，它具有极高的美学价值与研究价值。⑧

---

① 张建国：《湘西苗歌音乐初探》，《广西艺术学院学报》2005 年第 12 期。

② 龙杰：《湘西苗族情歌赋比兴初探》，《怀化学院学报》2002 年第 12 期。

③ 龙永华：《极富装饰美的湘西苗族服饰》，《湖南行政学院学报》2003 年第 1 期。

④ 伍魏：《湘西苗族妇女服饰的巫术精神特征》，《装饰》2005 年第 2 期。

⑤ 余斌霞：《湘西苗族童帽艺术》，《民俗研究》2003 年第 3 期。

⑥ 田茂军、邓振军：《湘西苗族剪纸的分类及其文化内涵》，《吉首大学学报》2001 年第 9 期。

⑦ 田茂军：《湘西苗族剪纸文化的现状、传承与保护》，《民间文化论坛》2005 年第 2 期。

⑧ 田鲁：《民族艺苑中的一朵奇葩——湘西苗族刺绣艺术赏析》，《黔东南民族师范高等专科学校学报》2002 年第 10 期。

　　关于湘西苗族文学艺术的研究。湘西苗族近代史上涌现了一批杰出的诗人，有学者对龙骥、龙纳言、石廷琛、杨岳斌与石启贵等人的诗歌进行了综合研究，认为他们的诗歌不仅体现了苗族文人的文化修养与思想情操，而且还是苗族书面文学的重要组成部分。①

　　（2）对民间习俗的研究

　　如果说苗族艺术是对苗族人民生活实践的提升，那么苗族的岁时节庆、婚丧嫁娶习俗则是苗族人民生活实践的本身，它与苗族人民的日常生活紧密相连，在苗族人民的现实生活中表现出苗族传统文化生生不息的活力。民俗文化以其实践性成为民族文化的灵魂。因此，苗族民俗文化始终是学术界研究的内容之一。

　　关于传统节日的研究。有学者指出，湘西苗族的传统节日具有重要的文化功能，即传承与强化积极向上的民族精神；释放个体，营造和谐的社会生活环境；能够绵延历史，对人们实行无形教化；保护民间艺术和工艺；促进商贸往来与文化交流。②更多的学者对湘西苗族的传统节日进行了具体研究，如提出苗乡的龙舟与接龙同出一源，目的都是为了祭祖，划龙舟比接龙活动的历史更久，深山接龙是划龙舟在特定环境下的演变；③玩年抢狮活动的社会功能在于丰富了人们的文化娱乐生活，加深了村寨之间、民族之间的友谊，继承和发扬了民族武艺传统，为苗族青年男女进行社交、选择朋友提供了条件；此外它还具有强健身心的价值，能够提高群众参与体育锻炼的意识。④

　　关于婚姻习俗的研究。目前已有两部专著，全面介绍与分析湘西苗族的婚姻仪式、程序、特点。⑤此外，还有一些对湘西苗族婚姻文化的具体内容进行研究的论文，提出了苗、汉通婚长期处于淤滞状态的原因

　　①　刘自齐：《近代湘西苗族文人诗歌管窥》，载伍新福主编《苗族文化论丛》，湖南大学出版社1989年版，第309—326页。
　　②　李乐为、吴善茂、屈甘霖：《浅谈苗族传统节日的功能——以湘西苗族为例》，《中南民族大学学报》2006年第3期。
　　③　邓亚平：《湘西苗族赛龙舟与龙崇拜》，载伍新福主编《苗族文化论丛》，湖南大学出版社1989年版，第90—93页。
　　④　屈杰、白晋湘：《湘西苗族玩年抢狮的社会功能及健身价值》，《体育文化导刊》2005年第4期。
　　⑤　田仁利：《湘西苗族婚俗》，岳麓书社1996年版；姚金泉：《婚俗中的人伦——湘西各族婚俗的透视》，贵州民族出版社2000年版。

主要是民族群体的各类特征和整体性影响的因素所产生的合力所致；①认为湘西苗族婚恋自由是一种相对的、有条件的自由，它受到宗族派系、习惯势力、经济条件、族际通婚等各种因素的制约。②

关于丧葬习俗的研究。有学者将湘西苗族丧葬习俗的发展历程归纳为：古代的丧葬形式主要为土葬，并与悬棺葬、岩棺葬共存；清末时，已普遍实行土葬，古代葬礼过程也较为复杂；民国至当代，苗族的丧葬习俗与汉族的丧葬习俗日渐趋同，但仍存留一些苗族文化特点。③ 在丧葬习俗的文化意义上，有学者提出"闹丧"习俗充分表达了苗族的灵魂崇拜、祖先崇拜与鬼神崇拜。"闹丧"的习俗具有良好的社会效应，它增强了苗族内部的凝聚力，传递了苗族的传统美德，有利于保存民族文化与促进民族间的思想文化交流。④

对于苗族传统习俗，有学者认为它可以促进现时代当地的精神文明建设，并建议在精神文明建设中，批判继承与发展有益的民族风俗习惯，发挥其广泛性群众优势；坚持对外开放，积极吸收外面的优秀文化；对民族习俗要不断赋予时代的色彩与气息。⑤

（3）对民间信仰的研究

湘西苗族民间信仰来源于苗族祖先的原始信仰，是原始信仰经传承和变异而形成的民间思维观念和习俗惯例，它是湘西苗族文化的重要组成部分，近些年来学术界开始关注和研究湘西苗族的民间信仰。

关于民间信仰特性的研究。有学者认为湘西苗族信仰具有鲜明的宗族意识特征，具体体现在：祭祀以宗族为单元；跨宗族的个人交往不得与本宗族的信仰互相冲突；个人的社会生活须与宗族信仰合拍；个人荣誉感来自于本宗族的宗教信仰并与本宗族信仰相关。以上无论哪一方

---

① 吕养正：《湘西苗汉族际婚之淤滞暨族群特征和整体性影响因素的拘制》，《江西社会科学》2002年第6期。

② 姚金泉：《试论湘西苗族婚恋自由的相对性》，《西北第二民族学院学报》2001年第4期。

③ 史德文：《湘西苗族丧俗考》，载伍新福主编《苗族文化论丛》，湖南大学出版社1989年版，第196—204页。

④ 张应和：《湘西苗族"闹丧"习俗漫谈》，《民族论坛》1997年第2期。

⑤ 聂祖海：《湘西苗族习俗与苗区精神文明建设》，载伍新福主编《苗族文化论丛》，湖南大学出版社1989年版，第152—163页。

面，苗族信仰都强调对宗族祖先的崇敬，不能冲犯祖先神。① 有学者以湘西腊尔山苗族为例，考察了湘西苗族民间信仰的现代变迁，分析了湘西苗族的宗教信仰在多元文化的影响下发生的一些局部的歧异性变化，但苗民信仰的根本性质，即万物有灵的特征，依然完整保留了下来。②

关于神灵崇拜的研究。学者们对湘西苗族的一些神灵崇拜进行了细致的考察，认为梅山崇拜不属于祖师崇拜、部落崇拜或生殖崇拜，而属于苗族的巫崇拜；③ 湘鄂渝黔边苗族崇拜的"白帝天王"虽然多次被统治者改造，试图将其捏合成与苗族相对立的一种异己力量，但苗族却按照自己的意愿将它塑造成具有竹王气质和"白孩子"灵魂的精神产品。苗族正是通过对这一崇拜对象内涵的不断丰富，来反抗民族压迫。④

关于巫蛊信仰的研究。有学者认为巫蛊信仰并非是简单的施毒与中毒的问题，或是神秘、未为可知的产物，蛊的形成与当地的自然条件、医疗条件和人的心理意识有十分密切的关系；⑤ 还有学者对苗疆巫蛊的社会危害进行了探析，并提出苗族地区的经济要实现发展，首先需要实行"脱巫祛魅"工程。⑥

总体而言，有关湘西苗族民间信仰的研究还十分薄弱，不仅从事此项研究的学者人数极少，而且研究的深度和视野均有限，许多方面还未进入学者的视野。

（三）对学术综述的总结与评价

目前学术界对"国家在场"理论及湘西苗族的历史文化已经进行过较为广泛的探讨，形成了较为难得的研究成果，这些成果为以后相关研究奠定了基础，具有重要的价值，但也存在着不少问题：

---

① 陆群：《试论湘西苗族信仰的宗族意识特征》，《湖北民族学院学报》2001 年第 1 期。
② 陆群：《苗族原始宗教信仰的现代歧异性变化——以湘西腊尔山苗族为例》，《中央民族大学学报》2003 年第 2 期。
③ 田彬：《论湘西苗族的梅山崇拜》，《邵阳师专学报》1996 年第 1 期。
④ 吕养正：《湘鄂西苗族崇拜"白帝天王"考辨》，《中央民族大学学报》2002 年第 1 期。
⑤ 陆群、谭必友：《湘西苗族巫蛊信仰生成之剖析》，《怀化师专学报》2001 年第 6 期。
⑥ 吕养正：《苗疆巫蛊蠡探》，《吉首大学学报》2001 年第 9 期。

　　第一，尚无人运用"国家在场"理论进行研究。百年来湘西苗族文化的变迁是在国家话语的主导下发生的，表现出了与国家话语高度相关的特性，但是目前尚无人从"国家在场"与湘西苗族文化变迁的关系的视角进行研究。这需要我们通过区域的、个案的、具体事件的研究呈现对历史整体的理解，通过"自下而上"的视角探讨"国家"与"社会"的互动，以及通过"小地方"文化变迁的研究深化对"国家大历史"的认识；需要我们注重历史学与人类学等不同学术风格的结合，注重田野调查与文献分析、历时性研究与结构性分析、国家制度研究与基层社会研究的结合，"在情感、心智和理性上都尽量回到历史现场去"①。

　　第二，理论分析较为薄弱。民族学、人类学作为成熟的学科，各自形成了较完备的理论体系，包括文化变迁理论、文化象征与文化解释理论等，但很少有人运用这些理论对湘西苗族文化展开解读。例如，文化变迁是一切文化的永恒现象，但至今还没有人运用文化变迁理论对湘西苗族文化进行专门研究，致使湘西苗族长期停滞、定格于传统文化状态之下，留给人们一个落后于时代的文化画面，产生文化印象与时空场域的错位，极易导致对苗族文化的误读。

　　第三，研究方法较为陈旧、单一。无论是民族学还是其他社会科学的研究，都普遍使用一些规范的研究方法，如文化比较法、历时与共时相结合的方法、参与观察法、问卷分析法、深度访谈法等。但现有的研究成果偏重现象的罗列和描述，较少综合运用多学科的研究方法，没有注意研究方法上的多学科整合，导致难以对湘西苗族文化变迁现象进行多维度的、深入的解读。

三　本书的结构与创新

　　本书以百年间的湘西苗族社会为时空背景，着力分析国家在场与苗族文化变迁的关系，在内容上做了如下安排：

---

　　① 陈春声：《走向历史现场》，载赵世瑜《小历史与大历史——区域社会史的理念、方法与实践》，生活·读书·新知三联书店 2006 年版。

第一章，湘西苗族概况，主要对湘西苗族的自然环境与历史背景，特别是百年发展史进行了介绍。

第二章，百年来湘西苗族文化变迁的表征，主要从生活方式、民间信仰、婚姻习俗、习惯法规和语言等方面梳理了湘西苗族文化变迁的具体表现。

第三章，"国家在场"对湘西苗族传统文化变迁的影响，主要从国民政府的文化同化政策、"总体性社会"的政治运动、民族区域自治制度的实施、学校教育的推广与普及、改革开放后国家民族文化策略的调整和民族团结与外来文化的传播六方面展现国家在湘西苗族传统文化变迁中的"在场"影响，探讨了国家在湘西苗族传统文化解构、重塑、异质文化传播以及现代文化重构过程中所发挥的作用。

第四章，民间社会对"国家在场"的回应，主要分析了民间社会面对国家在苗族文化变迁中的"在场"所采取的回应策略，包括排拒、顺应与合作、调适中捍卫、借用和引进等。

第五章，"国家在场"与湘西苗族文化的现代性建构，主要叙述在国家现代化的宏大话语中，湘西苗族文化在传统因子发生解构、变异的同时，现代性因子不断增添的过程，本章主要从理性和科学对民间信仰的冲击、主体意识的增强、开放意识的培育、权利意识的伸张等角度阐释了苗族文化的现代性建构。

结语部分，总结了国家在百年来湘西苗族文化变迁中的"在场"机制及阶段性特征，并进行了简要的评述。

本书的创新主要体现在以下几个方面：

第一，理论分析框架的创新。本书首次运用"国家在场"理论探讨湘西苗族文化变迁。如前所述，目前湘西苗族的研究焦点多集中于对苗族的文化事象进行民族志的描述，在大多数的研究成果中，不仅缺乏民族学理论的运用，也没有对湘西苗族文化变迁的研究。本书以国家在场理论为分析框架，探讨湘西苗族文化变迁，以此来弥补目前湘西苗族研究中的缺陷。全书通过国家与社会互动的视野，既关注国家在湘西苗族文化变迁中的在场，又关注民间社会对国家在场的回应。

第二，对国家在场理论的深化和发展。本书以湘西苗族百年来的发展为时空背景，探寻百年来，国家在湘西苗族文化变迁的各个历史阶段中的"在场"方式与功效，去发现国家的权威与话语在苗族文化秩序中是表现为单向进占，还是表现为一种更为复杂的交流、互渗与博弈，以及由此所致的新的文化形态。这种通过一种文化形态的历时进程与状态来考察国家在场的不同方式的研究方法，有助于国家在场理论的深化和发展。

第三，对湘西苗族文化的现代性建构进行了探讨。现代化是百年来国家的宏大话语，是中国由传统社会进入现代社会的一个关键时期。在这个过程中，后发外生型的中国现代化特点决定了以各种形式出现的国家权威性影响将在其中发挥十分重要而又特殊的作用。[①] 这是一个国家对民间社会进行"有计划的变迁"的过程。而在国家力量的引导与推动下，湘西苗族也被卷入现代化的浪潮之中，进行文化现代性的建构。因此，百年来湘西苗族文化变迁，不仅是一个苗族传统文化发生解构、重塑的过程，还是一个苗族文化现代性建构的过程。本书对苗族文化现代性建构及特征进行探讨，可以避免仅对文化变迁的表现进行简单描述而不进行理论提升的俗套模式。同时，由于目前湘西苗族文化研究成果还没有涉及这一问题的讨论，因此，在研究内容上也具有一定的创新。

四　有关说明

本书中的"百年来"是概指民国建立即 1912 年至今的历史时期。

本书的调查点选择在吉首市、花垣县与凤凰县。2005—2016 年间，笔者多次对吉首市、花垣县与凤凰县的苗乡进行了普通走访；多次对吉首市的吉龙村、花垣县的板栗村、凤凰县的万溶江村进行了深度访谈和回访（见图 0—1）。之所以选择这三个村寨，原因如下：

一是这三个村寨是苗族文化百年变迁的典型场域。这三个村寨均为典型的苗寨，苗族文化浓厚且各具特色，便于我们深入苗族人民的生活世界，并在各村寨的文化比较中，寻找到他们对国家话语的认知，更加准确地洞见并阐释国家与苗族文化变迁的复杂关系。

---

① 吴毅：《村政变迁中的权威与秩序——一个村庄的百年大历史》，载詹启智主编《转型社会的乡村政治》，中国农业出版社 2006 年版。

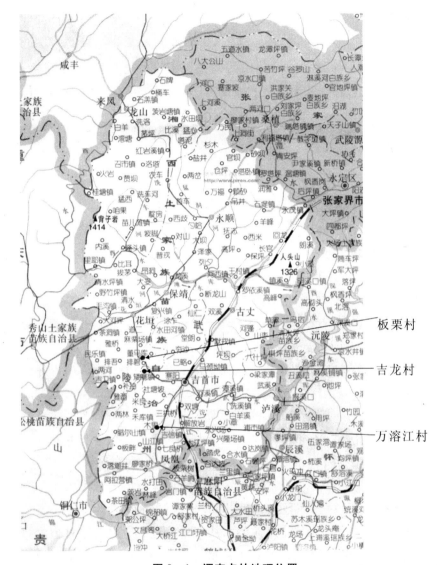

图 0—1　调查点的地理位置

　　二是这三个村寨在民国时期著名苗族研究学者考察区域内，便于把握苗族文化变迁的轨迹。1933 年 5 月，凌纯声、芮逸夫到湘西凤凰、乾城①和永绥②三县的苗族地区进行调查，他们描述的苗族文化画面为

---

　　①　1953 年改名吉首县，1982 年改设市。
　　②　1953 年改名花垣县。

笔者提供了一个难得的参照系，便于我们更为清楚地把握文化的变迁轨迹。由于当时社会动荡，时间短促，他们没有在某些苗寨做长久的停留、进行专门的个案研究，他们的调查只是一种宏观的、"面"的调查，在调查报告中也没有出现村寨的名称，这不能不说是一种历史的遗憾。而要探求国家与民间社会的互动关系，个案研究显得十分重要。其生命力就在于可以通过尽可能详尽地再现在大历史主题笼罩下的微观社区历史画面，去发现和揭示"大历史"与"小历史"、"大社会"与"小社会"及"大文化"与"小文化"之间的流动着的互动关系，去理解它们之间的侵入与反蚀和建构与消解。① 选择这三个村寨，希望在借鉴两位民族学前辈的调查成果基础之上，以更多更为鲜活的个案，实现苗族文化研究的一次推进和提升。凌纯声、芮逸夫在湘西苗族地区考察期间，"走大路、踏水路，走万丈深渊的山间小道，访遍了那里的村村寨寨、城镇码头，对当地苗族进行了深入、细致、全面的调查……"② 秉承他们的这种执着精神与治学态度，沿着他们当年调查的足迹探访苗族文化，也是对前辈学术路径的一种主动继承。

　　吉龙村概貌。吉龙村为吉首市矮寨镇下辖的一个村寨，由吉好村与小龙村两个自然村合并而成，位于花垣、凤凰的交界处，峒河上游流经此村。村内山谷特征明显，海拔最高处为 728 米，最低处为 293 米。全村 183 户，总人口 818 人，主要姓氏为杨姓、石姓、施姓与龙姓等，耕地面积为 432 亩。

　　吉龙村自然景色优美，"溪流纵横，峡谷深壑，瀑布飞泻，群峰竞秀，古树奇花……"③ 湘西"双龙"（大龙洞与小龙洞）景区之一的"小龙洞"与吉龙村毗邻，小龙洞水从寨中流过。石启贵曾对小龙洞进行了这样的描述："水口出自该山崖壁之半腰中……水势较平，四季不涸，亦有千匹马力之势。该山且系悬崖陡壁，一刀齐下，并无林木荆棘，由上俯视，一目了然，由下仰视，高入云霄，洞下有大潭一口，深

---

　　① 吴毅：《从革命到后革命：一个村庄政治运动的历史轨迹——兼论阶级话语对于历史的建构》，载詹启智主编《转型社会的乡村政治》，中国农业出版社 2006 年版，第 20—31 页。
　　② 王建民、麻三山：《湘西苗族调查报告》中"导读"部分，载凌纯声、芮逸夫《湘西苗族调查报告》，民族出版社 2003 年版。
　　③ 《吉首市矮寨镇吉好民族文化村申报材料》，矮寨镇人民政府，2005 年 7 月 24 日，第 1 页。

不可测……小龙洞口为一大潭，水自潭边溢出，并无分岔，不缓不急，顺流而下，水声响应，亦闻有数里之遥，喷起浓雾，弥绕升腾，奇景可观。"[1] 大小龙洞的美名曾使他相信，只要交通条件改善、国家支持，"大小龙洞之美名，必将远近闻名，中外称颂，不难与庐山瀑布并驾齐驱矣！"[2]（见图0—2）

图0—2 小龙洞美景

① 石启贵：《湘西苗族实地调查报告》，湖南人民出版社1986年版，第26页。
② 同上书，第27页。

　　不仅如此，吉龙村的苗族传统文化，如苗族歌舞、技艺、刺绣、祭祀仪式、村落建筑等都保存较好，民俗风情十分浓郁（见图0—3）。正是依托着这样独特的自然与人文资源，吉龙村选择了发展旅游业作为他们脱贫致富的捷径，2006年该村被评为"湘西州民俗文化村"，昔日默默无闻的宁静小村寨，随着民俗活动的开展与游客的纷至沓来，变得沸腾热闹。

图0—3　吉龙村民宅

　　板栗村概貌。板栗村为花垣县排碧乡下辖的村寨，由5个自然村、10个村民小组合并而成，全村275户，人口1224人，主要姓氏有石姓、吴姓（各有100户）、龙姓（20多户），耕地面积有970多亩。

　　板栗村紧邻319国道，平均海拔为670米，"吉茶"（吉首至茶洞）高速公路从寨边经过。该村居处重峦叠嶂之间，瀑布飞泻，沟壑纵横，大自然的鬼斧神工造就了旖旎的山水美景。据国际地质专家考证，该村所处地段保留有五亿年前的"寒武系"统界线的地质结构特征。2002年，排碧乡被国际地质委员会正式评定为"寒武系"统界线的"金钉子"，并因而成为国际地质公园。板栗村为民俗文化村，苗族传统文化保存较为完整，苗族歌舞、服饰加工、巫傩文化、神话传说等都极具特色。村里组建有文化队，经常参加湘西州组织的文化表演活动。2004年冬，该村举办了一次名为"太阳会"①的祭祀表演活动，反响强烈，好评如潮，板栗村也因此受到了湘西各界的广泛关注（见图0—4）。

图0—4　板栗村巷道

　　万溶江村概貌。万溶江村位于凤凰县吉信镇区域内。吉信镇处于凤凰县城与吉首市之间，历史上曾为军事重镇，明、清及民国军阀时期，为了威慑人民、镇压起义，常有军队驻守在此。吉信镇还曾是一个文化中心，湘西历史上著名的三潭书院就位于该镇，该书院始建于清同治末年（1874年），由曾任思丹、镇远知府及贵东道道台的苗族举人吴自发捐资修建，并聘请名儒为山长、业师，每届招生80余名，书籍、膳食、学费均由书院给以补贴，教学质量很高。书院自修建以来，培养了大量的优秀人才，为苗乡教育发展奠定了良好的基础（见图0—5）。

———————

　　①　"太阳会"是苗族一个古老的神话故事，主要讲述苗族人民追寻太阳、月亮的经历，由该村挖掘整理而成。

图 0—5　三潭书院

　　万溶江村东距吉信镇 5 公里，西距两头羊村 5 公里，南距凤凰城 20 公里，北距禾库镇 18 公里。由 6 个村民小组组成，稻田面积 985.22 亩，旱地面积 1270 亩，自然林 4072.5 亩，全村 315 户，1167 人，主要姓氏有吴姓、龙姓与石姓等，其中吴姓有 141 户，另有龙姓 30 多户、石姓 40 户。耕地面积为 1290 多亩，主要经济作物有水稻、生姜等。在新民主主义革命时期，万溶江村是禾库至凤凰城必经之地，川军军阀熊克武曾率领部队经过这里向广西进发。在解放战争时期，中国人民解放军也从这里由南向北挺进。

　　万溶江水由村边流过，河水清澈，山谷深幽，两岸悬崖峭壁，山脉连绵起伏。万溶江村北岸的一座大山呈三层梯台状，三面临水，地势险要，西边的山脊延伸至河边，山脊顶上有"比高屯"（汉语为屯兵山之意）古堡遗址。据村中老人回忆，古堡是明朝洪武时所建，清乾嘉苗民起义时，清军曾在山上设立哨所，并屯兵于此。新中国成立前，为了躲避战乱、匪患，曾有许多人家搬迁至"比高屯"古堡。万溶江村有着浓郁的传统习俗，文化活动也丰富多彩，村里有狮子队、苗歌队、花鼓队与唢呐手等，经常外出参加表演。2007 年该村曾举办过苗族传统节日"四月八"的庆祝活动（见图0—6）。

图0—6　万溶江边下棋的村民

　　本书运用的分析框架是国家在场理论。如前所述，对于国家在场理论的重要意义，学术界达成共识的观点是，它为研究中国社会开辟了新路径，增强了学者们的问题意识，拓展了中国文化研究的新领域，"它与以往整体论框架的区别在于，它不表现为带有意识形态色彩的目的论叙事，而特别关注相当微观的社会权利边界的勘定与检视，及各种社会势力在争夺这些权力资源时所表现出来的具体历史形态。这一指向直接拓展出了'地方史'研究的新境界"[①]。本书采用了国家在场理论为分析框架，通过国家与社会的互动对百年来国家在湘西苗族文化变迁中的"在场"进行了尝试性的讨论。

　　本书主要运用了历史民族学的研究方法。历史民族学主要从历史的

　　① 杨念群：《导论：东西方思想交汇下的中国社会史研究——一个"问题史"的追溯》，载杨念群主编《空间记忆社会转型——"新社会史"研究论文精选集》，上海人民出版社2001年版，第27页。

角度来观察、分析和解释当前人类社会的文化现象，它可以称为一个学派，但更确切地说是一种角度，一种方法。它以利用历史文献来阐释当前的社会文化现象为主要特点。[①] 本书运用历史民族学方法，力争做到历史背景与当前文化现象分析相结合，即在田野调查中，注重文化的现实表征与历史文献记载相比较；在分析现实文化事象时，注重对历史缘由的追溯与回顾。在文献资料收集过程中，运用了文献研究法、访谈法，并对一些重要的历史遗物进行了考察。本书收集的文献包括湘西苗族聚居区各县县志、民族志、地方资料汇编、文史资料、报纸、政府文件、族谱、民俗纸载物（如节庆对联、家龛图谱、法事手抄本等）；在田野调查期间，笔者入住苗民家中，亲身体验其风土人情、日常起居和文化心态，通过观察与参与观察，增进对苗族文化的体验与沟通；此外，我们还搜集到了大量传说、故事、歌谣等口承资料。在调查过程中，我们与 60 余人进行了深度访谈，他们大部分是深谙乡村历史的老人、苗族文化的传承者或民间艺人如苗老司、银匠等，他们蓄积的关于苗族文化的记忆，为我们勾勒出了一幅苗族文化变迁的生动图景。

　　本书选取了湘西苗族具有民族特色的主要文化事象，如生活方式、民间信仰、婚姻、习惯法规等方面的变迁情况进行了描述与分析，而对生育文化、丧葬文化等内容，因篇幅所限少有涉及。

---

　　① 宋蜀华、白振声主编：《民族学理论与方法》，中央民族大学出版社 1998 年版，第 253 页。

第一章　湘西苗族概况

在"国家在场"与百年来湘西苗族文化变迁这对关系中，湘西苗族既是一个区域概念，又是一个族群概念。作为一个区域概念，湘西苗族为我们的研究提供空间背景；作为一个族群概念，湘西苗族是文化变迁的承载体。因此，湘西苗族的自然地理、历史进程等概况，是展开分析的基本背景，本章对之进行简要介绍。

一　湘西苗族的自然生境

自然地理条件是一个民族生存的基本生态环境，在一定程度上决定着一个民族的生产、生活方式。从这个意义上可以说，民族文化是在对特定自然地理条件不断适应中形成的。而在自然地理条件中，与民族社会发展息息相关的包括地形地貌、气候等因素。下面将从这两方面对湘西苗族的自然生境进行介绍。

（一）地形地貌

湘西苗族主要分布在湖南西北部的湘西土家族苗族自治州境内，集中于花垣、凤凰、吉首、泸溪、古丈、保靖等县市。湘西自治州属于武陵山区，西南、西北与黔、渝、鄂接壤，东北、东南与该省的张家界、沅陵、辰溪、麻阳等县（市）毗邻，地势由西北向东南倾斜，西北山势险峻，海拔多在 800—1200 米之间，东南为低山丘陵，海拔多在 200—500 米之间，并以雪峰山为分界线，将湘西与湘中平原、丘陵地区隔开，"除城镇稍有盆地外，各地乡间，触目便是峻峭悬崖"[1]，地形高低起伏，沟壑纵横，自然景观奇特而隽永。武陵山脉由西南至东北，贯穿古丈、保靖、永顺、张家界等县（市），其支脉绵延全境，北部有八大公山的主峰——斗篷山，海拔达 1898.4 米，是境内最高峰；西部有八面山、曾家界、洛塔界等大山，重峦叠嶂，怪石嶙峋；西南部有腊尔山台地，为平均海拔在 800—1000 米之间的高山平地，腊尔山台地跨两省（湖南、贵州）四县（凤凰、吉首、花垣、松桃），其中以凤凰县所辖的面积最为广阔。台地之上，苗寨星罗棋布，是苗族村落最为集中的地带，清代乾嘉苗民起义就由这里发起。在高山峻岭之中，分布有许多洞穴、暗流、峡谷、瀑布，地貌形态多种多样，别具一格。石启贵曾经描述过湘西苗区的洞谷景象：

> 天然洞谷，大小各别，冬暖夏凉，深邃回曲，小者可容数人至数十人，大者可容数十人至数千人，甚有可容万余人者。如凤凰之火麻、泡水、两头羊、栗林、新寨、大龙洞，乾城之坪垅、新民、黄乐、中阿，永绥之高岩河、排碧、下寨河、灯笼坪、小排吾、小安寨，保靖之水田河、夯砂坪、雷洞山、鼻子寨、水踏溪、葫芦寨，古丈之龙鼻咀、排打中、九龙洞、曹家坪、河蓬、坪坝等地，皆有天然洞谷。或生于山麓，或生于山腰，或生于绝险悬崖，或生于乱石林丛。洞内或宽平、或弯曲，高低不一，深浅莫测，洞口或高大，或矮窄，隐蔽异常，视之莫见，非有熟人引导，不知有其洞穴也。至其种类，又分干洞、湿洞、水洞、土洞多种。水洞暗潜伏流，长达数十百里，门涌飞泉，高达数十百丈。干洞多有泉水，大者穿山而过，曲折隐蔽，坚固异常，储藏军需，保存古物，隐学造书，稳如泰山。如为匪盗盘踞，易守难攻，剿除甚难，若为举事凭借，可以立足守险，古之征苗为此困也，天时地利，岂不重哉！[2]

山间盆地，是当地农作物的主产区。山谷之间，河流纵横交错，奔

---

① 石启贵：《湘西苗族实地调查报告》，湖南人民出版社 1986 年版，第 24 页。
② 同上。

腾不息，其中最大的河流为沅江，按其源流可分为乌巢河、万溶江与高岩河三条支流。乌巢河发源于凤凰的小天星寨，向西流经水沱，有龙角洞等水汇入，后经大新寨、上下猿猴寨，南至麻冲，有小凤凰营水汇入，之后向东流经凤凰县城，改称为沱江。沱江流至城东时，有新地溪水汇入，再向东北流经雷公洞，有万根溪汇入，至溪口，有小溪水汇入，再至昌州，进入泸溪境内下老虎口、将军岩，有茨水、仲水等汇入，后流到河溪与万溶江汇合。万溶江发源于大天星寨，往南绕岩口汛到木里汛，再向东流至老皤潭，西门江北流汇入之后，又向东北流去，经三脚岩、龙滚营、篁子哨，中途有鹊如寨河注入，后流至吉首与武溪水汇合，自此段起，便改称武溪。武溪向东流经鸦溪、张牌与高岩河相汇。高岩河发源于花垣县的大小龙洞，汇聚了潮水、老寨、黄土等溪水流至高岩，再向东经小冲、伟者、溪头汛，沿途汇集了许多支流，在镇溪所，与镇溪、新寨溪汇合之后，往东南分为两条支流，一条经张牌寨流向武溪，另一条到溪口与沱江汇聚，改称峒河。

（二）气候特征

湘西地区属于亚热带山区气候，四季分明，气候温和，气温最低月1月平均气温在4.4℃以上，最热月7月平均气温在27.3℃左右。这里年平均日照时数为1200—1500个小时，日照时数以5至10月为最多，无霜期较长，约在150—280天之间，雨量充沛，年总量平均在1290—1600毫米之间，主要集中在春夏两季。这样的气候条件有利于农作物生长，其中粮食作物主要有稻谷、玉米、小米、高粱、黄豆、绿豆、红豆、红薯、小麦、大麦、燕麦、马铃薯等；农林特产有油茶、油桐、茶叶、生漆、乌柏、五倍子、柑橘、板栗、黄连、天麻、猕猴桃等。但也容易发生干旱、山洪、冰雹、冰冻等自然灾害，影响农作物的生长。

二　湘西苗族的历史

民族文化是民族历史的积淀。苗族在几千年的历史长河中创造了别具一格的文化，只有透过苗族曲折厚重的历史，才能准确阐释苗族文化的精言深义。

（一）湘西苗族的族源

湘西苗族的族源与古代的"九黎"、"三苗"和"南蛮"有着密切的关系。距今五千多年以前，在我国长江中下游和黄河下游一带，生活着一个以蚩尤为首领的"九黎"部落，相传为苗族祖先。与此同时，炎、黄部落也在黄河流域迅速崛起，与九黎部落多次发生冲突，在"涿鹿之战"中，蚩尤战败被杀，九黎部落退居长江中下游一带。

在尧、舜、禹时期，九黎部落又重新组合成一个新的部落，史称"三苗"。他们与尧、舜、禹集团也进行过长期的抗争，后遭失败，被迫迁徙。商周时期，"三苗"的主体部分在长江中游地区与其他各族一起，被称为"荆楚"、"南蛮"、"荆蛮"。春秋战国时期，苗族被包括在楚人、"群蛮"、"百僕"、"黔中蛮"之中。

汉代以后，除了荆襄、江淮一带还有部分苗族外，大部分苗族都聚居于今湘、鄂、渝、黔毗邻地区的武陵郡，他们与这一地区的其他民族一起被统称为"武陵蛮"、"五溪蛮"或"盘瓠蛮"。

唐代史书中开始出现有关"苗"的称谓，但当时还是对"蛮夷"的笼统称呼。到了两宋时期，由于苗族的实力开始加强，与中央王朝的关系日渐紧密，统治者逐渐接受了苗族，"苗"作为一个单独的族称出现在当时的文献中。

元代以后，关于苗族的记载日益增多，由于长期习惯于依照服饰、习俗、地域的不同来区别他们，如"花苗"、"青苗"、"黑苗"、"白苗"、"长裙苗"、"短裙苗"等，湘西苗族因"衣带尚红"而被称为"红苗"，自称"果雄"或"仡熊"，这样的称呼一直沿袭至1949年中华人民共和国成立前夕。中华人民共和国成立以后，按照该民族成员的意愿，"苗族"成为统一的称呼。

（二）湘西苗族远古的沧桑与近代初期的磨难

湘西苗族的历史，曲折而艰辛。自"涿鹿之战"失败以后，历代统治者就不断驱赶和征剿苗族，"始由黄河流域而窜居于江、汉流域，继由江、汉流域而窜居湘、桂、黔、滇、康等地。换言之，牺牲膏腴，迁寄于不毛穷壤，放弃腹地，避住于深山丘陵。一逐再逐，逃千万里，扶老携幼，山峒避难。当时汉官对苗民，亦犹日寇对汉族，不讲道德，排除异系，掳掠烧杀，驱逐沦陷区难胞一般。……历朝相沿，不予爱护，赓续不断的武力威胁，捣其堂奥，奇其财物，据其沃土，占其室家，大蹙苗民于荒谷中，殊失王道爱民之旨。悲悯苗胞，穴居野处，人物村舍，极目皆非，采野充饥，无人救扶，痛苦情形，不堪述也"[①]。可见，苗族祖先曾被迫一次又一次向自然条件恶劣的西南山区迁徙，经历了无数次的劫难与苦痛。

先秦时期，一部分苗族迁移至湘西，开始在这里刀耕火种，播种五谷，发展畜牧生产。秦汉时期，中央王朝在武陵五溪地区已经建制设官，"武陵蛮"得到了一段休养生息的时间，湘西苗族地区的社会经济也有所发展，铁具已普遍使用，金属制造与雕刻工艺都达到了一定的水准。与其他"蛮夷"一样，"武陵蛮"向秦汉王朝缴纳布匹。随着农业与手工业的发展，五溪地区已有贸易交往和钱币的流通。西汉末年，"武陵蛮"的发展引起了统治者的警惕。

东汉之初，朝廷对"武陵蛮"采取了一系列大规模的军事行动，自东汉建武二十三年至中平三年（186 年）的一百三十九年中，东汉王朝对"武陵蛮"共用兵达十二次之多，仅建武二十三年（47 年）至二十五年（49 年）的三年内，光武帝刘秀就三次以重兵攻打"武陵蛮"。

三国两晋南北朝时期，统治者屡屡向武陵五溪地区用兵，如三国时吴太常潘俊"讨武陵蛮"，钟离牧"平五溪"。西晋时，荆州刺史陶侃先后于晋建兴三年（315 年）、咸和四年（329 年）两次出兵五溪，掳走众多人口。李特、李雄、李寿祖孙统治的成国割据巴蜀时，其部将符成、文隗带兵自荆襄沿长江西进，驱使吏民西上投降李雄。刘宋元徽元年（473 年），封建王朝对五溪地区苛征重赋，次年，荆州刺史沈庆之"以讨蛮为名，大发兵力……赇罚群蛮太甚，又禁断五溪鱼盐，群蛮怨叛"[②]。频繁的征剿与侵扰，致使苗民纷纷向西迁徙，湘西苗族地区的社会发展也因此深受影响。

---

① 石启贵：《湘西苗族实地调查报告》，湖南人民出版社 1986 年版，第 34—35 页。
② 《南齐书》卷二二，中华书局 1972 年版。

唐宋时期，中央王朝对苗族地区实行羁縻统治，统治者通过"蛮首"朝贡，示以恩信，使其"畏威怀德"，以利控制，这一制度有助于缓和中央与地方的紧张关系，社会局势相对稳定，湘西苗族又一次获得了发展的机会，人口逐渐增加，耕地面积也在扩大，水利设施出现了渠、堰、塘等，河溪两岸普遍使用了筒车。宋朝时还在苗区实行"营田"，招募弩弓手耕种，具有军屯性质。宋朝时，苗民的农业产量明显增加，他们常常拿出粮食与官府交易食盐，官府守边粮储因此增加，最高时多达"三年之积"。其时，苗民向朝廷上贡的物品主要有蜡、丹砂、水银、犀角、黄连、葛、簟、柑等。这也表明，苗区的采矿、纺织与金属加工等技术已达到了较高的水平。

元明至清初，湘西多数苗区都实行土司制度，但是当时重要的大土司，一般都不是苗族，而是唐宋之际来自内地的汉族大姓和其他少数民族的首领，苗族土司的官职、权限都极小。例如，明朝时，在湘西地区较大的土司有永顺宣慰司和保靖宣慰司，其首领是土家族而不是苗族，苗族土司设有筸子坪长官司。湘西苗族受土司的管理，为土司耕种土地，并缴纳地租与各种赋税，土司对苗民可以为所欲为，有生杀予夺之权。湘西苗区除了大部分受土司或流官统治外，在腊尔山地区，由于苗民不断地进行反抗，从明中叶至清初，逐渐排挤了土司和流官的势力，形成了相对独立的腊尔山"生苗"区。中央政府由于不能对腊尔山苗区进行直接控制，便采取了一些特殊的措施：一是进行军事封锁的隔离政策，在"生苗"区沿边修筑碉堡哨卡，扼守险要，形成军事封锁线，明万历年修筑了从贵州铜仁亭子关至湘西保靖喜鹊营长达三百六十多里的"边墙"；二是利用沿边土司进行防范，明清的许多土司都设立在"生苗"区周边地带，以便对苗区进行监控；三是安置卫所屯兵，进行钳制和弹压，在腊尔山周围布置了九溪卫、永定卫、辰州卫、沅州卫及安福千户所、镇溪千户所，形成一个对其包围与封锁的军事网络。以上政策与措施，使得湘西苗族的经济社会发展与汉族地区的差距日益加大。尽管如此，湘西苗族地区还是艰难地向前发展：农耕方法更为精细，农作物品种增多；苗族妇女绩麻，将手摇纺车改装成脚踏纺车，功效大为提高；造船技术也有明显改进，能够制造出载重数万斤的篷船；在苗汉交界处出现了墟场和产品交换。

清康熙中叶以后，清政府为了加强中央集权，开始调整统治策略，对西南少数民族地区实行改土归流。湘西苗族地区的改土归流，始于康熙四十二年（1703 年），止于雍正八年（1730 年），所采取的举措主要包括两个方面：一是在土司地区，裁革土司，改设流官，设置了永顺府和永顺、龙山、桑植、保靖四县；二是对腊尔山"生苗"区进行武力"开辟"，建官设治，先后设立了乾州厅、凤凰厅、永绥厅和松桃厅，彻底改变其相对独立的状态。

改土归流后，湘西苗区与外界的联系开始加强，特别是汉族先进的生产技术与生产经验大量传入苗区，有力地带动了当地商贸与农业的发展，地主经济体制也随之确立。但是，与此同时，清政府、地主阶级的压迫与剥削也日益加重，"摈苗为异，欺侮过甚"，苗民忍无可忍，最后终于爆发了"乾嘉苗民起义"，这次起义波及 13 个厅县，前后抗击清军 18 万人，"国家地方，元气无不大受损伤"。这次起义之后，清政府官员傅鼐开始推行"屯政"，在湘西苗区修边筑堡、均田屯勇，并先后在永绥、凤凰、乾州、保靖、古丈、泸溪、麻阳七厅县实行"均田"。由于永绥、凤凰、乾州三厅碉卡林立，丁勇聚积，所需的丁口田较多。因此，均田明显高于其他厅地，其中永绥"寸土归公"，凤凰"均七留三"，乾州"均三留七"。"屯政"的实行，使苗民在丧失土地所有权之后，又变成了国家的"佃户"，开始遭受"屯租"的残酷剥削。

1840 年，鸦片战争爆发后，清政府在反对外敌入侵的战争中，屡遭失败，割地赔款，导致国库空虚。为了弥补国家财政的不足，便加大了对国内民众的压榨。在湘西苗族地区，日益加重的"屯租"与屯丁的任意盘剥，致使广大苗民不堪重负，生活也愈加窘迫。在万般无奈之下，人们又发动了起义。例如，道光二十四年（1844 年），乾州石观保、杨正富等人以"合款"的形式组织屯户抗租，而且参加抗租的人们迅速扩展至乾州、永绥、凤凰三厅。在道光二十七年（1847 年），石观保、杨正富与永绥厅的孙文明、孙文山等人，联合起来，焚烧各处屯仓，处死屯官，抄没苗守龙大用、吴永清等人的家产。光绪五年（1879 年）秋，保靖县廖成才设立哥弟会，约集党众，与尤广太先后攻打永绥卫城。但是，因受清政府的残酷镇压，这些起义都以失败而告终。

（三）百年来湘西苗族的发展历程

20世纪初，湘西苗族也积极投入到资产阶级民主革命潮流之中。1911年10月10日，武昌起义爆发，推翻了清王朝的统治。湖南革命党人纷纷响应，10月22日占领长沙，成立了"湖南军政府"，随后湖南大部分地区都和平光复。当武昌起义与长沙光复的消息传到湘西时，清朝的官员们准备负隅顽抗，同盟会会员、苗族人田应全和苗族哥老会首领唐世钧立即成立"光复军"，攻打凤凰城。经过与清军的艰苦抗争，12月30日，起义军攻入凤凰城，标志着起义军取得了决定性的胜利。

1912年1月1日（民国元年），湘西军政府成立。不久，湘西各府厅州县先后宣布光复。1915年12月，袁世凯复辟帝制，受到全国各界人士的反对，1915年12月25日，蔡锷、唐继尧在云南宣布独立，起兵讨袁，发起"护国运动"，各地纷纷响应，湘西苗族也积极参与了这一运动。乾州城的苗族与汉、土家等各族人民组成护国军，一路北上，在古丈与袁军发生交锋，并将其击退；另一路沿武水东下，配合贵州护国军进攻泸溪、沅陵，有力地支援了湘西的护国运动。其间，大庸的罗剑仇、龙山的张玉堂、保靖的罗振东，也先后率领民众起义，讨伐袁军势力。

袁世凯死后，北洋军阀分裂，湘西苗族地区处于军阀割据状态，先后为田应诏、陈渠珍所统治。在军阀统治之下，乡豪横行，土匪猖獗，各种势力对苗民横征暴敛，烧杀掠夺，苗民困苦更加深重。例如，陈渠珍在湘西统治时，除了抽收各项苛捐杂税外，还要求苗民缴纳"屯租"，并且实行"谷贵收谷，谷贱收钱"，夏征秋粮，连年预征，催租人员对苗民随意捆绑、吊打、拘捕，草菅人命，"苗民处此层层高压之下，有因缴租而卖妻鬻女者，有破产沦为乞丐者，有道路流离鹄形鸠面者，无非苗人也"①。

在残酷的压迫之下，苗民起义此起彼伏。1915年至1916年，保靖"天灾水旱连年，田土荒歉，颗粒无收，各处苗民十室九空，挖葛采蕨，

---

① 石启贵：《湘西苗族实地调查报告》，湖南人民出版社1986年版，第66页。

充饥度日"。遇此情形，官府不但不体谅，反而还派人催款，公差上门，"气势汹汹，瞋目厉色，鸡犬皆畏"[①]，民众愤怒，最后终于爆发了由梁国昌领导的抗屯斗争，后遭镇压。1917年，龙廷久因不满官府非法苛税、刮取民财，在古丈县龙鼻咀的龙洞宣布独立，提出"抗捐罢税"的口号，得到了附近苗寨的响应，接着他带领苗民攻打区税务局，占领了龙鼻咀。1918年至1919年期间，又在当地开展了剿匪斗争，控制了以九龙为中心的古丈、保靖、乾城、泸溪四县边界地区，在这个区域内，"并未抢人杀人，秩序井然。内无阋墙之猜忌，外不作匪盗式之滋扰"[②]，人们安居乐业。1921年，陈渠珍调集大军，分四路袭击九龙，起义军寡不敌众，最终失败。

1935年以后，国民党统治逐渐取代了地方军阀势力，并逐渐控制了苗族地区。在湘西苗区，国民党政府虽然也进行了一些社会改革，如兴办教育、发展商品经济，但是这些改革未能如期执行，加之持续的时间不长，湘西社会局势并没有因此而有明显改观，相反，政治压迫与经济掠夺却是更加凶猛，无休无止的抓兵拉夫，苛捐杂税，搜括抢掠，致使农村经济日渐衰落，人民生活苦不堪言。

为了反抗欺压，湘西苗民举行了多次起义，其中影响较大的有1936年至1938年的革屯抗日运动和1941年的"跳仙"斗争。1936年，陈渠珍的部队与湘西七县军指挥宋濂泉因永绥屯务发生冲突，各地苗民也纷纷起来抗屯。湖南省主席何健出面调停，并乘机将陈、宋调离湘西。苗民代表吴恒良、隆子雍继续带领群众请愿，要求废屯。但是请愿被禁止，废屯的要求也被拒绝，这促使苗民开始了武装起义。1937年1月26日，石维桢在永绥龙潭起义，2月14日，梁明元在长潭起义。于是，吴恒良、隆子雍与石维桢、梁明元合作，开始了武装斗争，并提出了"废屯归民"与"抗日救国"的口号，成立了"湘西苗民抗日革屯军"，先后与国民党政府军发生多次战斗，屡败敌兵，势力越来越大。鉴于这种情形，国民党政府将何健撤职，由张治中出任湖南省政府主席，张治中与革屯军达成协议，决定"废屯升科"，"改编抗日"。1938

---

① 石启贵：《湘西苗族实地调查报告》，湖南人民出版社1986年版，第60页。

② 同上书，第62页。

年 3 月，革屯军改编完毕，不久便奔赴了抗日前线。革屯运动废除了在湘西实施了 139 年的屯田制度，使苗民的负担大为减轻。1941 年，湘西永绥发生"跳仙会"起义，这次起义是由于国民政府不断增加税款，抬高盐价而引起，起义首领以苗族的民间信仰"布将帅"来号召民众，得到了民众的响应，影响迅速蔓延至凤凰、乾城和贵州松桃等县，先后冲击过十几个乡政权。1942 年，由于组织涣散，作战经验不足，被国民党军队镇压。但是这次起义极大地震慑了国民党政府，迫使其作出让步，减少了当地的税、捐。

1949 年 10 月 1 日，中华人民共和国成立，迎来解放的湘西苗族人民欢欣鼓舞，以饱满的热情投入到了新生政权的巩固与国家的建设事业中。中华人民共和国建立初期，国民党残余分子、土匪恶霸等反动势力经常发动暴乱，烧杀抢掠，无恶不作，企图推翻新生政权。为了平定社会局势，保护胜利果实，人民解放军发动了剿匪运动。运动实行军事进剿、政治瓦解、发动群众的方针，采用铁壁合围、穷追猛打、力求全歼的战术，给予土匪以毁灭性的打击。1950 年 1 月，湘西地区开始全面剿匪，苗族人民给解放军当向导，运送粮食，设卡放哨，警戒盘查，参加战斗，有力地支持与配合了剿匪运动。至 1952 年下半年，消灭土匪11.3 万人，湘西匪患被彻底肃清，人民政权得到了巩固。

20 世纪 50 年代，在新生的国家政权的干预下，湘西苗族地区的社会政治面貌发生了很大的变化。在经济方面，1953 年至 1957 年，湘西苗族地区进行了社会主义改造，完成了生产所有制的转变，国民经济得到了快速发展。但是自 1958 年以后，在"大跃进"和"公社化"运动中，湘西苗族的经济生产也遭受了严重损失。在政治方面，50 年代初，为了宣传国家的民族政策，了解少数民族的需求，国家多次组织民族访问团对湘西少数民族地区进行访问以及对当地少数民族社会历史进行调查，这些活动有效地化解了民族隔阂，促进了民族之间的交流与团结。同时，民族区域自治制度作为我国的基本政治制度得以确立。1952 年 8月，湘西苗族自治区正式成立（1955 年改为湘西苗族自治州，1957 年又改为湘西土家族苗族自治州），这标志着苗族的民族权益得到了国家的尊重与保护，有助于身份认同和苗族自信心的提升。但是，自"文革"以后，湘西苗族地区与其他各族人民一道，在国家的统一安排下，进行了一系列的政治运动。由于政治运动过于频繁，致使湘西苗族地区的各项事业在"文革"期间都处于一种停滞状态。

十一届三中全会的召开是中国社会主义建设史上的重大转折，它标志着社会主义建设的重心开始了由片面强调意识形态向注重发展经济的根本转移。自此，经济建设成为社会主义的中心任务。在改革开放的大潮中，在国家民族政策与发展政策的惠及下，湘西苗族地区的现代化建设开始复苏，政治、经济、文化等方面都发生了翻天覆地的变化，温饱问题已经得到了基本解决。1992年以后，随着社会主义市场经济体制的建立，湘西苗族地区积极探求符合本地实情的现代化道路，根据市场经济的需要，调整产业结构，促使传统农业向现代农业转型，并依托本地资源优势，大力发展以民族贸易与民族旅游为重点的第三产业，取得了良好的成效。1999年9月，中共十五届四中全会做出了实施西部大开发的战略决策，2000年10月，中共十五届五中全会确定了西部大开发的战略目标与主要任务。湘西苗族地区正处于西部大开发范围之内。十八大以来，为了实现全面建成小康社会的战略目标，中央提出了精准扶贫的规划。而民族地区正是精准扶贫的重点区域。同时，第四次中央民族工作会议的召开，也为民族地区的发展进一步明确了方向。在这些难得的历史机遇和史无前例的支持下，湘西苗族人民正以勤劳的双手和坚忍的精神创造迎接新时代带来的新希望。

第二章　百年来湘西苗族文化变迁的表征

在湘西苗族悠久的历史记载里，一百年虽然只是短暂的片段，但却是其发展史上最重要的阶段。在百年间，湘西苗族的社会制度经历了从民国到共和国的变化，经济形态经历了从小农经济到市场经济的变革。政治、经济制度的根本变革，对湘西苗族文化产生了什么样的影响？本章将围绕着这一问题展开叙述。

一　生活方式的变迁

林耀华认为，"经济发展方向和地理环境在很大程度上决定着各族人民的物质文化的特点，决定着他们的居住地和住房的类型，交通工具和搬运重物的方式，以及饮食和用具、衣服、鞋帽和装饰等"，"每一个类型的文化特征首先取决于该类型所处地理条件所规定的经济发展方向"。这说明，经济发展水平和地理环境是决定民族生活方式的两大关键因素。同时，"在地理环境相似和社会经济发展水平相接近的条件下，居住在不同的甚至相距很远的地区中的不同民族可以属于一个经济文化类型"[①]，这表明民族生活方式又有着超越于经济发展水平和地理环境的相对独立性。那么，在湘西特定的自然地理条件及经济发展水平下，苗族的生活方式在百年间发生了什么变迁？我们将深入若干文化事象中，描述百年来湘西苗族生活方式变迁的具体表征。

---

① 林耀华：《民族学通论》，中央民族大学出版社 2003 年版，第 80 页。

（一）服饰

在任何民族的历史中，服饰展示了每一时代人们的社会状况、人文地理、伦理道德、审美情趣及思想观念，民族服饰的发展史是一部民族生活史、民族文明史和民族风俗史。1921 年诺贝尔文学奖获得者法国作家阿纳托尔·法郎士说："假如我死后百年，还能在书林中挑选，你猜我将选什么？在未来的书林中，我既不选小说，也不选类似小说的史籍。朋友，我将毫不迟疑地只取一本时装杂志，看看我身后一世纪的妇女服饰，它能显示给我们的未来的人类文明，比一切哲学家、小说家、预言家和学者们能告诉我的都多。"① 可见，从某种角度看，服饰是人类文明的重要内容和历史见证。苗族服饰的发展史也是苗族文化的载体，见证着苗族文化百年来的发展趋向。

1. 民国初期关于苗族服饰记载

民国初期，湘西苗族的服饰镌刻着浓厚的民族特色。凌纯声、芮逸夫描述道："男子以黑布裹头，青布或黑短衣裤，黑布带束腰，跣足。在前清时惟寨长剃头，余皆椎髻，今则剪平头或剃光头如汉人。所不同者，惟用指甲或钳子，除去髭须"；"湘西苗妇衣服，与清末内地农家妇女服式相同。上衣长不过膝，阔边绲袄，裤管袖管，虽家常衣服，多绲以花边"。"苗妇所穿家常衣服，多以阔边绲大袄，距阔边约一公分，再加上狭边一条，阔约二公分。两边之间，又嵌缝色布或绒线一条。衣袖亦绲边一道或两三道，惟多无领。"新娘的嫁衣，或节庆时的盛装，一般"大袄及前后摆多绣花卉人物，工夫甚巨。苗女终身大都只做一件，在未嫁数年前即做起，做成为嫁时衣，嫁后偶逢时节喜庆穿着一次，死后尚须用作殓衣。苗女亦背心"。穿着盛装时，"在裤外亦再围围腰一幅而不着裙"。②

石启贵也有更为细致而精彩的描述："湘西苗族男子衣裳，崇尚古装，包头系腰，跣足跋行。首帕，普通喜爱青黑色，缭绕头部，至少需挽五六道，亦有挽十余道者。挽戴头上，帕长丈余，前后包成人字形，

① 转引自周立人《伊斯兰服饰文化与中西服饰文化之比较》，《回族研究》2007 年第4 期。

② 凌纯声、芮逸夫：《湘西苗族调查报告》，民族出版社 2003 年版，第49—50 页。

大如斗笠。放顶露处，悬帕一端，吊其耳边。近于苗汉杂居处亦有喜戴帽子者。身着衣服，概系短装，对襟少而满襟多。每件衣服照例安纽扣五颗为普通，衣袖长而袖口小，亦有袖口放大的。下摆喜宽，过腰喜大。有一班青年好奇者，有胸前，袖口衣领处滚边绣花，色彩鲜丽。民国以来，较为进化，对此滚边绣花服似少见之。裤子短大，疏松异常。近有剪发，习汉族，穿长衫套马褂者。但为数不多，不上百分之一。男子均以黑帕缠腰，青布裹脚。也有喜包花裹脚的。一年四季少穿袜。未有洋袜以前，多缝白布袜及蓝布袜。若穿了袜子套上麻履，武夫赳赳。大有蛮风犷悍之气概耳。"① "湘西苗乡女子，喜用青黑头帕包头，发不外露，平正不偏斜，末挽一道要齐额上。惟凤凰妇女爱花帕，男子亦同。头帕缭绕，褶叠极多。若遇严寒，加包短帕一节，长约三尺，由前额包向胸后中部，帕之两端，紧箍两旁，连两耳都包在内，不透风寒。女子发型沿古式，不剪发，绾独辫。无论寒暑都包头，以露发示众为耻也。衣服腰大而长，袖短无领，袖口大约尺许，袖长齐过手腕而已。胸前及袖口照例要滚绣花边，加栏杆花瓣于其间。还有开衩及放摆，前后两面之边缘，都刺绣及挖云钩。衣全是满襟，无对襟式。……纽扣部位例安五颗，腰系红、绿或黄色之湖绉细帕，帕两端吊悬于右方。间有无此绉帕，是系花带和腰裙。绳绣花边或数纱边。……有礼裙，长而宽，缝成褶叠，下脚边沿满绣花纹，缀花瓣，五光十色，鲜艳美观。系于腰上，围满下身前后，行路摆摆之姿势，风度娉婷。……鞋子绣花，头尖口大，后跟上耳。有做半节鞋，是用各色花缎连缀而成，美观异常。布袜好喜蓝色，要上船底，边钩三针。……此袜喜庆穿之。平日是包布裹脚，穿草鞋。衣服也有套背心的，俗谓之领褂。胸前亦镶花边、挖云钩，与衣略同。"②

除服装外，湘西苗族妇女还喜爱佩戴银饰，如银帽、项圈、手镯、耳环、戒指、扣纽链子、银牌、披肩等，造型精美，种类繁多。苗族对银饰较为讲究，无论贫富都有，平时佩戴手镯、戒指、耳环的较为普通。特别是耳环，由于打造所需的银两不多，因此"贫富妇女，人皆有

---

① 石启贵：《湘西苗族实地调查报告》，湖南人民出版社 1986 年版，第 121—122 页。
② 同上书，第 122—123 页。

之"。而银帽"需银子三十两至五十两，手工要数十个方能制之。此非富者不能制"，因此，"多于富家之女出嫁或接龙盛会引龙之主妇戴之"。① 对此，石启贵曾用诗歌形象地刻画："青年妇女性婆娑，喜爱银花戴得多。富贵有钱崇古礼，满头偏插鹊儿窠"；"银窠高耸项围圈，花帕红绳正斗妍"；"队队银圈戴满肩，谁家娇女正翩跹"。②

"湘西苗族服饰在各地域间存在一定的差异，绥宁、凤凰一带之苗，不分男女，常以青布裹头，仅露面孔，酷暑不卸，男则短衣跣足，青蓝衫裤。妇女衣服较男子为长，不着里衣，亦皆跣足，喜带银质之首饰，如耳环、手镯、顶箍、银链、头簪之类，每件轻者亦两余，耳环常有压破耳者。待字之女，头绾双髻，插双簪，不围裙而着裤。……乾城等处男苗，同化汉人，惟妇人尚存故俗。伊等不知挽髻，终其生盘辫于首，裹以青巾或白布，长至二三丈，至短亦丈余，盛暑不解，且赤足行雪无所苦。衣服大镶大衮，加按花边，或绣五色花草或挑虫鸟于上，以为美观。衣大袖大裤脚亦大。每逢喜庆，老少衣青蓝呢绸衣，系土红色土绸裙，裙边绣花或挑花，腰缠土黄色腰带，足登白布袜，圆口尖形鞋，耳环项圈均用银质，妇女咸穿数眼带环数副，重至四五十两，与绥宁凤凰苗妇略同。"③

在着装习惯方面，湘西苗族也别具一格，如"男子终年赤脚，虽隆冬亦不着鞋袜，头上终年裹以布帕，虽酷暑亦不弃。故汉人常谓'苗人冷头不冷脚'"④，"赤足步行，不着鞋袜，男女皆然"，"贫富皆然"，⑤ "赤足行雪无所苦"⑥。湘西苗民冬天也不穿棉衣，清康熙年间在阿琳《红苗归流图》的序言中就记载有"虽隆冬祁寒，男女止单衣数层，冻甚则集薪焚之，阖室环向，反复烘炙。出遇风雪则披毡以御"。清道光

① 石启贵：《湘西苗族实地调查报告》，湖南人民出版社 1986 年版，第 123—125 页。
② 同上书，第 435 页。
③ 盛襄子：《湖南之苗瑶》，载贵州省民族研究所编《民国年间苗族论文集》，1983 年印，第 81 页。
④ 孙家俭：《湘西的苗人》，载贵州省民族研究所编《民国年间苗族论文集》，1983 年印，第 74 页。
⑤ 盛襄子：《湘西苗疆之设治及其现状》，载贵州省民族研究所编《民国年间苗族论文集》，1983 年印，第 54、57 页。
⑥ 盛襄子：《湖南之苗瑶》，载贵州省民族研究所编《民国年间苗族论文集》，1983 年印，第 81 页。

年间《凤凰厅志·服饰》（卷十一）中也记载苗民"冬夏俱单衣，虽严寒止两层，行风雪中则伛偻"。到民国时期亦然，盛襄子称他们"从事工作，不喜着棉衣，天寒仅加着单衣而已"[①]。

到 20 世纪 30—40 年代，由于时局动荡，"迭受兵燹匪患，被抢损失，或埋窖毁坏，或变卖疗饥"[②]，当地妇女佩戴银饰的明显减少。村民的生活也日趋窘迫，一些贫寒之家，所着衣服是"蔽前而不蔽后"[③]，有的则"所有衣裳，均着于身，脏污无换，易替莫取。欲换洗衣服，均于夜晚脱洗烘烤穿之"[④]。

2. 新中国成立后的苗族服饰

1949 年后，随着政治环境趋于安定，与外界的交往阻障也逐渐消除，汉族服饰开始流入苗区，并逐渐赢得了苗族人民的青睐。如今，在平时的生活中，穿着苗族服装的人，大多是 50 岁以上的中老年妇女，50 岁以下的几乎不穿苗族服装，而是选择与汉族无异的服装。村民们用汉族服装取代苗服的原因有三：一是穿苗服的"过脚"（程序）太多，汉族衣服要便捷许多，只要往身上一套就可以了，免去了穿苗服时的麻烦；二是苗服大多是"家机布"（土布）做成的，质地粗糙而厚重，在田间劳动起来显得十分笨拙，冬天穿着倒还比较暖和，但是夏天穿在身上，炎热难耐，而且还刺激皮肤，浑身不舒服；三是汉服比苗服便宜得多。花垣排碧乡四新村的一位老人风趣地对我们说：

> 苗族衣服比汉族衣服贵，因为绣了花，现在有机器缝，过去用手工缝，买布、绣花要几个月，做一件衣服最低要一百五十块钱，汉族衣服几十块就买得到，方便。苗族衣服有几层，穿着不透气，太热。苗族衣服就是好看，但不方便。苗族衣服、花带基本上失传了，年轻人不喜欢，嫌麻烦，我小的时候家里就有"家机布"，我母亲自己做。现在有机器做的，也有家机布，但很贵，以前做一套

---

① 盛襄子：《湘西苗疆之设治及其现状》，载贵州省民族研究所编《民国年间苗族论文集》，1983 年印，第 54 页。

② 石启贵：《湘西苗族实地调查报告》，湖南人民出版社 1986 年版，第 127 页。

③ 同上书，第 136 页。

④ 同上书，第 79 页。

衣服要纺线、织布、染色、绣花，很麻烦，现在谁都不愿意干，现在补衣服都懒得补了。我买的衣服一块钱，裤子也是一块钱，一双皮鞋三块钱，全套五块钱，穿着还很好，谁也不知道我穿的衣服这么便宜，衣服也好穿，何必买那个布呢？买布以后还得找裁缝做，做衣服的工价是十八块，十八块我都可以买十八件衣服了。我是老人，只要冬天不冷就行，不讲好看。（YWD，男，70 岁）

在现代化浪潮中成长起来的年轻人对苗服的态度就更不必说，对时尚与前卫的追求成为他们穿衣的基本原则，牛仔裤、街舞裤、吊带装、运动鞋等都是他们的日常装扮。只要是流行的服饰元素，都可以在他们身上找到。

如今，苗乡从事纺织、织布的人正逐年减少，少数 50 岁以上的中老年妇女还偶尔织一点，年轻女孩嫌麻烦，再加上"找钱"太慢，放弃了学习这门手艺。因此，苗织的传承面临着较大危机。一些老年人经常抱怨："她们坐不住，不愿意天天守在那里，都愿意出去打工快活。"但是除了发几句牢骚之外，他们也是百般无奈，毕竟时代变了，年轻人有年轻人的想法。

随着旅游业的兴起和传统文化的复苏，当地经常举办一些大型的节庆活动，如"四月八"、"赶秋"、"六月六"等节日。为了体现民族特色，参加表演的人一般都各自备有一套苗族服饰；一些游客也对苗族服装情有独钟，往往捎带几套苗服自穿或作为礼物送人。如果说传统的苗族服饰是满足苗民穿的基本生活需求，那么，如今它已经发展为一种表演性的道具；传统的苗族服饰是苗民自给自足的生活用品，如今它却作为苗族文化的象征被商品化。在此过程中，传统的苗族服饰从生活层面退去，但却在象征层面复兴，成为当地旅游产业的一种衍生产品。

（二）饮食

饮食是民众生活中最基本的也是最主要的内容，集中展示了每一时代的社会经济发展、自然环境、宗教信仰及观念习俗，表现出鲜明的地域性和民族性特征。湘西苗族饮食文化是地域文化和民族文化的结合，从饮食文化的变迁可观照一百年来湘西苗族的生活史、文明史和风俗史。

1. 民国初期有关饮食的记载

民国初期，湘西苗族的饮食结构单一，食物多以杂粮为主，少有米饭可吃，"大抵一年之内，统将人户平均估计吃净米饭者十分之三；吃米兼食杂粮者，十分之五；吃杂粮兼食野菜蕨葛者，十分之二。甚有寸土俱无，多食杂粮，或采天然产物充饥也"①。在永绥，"食则熟苗多以米及包谷。贫者则全年劳苦耕种，仅食杂粮。彼节省米粮，用以纳租，或作交换其他必需品之用"。在乾城，"能食大米者不及十分之四，普通则均用包谷磨浆，做成粑粑，再配以杂粮煮成之五花饭食之"。②

苗族烹调方法简单，煮熟即可食用，"每杀牲一只，则分类烹饪。如头爪一碗，肝一碗，舌一碗，精肉一碗，肥肉一碗，甚有用猪肠灌米粉做灌粑。一一分煮，装成多碗，陈列桌上"。将肉切成厚块或方坨，先放油，然后将肉放入锅中，"加入食盐、辣椒调匀，水煮肉熟即成。亦有配以姜、葱、辣、酱，和匀铲出，并无其它的香料"。平时多用桂皮作为香料，不像"市中厨师办菜，采购胡椒、花椒、丁香、白果、肉桂、酱油、料酒、腐乳、糖醋、味精等项。因苗人并未知其香料名目，又未学过烹调方法。加以村落距城遥远，苦于时间限制，故不得已，只用水煮盐向也"。③青菜的烹饪也很简单，常常"将鲜菜切好，锅中放油，灶心烧火，切菜投入锅中，加以适量之粉盐，水煮沸，熟即铲食"。

民国时期，湘西地区食盐的供给较为紧张，市场上有川盐、淮盐出售。但由于靠近四川，当地人吃盐主要以川盐为主，称为巴盐。"巴盐产于四川自流井，运至湘西，运费自然可观，加以商人从中攫取高利，到苗人手中则需高于原价约十倍之代价。故苗人多无力购买所需量数之盐巴。苗人有句话说：'米不难，包谷红苕也可餐；菜不难，萝卜白菜也送饭；酒不难，高粱谷酒也把盏；柴不难，荆棘枝丫可烧饭；只有巴盐最为难，要尝硬要白银元。'"④ 凤凰县流传着一首名为《盐的血泪》

---

① 石启贵：《湘西苗族实地调查报告》，湖南人民出版社1986年版，第131页。
② 盛襄子：《湘西苗疆之设治及其现状》，载贵州省民族研究所编《民国年间苗族论文集》，1983年印，第60页。
③ 石启贵：《湘西苗族实地调查报告》，湖南人民出版社1986年版，第128页。
④ 孙家俭：《湘西的苗人》，载贵州省民族研究所编《民国年间苗族论文集》，1983年印，第74页。

苗歌："乡长吃饱钱，保长吃饱盐，甲长平平过，苗家喊皇天。"① 歌词可见当时普通苗民吃盐的艰难。苗民常常是"纯用清水煮食"；"食菜油盐俱备者，唯殷实之人，乃得享此口福。余如贫民，间有数日，方能沾唇一次，欲食鱼肉，须望节期"②。"赤贫者连油盐都没有，何能果腹。"③ 若遇节庆或宾客临门，饭菜稍稍讲究一些，"饷客以糯米饭为最敬意，肴馔则豆腐、腌菜、米酒而已。豆腐内加大块肥肉者为极客气。除吃牛吃猪外，无大筵会"④。

2. 新中国成立后湘西苗族饮食的变迁

1949 年中华人民共和国成立初期，共产党为了巩固新政权，平定动荡不安的社会局势，改善人民的生活质量，采取了一系列的政治、经济措施。土地改革以后，贫困人家不仅分得了农具、房屋，而且还分得了土地。据统计，当时的湘西地区有 23 万户无地、少地的农民平均分得田地 1.5 亩；⑤ 1953 年，湘西地区共销售食盐 375.5 万公斤，是 1950 年的 4.06 倍，结束了以往"斗米斤盐"的现象；1957 年，湘西自治州粮食总产量 5.7733 亿公斤，农业总产值 1.5884 亿元，分别比 1949 年增长 87.8%和 77.8%，粮食总产量比 1953 年增长 16.7%。⑥ 这些经济成就提升了人们的生活品质。

在 50 年代中后期至 70 年代间，苗民的生活虽然出现过几次较大的波折，但从整体上看，人们的生活水平还是不断地提高，特别 20 世纪 80 年代以来，人们的饮食结构发生着很大的变化，品种也日益多样，米饭逐渐成为主食，但仍吃包谷、红薯等杂粮，赶集或参加节庆活动时，人们还会买一些自己喜爱的小吃享用，如米粉、面食和油炸粑粑等，或干脆选择餐馆消费一餐。但是，一些传统的饮食习俗仍然保留。主要包括：

---

① 凤凰县民族志编写组：《凤凰县民族志》，中国城市出版社 1997 年版，第 278 页。
② 石启贵：《湘西苗族实地调查报告》，湖南人民出版社 1986 年版，第 130 页。
③ 盛襄子：《湘西苗疆之治治及其现状》，载贵州省民族研究所编《民国年间苗族论文集》，1983 年印，第 60 页。
④ 盛襄子：《湖南之苗瑶》，载贵州省民族研究所编《民国年间苗族论文集》，1983 年印，第 83 页。
⑤ 李昌俊、彭继宽主编：《湖南民族关系史》（下卷），民族出版社 2006 年版，第 24 页。
⑥ 同上书，第 29 页。

其一，偏爱酸味。早在民国时期，各家就备有自制的酸菜。如"青菜酸、辣子酸、豆荚酸、胡葱酸、蒜苗酸等"，这些酸菜也被称之为"当家菜"，平时可作为常用菜和佐料，也可"至蔬菜淡季，平日无新鲜可买时"作为主菜，终日食用。① 除了制作这些"当家菜"外，他们还用坛腌制酸鱼、酸牛肉、酸猪肉等，而且"苗家鱼肉腌坛、酸菜坛均罗列于堂上或地楼之墙也。富家腌坛，为数甚多。生人入门，观坛多寡，家之有无，可不问而知"②。因此，酸菜坛成了判定家中贫富有无的标志之一。至今，湘西苗家普遍都存有酸菜坛，流传有"三天不吃酸，走路打乱颤"，"三天不吃酸菜汤，眼发花来心发慌"，"瓦罐腌酸鲤，佳宾宴上珍"等说法。这些言语虽有夸张之嫌，但还是可以反映出苗族对酸菜的偏好以及酸菜在苗民饮食中所占的分量。现在，湘西苗族的城头巷尾还可以看见有酸菜出售，在当地宾馆的菜谱之中，酸菜也赫然入列。

其二，嗜爱抽烟。民国时期，"烟于苗乡盛行，男子好吸烟者，几乎百人之中，约占九十人以上。无论工作或出门上下，身边各佩烟杆一根。普通喜爱吸烟叶，俗谓之草烟"。相习成风，将烟草"视同饮料不可少"③。现在，成年男子抽烟的习惯依然没有改变，吸烟的人在乡村随处可见。不过很少有人使用烟杆，中老年人习惯于用裁好的小块白纸将买来的土制烟丝卷起，然后放在嘴边点燃抽吸，而年轻人一般都会去商场买盒装的香烟。

其三，爱饮生水。民国时期，苗民"概是生饮，不煮沸"，且"寒暑饮之均无病，身康强"④。直至现在，无论冬夏，苗族人们还是习惯喝冷水，特别是夏天来临时，大家都会到井边去挑"凉水"饮用，有的还会将水放于冰箱中，这样喝起来更为冰爽解渴。

其四，爱好饮酒。民国时期，湘西苗乡的酒类只分烧酒和米酒二种，"烧酒性剧烈，易醉人，是以玉蜀黍酿之；米酒性和平，俗谓之水

---

① 石启贵：《湘西苗族实地调查报告》，湖南人民出版社1986年版，第130页。
② 同上书，第129页。
③ 同上书，第132页。
④ 同上。

酒,不易醉人。好饮者喝至一二斤,是用普通粘米酿之"①。至今,成年男子大多还保留着饮酒的嗜好,不过不是在家中酿酒,而是到集镇上去买散装白酒或瓶装酒;逢赶集时,有的还会在酒摊旁,掏出五角或一元钱买上一杯,一饮而尽,然后意犹未尽地离开。

(三) 居住

美国建筑学家艾默森·拉普普(Amos Rap-oport)将人类的建筑大致分为"归属于壮丽设计传统"和"归属于民俗传统"两大类,其中归属于民俗传统的民居建筑"直接而不自觉地把文化——它的需求和价值、人民的欲望、梦想和情感——转化为实质形式"②。湘西苗族的房屋作为民俗传统类建筑,也是苗族文化的载体。一百年来,湘西苗族居住方式的变迁,从物质文化的视角展现了民族文化的变迁。

1. 民国时期关于湘西苗族居住方式的记载

民国时期,苗族村寨"多靠山傍水而筑,其形式不一。多以土坯或石板为墙垣,寨门多寡不定。寨中街道曲折,或上或下,街之引导,进寨门之后,左转右弯,一时便觉无门可出。有时汉人通过一苗寨,往往不见一苗人。因为多已避入小巷,闭门不出。苗寨的分布多不在交通要道,常在山谷深入,只有小径可通。远处虽可望见,但多可望而不可即"③。

家居房屋类型大致可分为瓦房、茅屋和杉皮房等几种。房屋的大小和建筑材料要依家中贫富条件或当地的自然环境而定。20世纪三四十年代,湘西苗族生活艰难,除了少数富人的居住环境较为优越以外,而一般平民的居所条件都十分简陋,茅屋占据了大多数,有的人家还居无定所。例如,据1934年《湖南全省社会调查·民情风俗》记载:乾城、凤凰、永绥等县,"苗民依山结茅屋,间亦有瓦屋者,每屋三五间,无窗牖墙垣,绕以茅茨。檐户低小,出入俯首"。1939年,保靖县的调查材料记载:"保靖葫芦、夯沙、水田、麦坪等乡苗族,住室则贫者结

---

① 石启贵:《湘西苗族实地调查报告》,湖南人民出版社1986年版,第132页。
② [美]艾默森·拉普普:《住屋形式与文化》,张玫玫译,台湾:境与象出版社1991年版,第8页。
③ 凌纯声、芮逸夫:《湘西苗族调查报告》,民族出版社2003年版,第34页。

草为庐，富者大厦崇垣，耸以碉楼，惟不喜开窗。"① 孙家俭也记述了当时苗民的居住情况："苗人住宅，多为矮小之茅舍，烧饭、吃饭、会客、睡觉均在一敞间。牛栏厕所另为一间。较富者则建造瓦屋，其形多为一进三间，左为牛栏厕所，右为卧室，中间烧饭会客用。最富者亦有较新式之建筑，例如永绥吉峒坪石宏规先生之房屋，四周为青石砌成，楼阁俱备。"② 此外，学者盛襄子也对湘西古丈、凤凰、乾城等苗族的房屋形态、陈设与居住习俗等情况进行了详细的考察。古丈的苗民"住所狭而矮隘，牛栏、猪圈、厕所，皆附于旁，臭气熏人，不以为怪。室内陈设，亦极简陋，室中多掘穴坑，以为饮饭谈话之所"。③ 凤凰的苗民"富者喜建大厦，并筑碉堡曰保家楼，室内不喜开窗，白昼室内光线亦似黑夜，宅中设□，床高十丈许，宛如大榻，当中设火炉以为炊爨之所，无间壁，翁姑子媳，兄弟妯娌，居处一室，内外无别。牛羊鸡豕，丛栖一室，臭不堪闻"。④ 乾城的苗民"住者富苗用砖及石木建筑大房舍为数不多；贫苗则茅庐草舍，建筑不打房基，及选平地方，请人用木料架起，上铺稻草，围以竹篱，竹篱以外，敷以泥土，即算房屋告成"。⑤

　　一些家境贫寒者实在无力建房，而只好搭建"∧"形棚，俗称茅棚子或瓦厂棚。这种棚子的搭建，几乎不需劳神费力，只要用木材架起"∧"形状，用茅草盖成即可。对于这种房屋的生活，石启贵同情地描述道："可怜穷人，八口之家，斗室之所，全家大小共栖于此，炊煮饮食于此，寝卧坐立于此，刀具农锄放于此，牲畜饲养于此。大小男妇齐寝一堂，此非无礼，环境使然。……观夫通都大邑殷富，一饭十金，一衣百金，一室千金，男仆女婢，自安恬逸，未识知边疆苗民之生活也。"⑥

---

　　① 伍新福：《湖南民族关系史》（上卷），民族出版社 2006 年版，第 511—512 页。

　　② 孙家俭：《湘西的苗人》，载贵州省民族研究所编《民国年间苗族论文集》，1983 年印，第 74 页。

　　③ 盛襄子：《湘西苗疆之设治及其现状》，载贵州省民族研究所编《民国年间苗族论文集》，1983 年印，第 54—55 页。

　　④ 同上书，第 58 页。

　　⑤ 同上书，第 60 页。

　　⑥ 石启贵：《湘西苗族实地调查报告》，湖南人民出版社 1986 年版，第 136 页。

室内的陈设因苗族姓氏而表现出一定的差异：吴、龙、廖、石、麻、张、欧、秧、杨姓的陈设习惯为：瓦屋内中堂左边一间铺成地楼板，并设置一个火炉堂。火炉堂的安放要以中柱屋脊相对为标准，靠边一排的中柱下方，是安放家先的位置，苗语称之为"夯告"。火炉堂中安设有一个"三脚"，绝对禁止用脚踩踏；靠中柱一边为上方，长辈可坐在这里；而对面为下方，一般由晚辈来坐，另外两方则不讲究。苗族很看重这些禁忌与规矩，若有人冒犯，房屋主人将会十分气愤："每有外来汉人，不知其俗，扬长入门，进屋走到火炉上，不待主人之呼坐，即往上方居然坐之，入坐后，盘脚操手，跨脚伸足，踩'三脚'坐姿不正，几占一边火炉。有无聊者，随意放屁吐痰，主人视之，以为此人无理，厌恶生心，暗恨刺骨，极其反感，乃欲出言未便开罪于人也。"①而部分吴、石姓和胡、罗、施、洪等姓，地楼、火炉则安放在中堂右边的一间。

在房屋中堂设有神龛，神龛上方贴有"天地君亲师位"，两旁写有"九天司命，太乙府君，求财有感；四官大神，是吾宗支，普同供养"等小字。神龛横条写有"天地阴阳年月日时，百无禁忌大吉大利"。神龛下边写有"安神大吉"，左写"堆金高北斗"，右写"积玉满南山"等字。牛栏、猪圈和厕所安在厢房之下；若没有厢房，则择地另建，要么就建在正屋内，臭气难闻。②

2. 新中国成立后居住方式的变迁

1949 年以后，湘西苗民的住所环境整体上有了较大改观。据村中老人回忆，乾城县的新坪乡三岔坪保共有 123 户，全为苗族，富人少，穷人多，其中桃田、后坡、万向溪、门斗溪、弯里等寨就有 50 至 60 户住茅草屋，有 29 户 62 人经常外出讨米要饭。1953 年冬，原来的茅屋都改建成了土墙瓦屋，外出讨米做工的人也来到了家乡，开始过上了安居乐业的生活。③ 自此以后，茅屋逐渐减少，瓦房开始增多。

20 世纪 80 年代初，少数贫困人家仍"吃不饱，穿不暖，茅屋、破房'千里眼'"，有的甚至住在岩洞或桥孔中。1983 年湘西州进行过一

---

① 石启贵：《湘西苗族实地调查报告》，湖南人民出版社 1986 年版，第 134 页。
② 同上书，第 134—135 页。
③ 李雄野主编：《世纪之行》，2001 年印，第 162、169 页。

次调查，全州共有 2.1 万多户、73 万多人无住房。其中，213 户住在岩洞、桥孔，378 户住牛栏，5100 户住草棚，6865 户寄住他家或公房里，其余的则住在阴暗潮湿、破旧狭小的危房里。通过政府组织和多方支持，获取木料 2.7742 万立方米，水泥、石灰 2.268 万担，沙子 5840 立方米，砖 245.8 万块，瓦 6584.6 万片，帮工 207.955 万个，筹集建房资金达 1036.9 万多元，经过三年时间的修建，至 1986 年春，共帮助贫困户建房 1.2896 万栋，使 1.3048 万户、5.63 万人解决了住房困难，也基本上完成了扶贫建房的任务。①

调查点的苗族村寨以瓦房居多，但瓦房的墙壁却差距较大，大部分为水泥砖混墙，少部分为木板或用石块堆砌成的墙壁，仍有少数房屋的四壁是用细竹编织而成。少数人家用水泥铺就地面，也有些人家中堂铺水泥，中堂边的一间铺成地楼板或两间都铺成地楼板。家境不是很宽裕的，屋内就全是泥土地基。每个村寨都耸立了几栋水泥楼房。一般而言，村寨离集镇越近，水泥楼房就越多。屋内陈设也发生了明显的变化，部分家庭除了以前的老式柜子、桌子外，又新增添不少现代式样的组合家具；彩色电视基本普及，少数家庭还购置了冰箱；有少数家庭正堂还设置有神龛，但除了"天地君亲师位"和对联、字幅外，四周还贴有领袖像、歌星、影星或美女图，不如以前严肃、庄重。至于以前有关禁忌，现也正在破除或减少。例如苗寨的许多村民都表示，现在火炉堂边可以随便坐，即使晚辈坐在中柱上方也可以，踩一下"三脚"也没关系，"不像以前规矩多，那是封建迷信，现在没（不）管这些了"。

（四）交通与通信

交通或通信是实现人与人的相互交往或物的异地流通的活动方式。民族交通作为一种具有特殊内容和表现手段的文化形态，是少数民族对自然规律的把握和运用，体现了民族的生存智慧。湘西苗族交通、通信方式的变迁，是湘西苗族文化变迁的侧面写照。

1. 民国时期关于交通、通信的记载

湘西苗乡多处崇山峻岭之间，道路蜿蜒崎岖，沟壑纵横，历来交通

---

① 湘西自治州民委编：《湘西土家族苗族自治州·民族志》，湖南人民出版社 1999 年版，第 358—359 页。

闭塞，出行不便。"通云、贵的大道为官路；各汛相通有营路；汉民取径往来有民路；通苗寨的羊肠小道称苗路。今以凤凰为中心，官路通辰州、麻阳、芷江；营路通乾城、永绥、铜仁；民路通浦市、乾城；苗路在营路的两旁，一线羊肠，其多如发，不胜枚举。官路、营路，全以石板砌筑，工程颇大。民路修法不一，大抵经过富饶区域的路，修筑较好。苗路多随山势走成，很少人工。"① 石启贵也记载道："除湘川公路及县道较为平正外，其他乡村概系土泥之路，时起时伏，蜿蜒曲折……挑担行走，左钩右联，生人经此，凡不能行，苗人于斯，朝暮耕凿，日所必由往来也。"② 在水道方面，河宽水深的地方一般都有船只运营，可分渡船和运船。渡船是供苗民平时往来通行之用；运船用于运输货物，"平日专往沅陵、常德，或长沙，汉口载运货品，售诸县境各商场……凡有河道可通舟行，营此业者亦多。乾城之大，小兴寨、坪朗、三脚岩、茶油坪、乱石滩等寨民，凡有半数专以行船营生"③。河上也修有桥梁，多为木桥，也可用五六道铅丝绳拉向两岸，然后在上面铺上短木板，俗称"铅丝桥"，此外，在水浅之处还修有"跳岩桥"④。

恶劣的交通条件严重制约着苗民的出行与生活，苗民遭遇的困难远远超乎想象。在当地有俗语形容当地行走的艰难："自古湘西行路难，近看在眼前，走路要半天，有油没有盐，通水不通船"，"站在门前可对话，借火点烟要半天"，"开门就见山，出门就爬坡"。在花垣，"雅酉乡和两河乡一带出产的桐茶油，要靠肩挑背负到一二百里路之外的茶洞、麻栗场等地去交换，然后又从那里把换回的食盐、布匹、棉纱等日常生活用品挑回来，往返一趟要 2 至 3 天。从雅酉的黄瓜寨到吉卫镇赶场，山高、路陡、林密，翻山越岭，行程一百多里，往返一次要两天时间"⑤。苗民们的一些特殊生活习惯便是对这种恶劣交通的无奈适应，例如，在货物往来中他们仅靠肩挑背负，扁担、背篓、箩筐等也成为最基本的劳动工具；为了在山间小路上行走利落，他们的裤脚缝制得都比

---

① 凌纯声、芮逸夫：《湘西苗族调查报告》，民族出版社 2003 年版，第 37—38 页。
② 石启贵：《湘西苗族实地调查报告》，湖南人民出版社 1986 年版，第 9 页。
③ 同上书，第 8 页。
④ 同上书，第 9 页。
⑤ 花垣县民委、花垣县政协文史委员会编：《花垣苗族》，1993 年印，第 100 页。

较粗短；为缓解行船中的疲惫，激发战胜困难的勇气，当船只下行时，"艄公及一般弟兄们，齐起用力，欢呼歌唱，抖擞精神。齐喊口号，兴奋娱乐，俾忘苦累也"①；当船只上行时，"每上一滩，数十人或撑或扛，或牵或挽，晷呼用力之声，与怒涛共喧"②。

在通信方面，在整个民国时期，电话及其他的一些通信工具是极为罕见的奢侈物。当时政府选择要处中心设立电话，适应"环境日变，民变日炽，非设电话以利交通，则不足以资防守"的需要。③平民百姓对电话不仅陌生，而且还心存恐惧，"从未见过电话者，每受话时，言语清楚，莫不感到惊奇……而终说是神鬼使然。电报、无线电、轮船、火车等具尚无，大多数人未能看见，若与之谈及，多不相信，似与牧童讲《封神》矣！"④在花垣，20世纪三四十年代，县里设有一个邮政局和一个电信局，邮路只到几个乡公所，电信线路只有120公里，许多居住在山上的苗民，邮投一封信，往往跑上几十里路程，花一两天时间。⑤

新中国成立前，整个湘西地区仅有三等乙级邮局13处，四等邮局1处，步班邮路11条，邮程854.3公里；委办汽车邮路2条，邮程175.5公里。电信方面，全州也仅有三等级电信局5处，电信营业处1处，电信代办处5处，长话电路17条，长话交换机7部50门。总体来看，通信十分不便。

2. 新中国成立后交通、通信的变化

新中国成立后，为了改善湘西苗区的交通条件，政府加强了对基础设施的建设，湘西苗区的交通状况迅速得到改善。1952年3月建成了新中国成立后湖南省第一条公路——永顺至保靖公路，全长58公里。1957年9月，湘西土家族苗族自治州成立，全州公路通车里程达488公里。全州相继设置和建立各级交通管理机构和水路、公路运输企业，致力于公路、航道建设，发挥专业运输的骨干作用。1958年掀起了大修公路的热潮，打响了拉通全州主干线公路的战斗。至1959年年初，

---

① 石启贵：《湘西苗族实地调查报告》，湖南人民出版社1986年版，第8页。
② 凌纯声、芮逸夫：《湘西苗族调查报告》，民族出版社2003年版，第37页。
③ 石启贵：《湘西苗族实地调查报告》，湖南人民出版社1986年版，第9—10页。
④ 同上书，第10页。
⑤ 花垣县民委、花垣县政协文史委员会编：《花垣苗族》，1993年印，第102页。

全州有干支线 16 条，共长 1043.65 公里，实现了县县通车；共疏浚治理滩险 156 处，使通航里程由 1949 年的 590 公里延伸到 1170 公里。到 1965 年年底，全州公路通车里程达 1581.6 公里，42.46%的社镇实现通公路；河道通航里程达 1420 公里；运输汽车为 1957 年的 9 倍，其运量在水陆总运量中的比重由 1952 年的 10.57%上升到 1965 年的 60%；1.5 万人的运输队伍活跃在公路沿线和小河支流两岸，境内农、工、商呈现勃勃生机。此后，全州各族人民振奋精神，筑路不止，1966 年至 1975 年，共新筑公路 2158.27 公里，社镇通车率已达 79.90%。[①]

对于交通条件的改善，花垣县苗族同胞感受深切。1956 年秋，花垣县开始新修公路，至 1957 年，修通了县内第一条由麻栗场到卫城的简易公路，全长 13.4 公里，宽 4.5 米。公路开通的那天，"成千上万的各族人民，穿上节日盛装，扶老携幼，大清早就川流不息地奔向公路沿线，欢迎历史上第一辆汽车开进高山苗寨，使沉睡的苗乡轰动起来了。人们抚今追昔，奔走相告，欢喜若狂。有的苗族老人第一次看到汽车，激动得热泪盈眶，从人群中挤到车旁，看了又看，摸了又摸，从内心里发出了共产党伟大的心声"[②]。随后，1958 年又兴修了下紫花至排吾的公路 16.3 公里，与 209 国道相接；1970 年以来，又新建了吉卫至雅酉、美惹至龙潭、龙潭至虎渡口等地的"断头路"，连通了凤凰县与贵州省的松桃县；1970 年年末，全县 21 个乡镇和大部分村都通了公路，是湖南省第一个实现"社社通公路"的县；随后又接通了边远村的"断头路"和兴修了机耕路；1987 年实现了乡乡通客车；至 1992 年止，全县共有公路 33 条段，总长达 321.64 公里，形成了以县城为中心，通往外县和农村各地的公路交通网。[③]除花垣县外，其他苗区的交通状况也发生着天翻地覆的变化。

经过多年的努力，至 2000 年，湘西州境内已形成了铁路、公路和水路三位一体的现代综合运输网络，枝柳铁路贯穿吉首、古丈、永顺、凤凰与泸溪，全长 132 公里；全州公路通车里程 3665 公里，比 1949 年

---

① 龙文辉：《如椽巨笔走龙蛇——湘西交通 60 年综述》，《湖南日报》2011 年 12 月 27 日第 6 版。
② 花垣县民委、花垣县政协文史委员会编：《花垣苗族》，1993 年印，第 101 页。
③ 同上书，第 101—102 页。

增长 18.5 倍，年均增长 6.1%，其中干线公路 736 公里，县级公路 1322 公里，乡镇公路 1607 公里。公路桥梁 693 座 20677 米。全州通客班车 216 个，通公路村 1969 个，分别占全州乡镇和行政村总数的 99% 和 73.8%。湘西州的水运现以沅水、酉水航道为主，通航里程从新中国成立初期的 376 公里增加到 616 公里①，现可通过洞庭湖直达长江。如今，在"要想富，先修路"的致富理念下，湘西苗族地区的道路建设正不断地向更远处延伸。"十一五"期间，湘西州交通运输事业发展面貌发生了很大的变化。湘西州共完成交通固定资产投资 150 亿元，占同期全社会固定资产投资总额的 21%，是"十五"的 3.8 倍。湘西州公路总里程由 2005 年 6564 公里上升到 11326 公里，是"十五"的 1.7 倍。"十一五"湘西州共开工建设高速公路 7 条（常吉、吉茶、吉怀、张花、凤大、龙永、永吉），总里程 460 公里。常吉高速公路建成通车，结束了湘西州不通高速公路的历史。龙张高速公路前期工作积极开展。5 年改建干线公路 575 公里。农村交通条件有了明显改善。5 年来，湘西州完成县到乡镇公路改造 2061.59 公里，完成通畅工程建设 2000 公里，新建和改造通村公路 1860 公里，完成农村客运站建设 70 个，农村公路建设总投入达 20 亿元。农村公路客运得到快速发展，湘西州共组建农村客运公司和车队 30 家，开辟农村客运公交线路 126 条，投入车辆 546 台。到 2010 年年底，湘西州客运班线达 474 条、营运车辆 1.6 万台，分别比"十五"增长 45.8%、13.24%。

"十二五"期间，湘西州大力推进交通基础设施建设，积极发展现代物流，基本建成比较完善的综合交通运输网络。交通固定资产投资规模翻一番以上，由 150 亿元增加到 450 亿元；高速公路通车里程翻三番以上，由 50 公里增加到 460 公里；农村公路沥青水泥路里程翻一番，由 4000 公里增加到 8000 公里；实现了县县通高速、乡乡通沥青水泥路，村村公路硬化。②

与此同时，通信事业也有了长足的发展。至 2000 年，全州共有邮电局所 338 处，其中农村占有 118 处；市话到户数 11.85 户，是 1978

---

①　湘西自治州统计局编：《1949—2000 跨越半个世纪的湘西自治州》，第 6 页。

②　龙文辉：《如椽巨笔走龙蛇——湘西交通 60 年综述》，《湖南日报》2011 年 12 月 27 日第 6 版。

年的 48 倍；农话到户数为 5.6 万户，移动通信到户数 4.5 万户；程控
电话已通达所有乡镇，有 2050 个村开通程控电话，占全部行政村的
77%。1998 年，随着湘西州"318"综合通信接入工程的启动，电脑网
络业务也开始全面铺开。① 到 2008 年，全州拥有邮电局所 170 处。邮电
业务总量 22.93 亿元，比 1950 年和 1978 年分别增长 44103 倍和 953
倍。2008 年，市话到户数 11.47 万户，是 1953 年的 1944 倍，1978 年
的 46 倍。② 近年来，湘西州宽带通信网、数字电视网、互联网工程建设
也得到迅猛发展，基本实现了所有行政村移动通信全覆盖，开通 500 个
村电信、广播、电视、宽带"四线合一"。统计显示：2008 年，农话到
户数 14 万户，移动用户达 74.3 万户，互联网宽带用户达 8.9 万户。固
定电话和移动电话普及率为 39.88 部/百人，比 2000 年增加 31.46 部/
百人。其中移动电话普及率为 29.69 部/百人。③ 如今，在集镇，电话、
手机已相当普遍，不少地方还有网吧，许多苗族乡村，人们出行也带有
手机，与外界联系已经十分便利。出行条件的改变，使得民族间的交往
与互动更为频繁，对他们生活方式的调整产生了重大影响。

（五）闲暇活动

闲暇活动是人们在劳动工作之余，根据个人的愿望与爱好自由选择
的活动。闲暇生活不仅丰富了人们的生活，还为人类建构了一个有意义
的世界，为社会系统所必需的创造性和批判性提供思考的空间。④ 因
此，闲暇活动的变迁是考察苗族文化百年变迁的重要视角。

1. 民国时期苗民的闲暇方式

湘西苗族居处于荒山峡谷之间，人们整天为生计而忙碌，"出作入
息，少与汉人接近，坐井观天，孤陋寡闻。若不寻求一种娱乐，则不足
以资人生乐趣，提高思想，活跃精神，促进健康"⑤。因此，人们也往
往"忙中偷闲"，创造出了许多闲暇方式以供"享受消遣"。

---

① 湘西自治州统计局编：《1949—2000 跨越半个世纪的湘西自治州》，第6—7页。
② 湘西自治州统计局：《湘西：务实奋进求发展 沧海桑田话辉煌》（http://cscul.scuec.edu.cn/xxwlsq/18421.jhtml）。
③ 同上。
④ 马惠娣：《休闲——文化哲学层面的透视》，《自然辩证法研究》2000年第1期。
⑤ 石启贵：《湘西苗族实地调查报告》，湖南人民出版社1986年版，第384—385页。

（1）唱歌

苗族酷爱音乐，对歌谣有着特殊的偏好，"儿童于学苗语时，即由其父母教之，日后婚姻选择标准，即视诸唱和之好恶而决定。歌谣内容包括极广，举凡自然现象，历史掌故，日常生活，无不包含其中，苗胞奉为经典"。"富者歌其有，贫者歌其无，逸者歌其乐，劳者歌其苦，得者歌其喜，失者歌其悲，少者歌其情，老者歌其忧，喜怒哀乐皆发之于歌。"① 在劳作中，他们常以歌声来提高效率，消除疲劳，"数一耕者多趋一家工作，彼此轮流耕种，往往数十人聚集一处，以二人□鼓□□，迭出歌唱，其耕者进出作息，皆视此二人为转移。闻歌欢跃；劳而忘疲，其功倍加"②。歌声带给苗民们无穷快乐，"一天不唱歌，蜂糖泡酒懒得喝"。

凌纯声、芮逸夫将苗歌按性质分为四类，即关于婚嫁、宗教等的仪式歌；关于打花鼓、打秋等的游戏歌；关于男女相思的情歌；关于苗乡匪乱的叙事歌。"他们日常随时随地即兴口占，表现当时的情绪或叙述当地的事件，而每遇举行某种仪式或集会时，更多男女对歌，日夜不休，且有接连至数日夜者。"③ 石启贵将民国时期的苗歌按照歌曲的内容分为：接亲嫁女歌、椎牛祭典歌、酒歌、秋千歌、情歌和字谜歌等。④

据许多老人回忆，民国时期随时随地都可以听见有人唱歌，特别是有节庆活动的时候，男女对唱，几天几夜不下场，场面十分热闹。万溶江村 WAY 老人（男，80 岁）介绍说，"解放前，我们寨里无论男女老少都会唱歌，平时都可以听到歌声，晚上我们就经常与河对岸山上的人对唱，搞唱歌比赛；年轻人谈恋爱的时候，会唱歌的男娃儿总是逗女娃儿喜欢些"。老人们对于苗民热衷于唱歌有自己的解释：生活穷困，唱歌可以排解心中的苦恼和忧郁，苦中作乐而已，而且"平时唱歌不要场地，不要钱，张口就有"；再者，其他娱乐活动少，可供选择的余地不多，"茶余饭后要想玩一下，要么听别人唱，要么自己唱，没

---

① 花垣县政协文史资料研究委员会编：《神奇的花垣》（风情篇），2007 年印，第 150 页。
② 盛襄子：《湘西苗疆之设治及其现状》，载贵州省民族研究所编《民国年间苗族论文集》，1983 年印，第 57—58 页。
③ 凌纯声、芮逸夫：《湘西苗族调查报告》，民族出版社 2003 年版，第 276—277 页。
④ 石启贵：《湘西苗族实地调查报告》，湖南人民出版社 1986 年版，第 275—310 页。

得法，不像现在有电视、电影可以选择，久而久之，人们也就养成了唱歌的习惯"。

（2）鼓舞

湘西鼓舞流行已久，清代严如熤《苗防备览·风俗考》记载有："刳长木空其中，蒙皮其端以为鼓。使妇人之美者跳而击之，择男女善歌者，皆衣优伶五彩衣，或披红毡，戴折角巾，剪五色纸两条垂于背，男左右旋绕而歌，迭相和唱，举手顿足，疾徐应节，名曰跳鼓藏。"对于鼓舞的来历，凌纯声、芮逸夫认为它"由汉代传入苗中之说，十九可信"①。盛襄子对于鼓舞的动作进行过这样描述：

　　鼓斜倚一，男双手执鼓锥一立于鼓侧，挝鼓腰处，连击不停，声橐橐然。一妇立鼓前，左右手各执木锥一，击鼓面，双手作各种舞，或上下其手，或护脑，或掩背，足蹈姿势，女为狐步，男为跃步，疾徐进退皆合节奏，舞蹈灵活，酷似猴戏，口作歌与鼓声相应，状至可观，其各项舞名计二十余种：（一）美女梳头，（二）双手插花，（三）苏秦背剑，（四）彩凤穿花，（五）披星戴月，（六）大鹏展翅，（七）鲤鱼跳龙门，（八）鱼龙变化，（九）仙女穿耳，（十）虎将出场，（十一）霸王举鼎，（十二）梅花盖顶，（十三）黄龙缠腰，（十四）猴儿戏牛，（十五）三娘推磨，（十六）农人插秧，（十七）猴儿跳鼓，（十八）古树盘根，（十九）花鼓手，（二十）圆鼓手，（二十一）阴阳二手鼓。凡椎牛婚娶赛愿时皆用之，尤以椎牛为盛。②

这一娱乐形式在民国初期还经常开展，那时鼓舞分为年鼓与神鼓两种，年鼓主要是为了庆祝年俗，"于夏历正月初四起至月半止，每晚餐后暇时无事，相约抬鼓于宽坪中行之，娱乐以热闹新年"；神鼓主要用于祭祀活动，一般"于秋冬时，椎牛椎猪隆重举行祭典，宾客毕至，演乐行法时行之"。按其表演的形态，鼓舞也可分为男鼓、女鼓以及男女

---

① 凌纯声、芮逸夫：《湘西苗族调查报告》，民族出版社 2003 年版，第 152 页。

② 盛襄子：《湖南之苗瑶》，载贵州省民族研究所编《民国年间苗族论文集》，1983 年印，第 82 页。

合鼓三种形式，舞姿优美，动作灵巧，所以"闻之有趣，看之尤佳"。这些舞蹈动作的一个突出特点就是与现实的生产活动关系紧密，如在男鼓中，有三娘推磨、犁地耕田、农夫插秧、挖园种菜、秧麻种棉、肩锄荷担、收获打谷等；在女鼓中有烧茶煮饭、巧妇织锦、绣花数纱、纶麻纺车、清洁扫除、铺床理被等。① 这些记载可见，他们的闲暇娱乐与其生产生活如影相随，生产生活的体验是他们创造闲暇娱乐活动形式的重要来源，也表达了他们对生产生活的热爱与忠诚。

政府对于鼓舞的态度时宽时禁，有记载称："新春，苗女进城，辄赴衙署机关击鼓，以红绳或脂粉糕饼为赏，欣喜持去，馈以金钱反不愉，盖习俗也。"② 这一场景说明当时的政府机关是允许开展这些活动，甚至是主动参与其中的。但是，在1933年凌纯声、芮逸夫考察时，却遇到了另一种情境，当时政府对鼓舞较为反感，"近年以来，地方政府屡次出示严禁苗中淫祀，因此跳鼓藏一类的鼓舞，已不常举行"。官方的这种态度，也影响了一些苗民的思想，以致"苗中稍受教育所谓有识之士，谈及他们的鼓舞，常引为奇耻大辱，以为是暴露他们野蛮的特征"。③

（3）打秋千

民国时期，湘西苗族地区比较盛行荡秋千，并将此作为一种主要的闲暇娱乐方式。凌纯声、芮逸夫记载："他们每于农暇有集会或过新年时节时，在一广场中，搭起秋架，架上扎有二秋轮……。每轮之上坐男或女四人，随轮转动，随转随唱，男女对歌。"④ 石启贵描述道："惟乾城所属中黄乡之洽比场，乾州乡之坪朗场，所里镇之龙保寨仍盛行此俗，时逢岁丰，人民安居者，年年举行。"这些地方的秋千分为三种形式，即年秋、节秋和场秋。"年秋以正月元宵前行之，节秋以立秋日行之，场秋则逢场行之。"当时打秋千的场景相当壮观，经常是"父率其子，兄引其弟，男女成群，麇集如云，欣然前往，络绎于途"。准备坐

① 石启贵：《湘西苗族实地调查报告》，湖南人民出版社1986年版，第385—386页。
② 盛襄子：《湖南之苗瑶》，载贵州省民族研究所编《民国年间苗族论文集》，1983年印，第82页。
③ 凌纯声、芮逸夫：《湘西苗族调查报告》，民族出版社2003年版，第150页。
④ 同上书，第126页。

秋千的人都会穿上新衣服,特别是妇女,她们还会配戴银饰,惊艳登场,光彩照人,"甚至有一班好炫富异者,身系红绿丝带,腰围褶叠花裙。新式服装,一日数换,示众观之"。期间,还进行男女对唱、吹奏乐器等比赛活动。民国时期,由于苗民生活困苦,年秋与场秋较少举行,而节秋三年五载,断断续续倒仍有开展。①

(4)参加节庆或仪式活动

湘西苗族传统的节庆活动很多,如赶年场、"三月三"、赶清明、看龙场、"四月八"、"六月六"、"七月七"、赶秋、樱桃会等。民国时期的节庆活动主要有看龙场、看清明、"四月八"、迎春、看龙船和新年的灯庆等。但节庆活动规模都较小,且地方差异较大,如看龙场"惟乾城、古丈两县所属仡佬苗有之";看清明"惟古丈所属之曹家乡之曹家坪有之";"四月八"唯"乾城中黄乡所属之家庭寨例行此举。……仅是爱唱歌之人,相约该处……在旁观听之人亦多……有男女青年,每藉此日,约为佳期。近年此风已废"②。由于时局不稳,地方不靖,政府害怕节外生枝,常常出台一些政策来干涉人们的节庆活动。例如,每到新年,政府就会出示禁令来限制灯庆规模。在紧张的氛围中,"近来之新年,状况萧条,一班爱玩者,深恐犯禁,有干法纪,故无大规模之组织"③。尽管如此,小规模的活动仍低调地进行。

除上述的娱乐方式外,一种高科技的娱乐方式——电影也曾在民国时期的湘西苗族闪现一瞬。1914年,湘西镇守使田应诏从外地带回电影放映机,在凤凰县城连续三晚放映无声外国风光片,为湘西州电影放映之始。④ 但当时多为驻军放映,普通百姓极难有机会观看。

此外,湘西苗族利用特殊的地理和自然环境,开拓了一些集谋生与闲暇于一身的活动,如打猎。民国时期,狩猎的种类或方式主要有:装套法;洞捕法;围捕法;烟熏法;打篷鸡;网捕法;虎匠打虎;打野猪。⑤ 与狩猎相类似的活动还有捕鱼、撮虾等。这些活动既可小补家

① 石启贵:《湘西苗族调查报告》,民族出版社2003年版,第386—387页。
② 石启贵:《湘西苗族实地调查报告》,湖南人民出版社1986年版,第154—155页。
③ 同上书,第158页。
④ 新编《湘西州志》,湖南人民出版社1999年版,第1104页。
⑤ 石启贵:《湘西苗族实地调查报告》,湖南人民出版社1986年版,第84—87页。

用，又可以获得几分生活的乐趣。苗民平时无事时还喜欢下棋，棋类有三棋、和尚棋、五行棋和五子棋等，他们对下棋的条件要求很低，找一小块空地，用树枝或小石子在地上画一个棋盘，以小木棍或小石子做棋子，两个人就可以杀上几盘，有时身边还挤满看热闹的围观者。

2. 新中国成立后湘西苗族闲暇生活的变迁

新中国成立后，政府为了尽快改变湘西苗区古老的生活方式，大力发展电力事业。1954 年，花垣县政府组织商民集资 7 万元，建成新星火电站，这是花垣县有史以来的第一座电站，县城破天荒用上了电灯，结束了世世代代用桐油灯、煤油灯照明的历史；1957 年建成白水河电站，后与新星火电站合并，组成花垣电厂；1965 年在下寨河口，修建了佳民电站，县城郊区农民第一次用上了电灯。以后，城乡小型水电站开始不断涌现，至 1992 年年末，全县共有水电装机 48 台，近 3 万千瓦，年发电量 8879 万千瓦小时。[①] 湘西州通过实施"大网与小网并举，水电与火电并重"的策略，相继建成一大批电力设施。至 2000 年，湘西州实现了村村通电。[②]

电力的畅通除了改变了苗民传统的刀耕火种的生产方式和提供了生活上的便利外，还前所未有地丰富了苗民的闲暇生活。电力在生产上的应用，减少了生产劳作的时间，降低了劳动强度，增长了休闲娱乐的时间；同时，电力的出现也将外界的现代化娱乐方式传达进来，其中看电影、电视是改变苗民闲暇生活的两大主要方式。

20 世纪 50 年代，湘西农村陆续出现电影工作队。1950 年 12 月 23 日至 1951 年 3 月 23 日，由中南军政委员会民政部副部长潘琪任团长、湖南省民政厅厅长马子谷任副团长的湘西少数民族访问团，带着文工团、放影队、卫生组 159 人，访问了永绥、乾城、凤凰、保靖、古丈、泸溪等 14 个市县，所到之处，除了宣传民族政策、表演节目、医治疾病外，还放映了电影，总数达 40 场，观众有 11.265 万人次。[③] 1952 年，全州已有了 3 个电影放映单位；20 世纪 70 年代，泸溪、古丈、花

---

① 花垣县民委、花垣县政协文史委员会编：《花垣苗族》，1993 年印，第 96 页。

② 李昌俊、彭继宽主编：《湖南民族关系史》（下卷），民族出版社 2006 年版，第 207 页。

③ 同上书，第 35 页。

垣、龙山等县城先后新建电影院，农村集镇电影院也逐渐增多，陆续新修了吉首峒河影剧院、保靖迁陵影剧院等；[①] 20 世纪 80 年代，湖南省民族自治地方 80% 以上的村民都能够看到电影。[②] 1997 年，湘西州城镇已有了 37 个影院。[③] 2000 年年末，226 个电影放映单位电影放映场次 8121 场，组织农村电影放映队放映 2 万多场。[④]

　　20 世纪 80 年代，湘西州开始发展电视事业。1987 年，在湘西自治州成立 30 周年之际，湖南省购置了电视机作为礼物赠送给相关单位。[⑤]至 2003 年，有州级电视台 1 座，提供 8 套节目，平均每周播出时间 1482 小时，全年自制电视节目 4859 小时；湘西自治州有电视转播发射台 11 座，发射功率为 15.15 千瓦；电视人口综合覆盖率为 89.67%；有卫星收转站 12897 座；有乡广播电视站 211 个，2654 个村通了电视。[⑥]。近年来，湘西州在公共文化服务体系建设过程中，对电视、电影事业发展更加注重。例如，截至 2009 年，湘西州共组织了 54 个下乡放映队，放映电影 2.45 万场次。全州共有广播电台 9 座，全年制作广播节目 6963 小时，广播综合人口覆盖率为 72.11%，比上年提高 2.26 个百分点。有州级电视台 1 座，县级广播电视台 8 座，公共电视节目 10 套，全年制作电视节目 4590 小时。有电视转播发射台 11 座，发射功率为 22.75 千瓦。有线广播电视用户为 29.43 万户，其中开通数字电视 7.2 万户。电视综合人口覆盖率为 92.99%，比上年提高 2.07 个百分点。解决农村电视盲区 1617 个，覆盖人口 13.52 万人。全州有卫星收转站 23.11 万座，微波站 2 座，传送线路长度为 183 公里。[⑦]

　　电影、电视带给苗民视觉上的享受与观念上的更新，并逐渐成为人

---

　　① 李昌俊、彭继宽主编：《湖南民族关系史》（下卷），民族出版社 2006 年版，第 119 页。

　　② 同上书，第 182 页。

　　③ 湘西自治州民委编：《湘西土家族苗族自治州·民族志》，湖南人民出版社 1999 年版，第 370 页。

　　④ 湘西自治州统计局编：《1949—2000 跨越半个世纪的湘西自治州》，第 9 页。

　　⑤ 李昌俊、彭继宽主编：《湖南民族关系史》（下卷），民族出版社 2006 年版，第 183 页。

　　⑥ 湘西自治州统计局编：《2003 年湘西统计年鉴》，2004 年印，第 6 页。

　　⑦ 《湘西：务实奋求发展　沧海桑田话辉煌》（http://cscul.scuec.edu.cn/xxwlsq/18421.jhtml）。

们平时生活中主要的休闲方式。但是 20 世纪 90 年代以来，由于电视的逐渐普及，人们看电影的热情不如以前。如今去电影院消遣娱乐的人逐渐减少。相比之下，电视在人们闲暇生活中扮演着越来越重要的角色。

虽然电视占据了苗民闲暇生活的主要地位，但是一些传统的闲暇生活方式仍然活跃在一些场合或某些人群中。20 世纪五六十年代，在严肃的政治环境之中，人们的大部分精力都投入到了各种政治运动中，苗族的传统节庆活动举办较少。改革开放以后，苗族歌舞开始兴起，在节庆活动中成为主打节目；在一些民族文化村、旅游风景区，苗民时常训练或表演苗族歌舞以招徕游客。喜欢苗歌的人群主要以中青年人为主，每至节庆，他们就会在一个固定地方聚集起来，要么聆听别人演唱，要么自己当众献歌，男女也时常对唱，场面十分热闹。精明的商人专门从事苗族歌舞表演的拍摄工作，每至苗族节庆日期，他们就会用摄影机将苗族的歌舞表演拍摄下来，或是出钱邀请一些苗族歌师或歌娘演唱，然后刻录成影碟，在市场上出售，十分畅销。这种影碟深受中老年人喜爱，特别是那些上了岁数的老人，由于听不懂汉语，看不懂电视里的故事情节，生活情趣与现代的生活方式格格不入，他们更愿意在充满乡土气息的歌碟中寻找乐趣，因而对苗歌歌碟十分钟情。调查中，吉龙村一位年轻人谈道：

> 1993 年左右，我们这里有了电视，一般来说，节目我们都能看懂，有些上了年纪的人就不行了，因为听不懂汉语，他们就只看画面，刚开始的时候，他们一遇到不懂的地方，就问我们是怎么回事，我们就解释给他们听。有的时候他们的提问弄得我们啼笑皆非。后来，有些老人就干脆不看电视了，他们没事时候，就坐在一起聊天。现在有了苗歌碟子，他们就特别喜欢。（LJS，男，39 岁）

年轻人的休闲方式与中老年人之间存在着很大的差异。年轻人认为苗歌"太土了"，不好听，闲暇之余或是看电视，或是打牌，或是听流行歌曲。万溶江村一位家长谈到了他儿子对流行歌曲的痴迷：

> 他以前喜欢的是周什么（杰）伦，现在又冒出来一个超女，唱

歌古怪得很，但他就是喜欢，天天听他们的歌，学他们的样子走路，唱歌，怪里怪气的；有一次我给他买鞋子的钱，他全部拿去买他们的歌碟了，我十分生气。（SRB，男，47 岁）

在集镇上的年轻人还喜欢选择进网吧玩游戏聊天，去 KTV 去唱流行歌曲，或是花钱到专门的电脑经营户那里去下载他们喜欢的 MP3 歌曲，已逐渐与大城市年轻人的娱乐方式趋同。

二　民间信仰的变迁

民间信仰是在长期的历史发展过程中，在民众中自发产生的一套神灵崇拜观念、行为习惯和相应的仪式制度。[①] 自古以来，湘西苗族的崇巫尚祭之风就十分盛行。20 世纪初，当地仍然沿袭着这一习俗，人们"因信人间的祸福全由鬼主宰，所以畏鬼特甚。因畏而敬，因敬而祭。有了什么不幸事故，固然要祭鬼；即平常无事时，在一定的时期内也要祭鬼。前者可称之为特祭，是因为有了疾病或其他不祥的事故或预兆时举行的祭典；后者可以称之为常祭，是不因任何事故而举行的祭典。"[②] 鬼神信仰在他们的生活中无处不在，无时不有；民间信仰的种类繁多，内容丰富。民国的学者们对此十分关注，并做过详细的描述，在盛襄子的调查中有如下记述：

苗民十九强悍，勇于私斗，一语不合，白刃刺之，虽鼠牙雀角之事，每致兴争，边县之苗初经保甲调停，不服，辄赴县具述，讯后犹不服，则雄鸡白酒，诣神庙互誓以此为最终审，而依法上诉寥寥可数。良以迷信特深，视神所决定为至公且允也。每至新年，除夕供馔食，祭祖后方自食。悬白钱纸于门外，代喜钱，富室则异是，元旦启门必曰开财门，新正属马日，晚餐后闭门高卧，禁语言曰过小年，犯忌者认为终岁不利。农民值二三月，必令牛辍耕七

---

① 钟敬文：《民俗学概论》，上海文艺出版社 1998 年版，第 187 页。
② 凌纯声、芮逸夫：《湘西苗族调查报告》，民族出版社 2003 年版，第 90 页。

日，忌制粑。其祭日自二月十九起至二十一日止为一次。自二月三十日至三月初二日为一次。相传禁日内犯者上天震怒，旱魃为虐，惟祈祷悔罪可免。故众对犯忌者，辄罚备猪鸡，请巫伫最高坡上祭祷。又立春后，雷声一动，各种杂粮种子不得移，否则不生，谓之忌雷，春社后，则无论矣。苗民疾病，信鬼神不信医药，遇有病者，请医师临门看验，许鬼神吃猪吃牛，以为祈禳。①

其他的学者对此也作过论述，如孙家俭指出：

湘西苗人，信奉多神教，举凡天、地、日、月、风、云、山、川及家中之锅、灶、水缸、中柱、大门、斗升、秤、扫帚……，无不奉之为神。此外如火床上之三脚架，尤被尊敬。……土地神亦为苗人敬重者，往往三五人家之小寨，均有土地祠一所，较大之田地，亦有以三块石头架成之土地堂，苗人尚有以宗教为业者，操卜苗人祸福吉凶，医病赶鬼之职。男曰"巫师"，女曰"仙娘"。②

杨力行也认为：

苗民是信奉多神教的，最畏怯鬼魅，迷信巫术，笃祀神祇。人病了，便说是有鬼作祟，马上请了巫师来祈祷作法酿酒割牲，或祭天地，或椎牛。或接龙，或赎魂，或酬傩或以巫师一言为断，虔诚叩许，择期举行。同时，并约亲戚朋友和邻里人等，都来宴饮，名曰"饮福"，又叫"做鬼"。如此虔诚的祭祀祈祷，如果病人的病还是不好的话，那么人事已尽，只有委之于命运的不幸了。③

王静寰也说苗民：

① 盛襄子：《湖南之苗瑶》，载贵州省民族研究所编《民国年间苗族论文集》，1983年印，第81—82页。
② 孙家俭：《湘西的苗人》，载贵州省民族研究所编《民国年间苗族论文集》，1983年印，第75页。
③ 杨力行：《湘西苗民的信仰》，载贵州省民族研究所编《民国年间苗族论文集》，1983年印，第293页。

宗教无正统，信多神，尤其畏鬼。有病唯一疗法，即为鸣锣请巫师，在家代其捉魂，方式为两个人打锣，巫师用红布裹头，跪在任何一地，立即有人锄头刨地，得到蟋蟀或其他动物，拿到路上看它往哪方跳，即又向该方跑，再鸣锣掘地，所得活物即病人之魂，取回放于病者枕头下，即叫还魂。幸而病愈者固有之，然因疏于治疗而死者不知凡几。①

从他们的论述中，我们可以发现湘西苗族民间信仰的多样性特征。李亦园将民间信仰所包含的仪式成分大致分为祖先崇拜、神灵崇拜、岁时祭仪、农业仪式、占卜风水与符咒法术六种。②而湘西苗族又极其丰富，据清人王起衔等重修《永绥厅志》时统计，湘西苗族所祭之鬼，达"七十余堂"之多，凌纯声、芮逸夫对湘西苗族的宗教与巫术也进行过系统、细致的考察与总结，在调查报告中记述了四十堂鬼神，"虽不能说完全，然重要者已多在其内。对于湘苗宗教的内容，已可明了其十之八九"。其具体内容如下：

苗教有（1）祭祖；（2）吃猪；（3）打家先；（4）椎牛；（5）赎魂；（6）祭疱鬼；（7）打干锣；（8）退古树怪；（9）洗屋；（10）洗猫儿；（11）吃血；（12）超度亡人；（13）五谷鬼；（14）接龙；（15）暖牛笼；（16）交牛。客教有（1）土地；（2）飞山；（3）祭天王；（4）麻阳大王；（5）公安神；（6）祭四官神；（7）阎老大神；（8）严堂大神；（9）高坡鬼；（10）五姓伤亡鬼；（11）朦胧鬼；（12）退五鬼；（13）白虎；（14）退煞；（15）退口舌鬼；（16）风鬼；（17）茶神；（18）谢土；（19）谢坟；（20）鲁班；（21）罗孔；（22）架地桥；（23）暖傩；（24）还傩愿。③

---

①　王静寰：《湘黔边区苗人情况拾零》，载贵州省民族研究所编《民国年间苗族论文集》，1983年印，第45页。
②　李亦园：《人类的视野》，上海文艺出版社1996年版，第275页。
③　凌纯声、芮逸夫：《湘西苗族调查报告》，商务印书馆1947年版，第130—193页。

苗教中，"'祭祖'与'吃猪'是常祭；'打家先'、'赎魂'、'祭疤鬼'、'椎牛'是因病求愈；'打干锣'、'退古树怪'、'洗猫儿'、'洗屋'是因见怪异及不祥而求祛除；'吃血'是因纠纷而求解决；'超度亡人'是因为死而求解罪"①。客教中，"土地"与"飞山"是常祭，"其余各堂祭典，大都可以兼事数种祈求的"②。他们将湘西苗族的巫术分为两种：一种是"画水"，可画将军水、鹭鸶水、雪山水、隔山水、担血水与封刀口水等，专为人治病，属于白巫术；另一种为"放蛊"，可致人生病，属于黑巫术。但是"放蛊"仅是史书记载，他们在调查中并没有亲眼见到，只是通过询问得到了一些相关材料。

湘西苗族对鬼神的敬畏常常通过一定的仪式表达出来，现择其主要信仰的表现方式及变迁进程简略介绍。

（一）椎牛

椎牛，俗称"吃牛"，是苗族最大的祭祀活动，其世俗目的主要是为了求子或解除病重。椎牛活动一般安排在秋末和冬季时节，由主家择定吉日，提前邀请亲戚和村寨内外的乡亲参加。舅家是首先邀请的贵宾，被称为抬脚亲戚，为上客。因为牛杀掉以后，牛腿要分给舅家各一个。整个活动为期三天，极少数为五天五夜。吃牛有吃单牛与吃双牛之分，一般吃单牛多，吃双牛少。单吃多选择黑牯牛，双牛则是黑白各一头，白牯为最好，黑牯次之。据一些老人介绍，对牛的选择也较为严格，除体形高大、体质健壮、耳目端正外，还必须满足"四宝四旋一颗针"（"四宝"指牛蹄要求整齐，掌心中空；"四旋"指四个肩膀必须有四个旋；"一颗针"指尾巴的下端如同针尖）的标准。

椎牛的前一天迎接抬脚亲戚的礼仪最为隆重。是日早上，当舅辈来到村头时，主人就会前来迎接，并执肉端酒，伏俯磕头，鸣炮九响，鞭炮数十万响。晚饭后，客人们围坐唱歌与跳鼓舞，巫师开始举行法事，向神献酒献肉，请神降临，舅姑姻亲则穿戴整洁，陪同在巫

---

① 凌纯声、芮逸夫：《湘西苗族调查报告》，民族出版社 2003 年版，第 91 页。
② 同上。

师左右。仪式分为九节，做至深夜方能完毕。第二天早上便举行椎牛仪式，先由舅辈随同巫师演乐行法，向神灵献酒献肉。同时，竖立五花柱，用篾条弯成篾圈，套在柱上，用麻绳穿住牛鼻，然后再捆在篾圈上，并在牛身上画上红圈。巫师再次作法，作法完毕之后，舅爷便可登场椎牛，若是自己年事已高，他可拿起梭标，仅做椎牛姿态，然后将梭标交给族中年轻者，由他们来完成，椎牛时梭标要刺在圈内。牛被椎中后，便会绕着五花柱奔跑，椎牛者则追逐连续刺杀，直至牛倒地而亡。依牛头倒地的方向可判定吉凶，头朝向主人的住所，表示吉；向外则表示凶。之后，就可分割牛肉，牛腿归于舅家，牛头及心、肝、脏、腑均归主人，牛的胸部归巫师，其余亲朋也可分得一些牛肉。第三天清晨，众亲族聚集，巫师举行法事，欢送舅辈亲朋。自此，椎牛仪式宣告结束。

清朝时，杀牛祭祖犹盛，乾隆年间永绥、凤凰、乾州各厅，每年"吃牛"在万数以上。嘉庆、道光年间的统治者还经常将此仪式作为苗族的陋习加以打压，并劝导苗民放弃这一习俗。[①] 例如，清嘉庆年间，傅鼐就认为椎牛严重影响苗民的生活，"每岁秋成，必将所畜牛只恣行宰杀，次年耕作，无以翻犁，则又称贷买牛，遂致穷困，流而为匪，是椎牛祭鬼实为苗害"[②]。于是下令"禁苗人椎牛祭鬼、放蛊、渎伦诸习"[③]。但是苗民还是热衷于此俗，椎牛活动禁而不止。清末时椎牛活动又有所恢复，大约至民国20年（1931年）左右，就很少人举行了。[④]其中最主要的原因是时局动荡，经济贫困，"每吃牛一次其主人与客人之耗费总和最低限度在五百元以上，其仪注隆重者，甚至有超过千元者"[⑤]。因此，只有殷实之家才具备举行椎牛活动的能力，其他寻常百姓无力承受。虽然如此，椎牛活动并没有绝灭，在有些地区仍然存在。例如，在湘西极具势力的人物龙云飞飞黄腾达时，为答谢神灵护佑，于民国21年（1932年）在他的家乡山江举行过一次盛大的椎牛活动；乾

① 《苗族简史》编写组：《苗族简史》，贵州民族出版社1985年版，第336页。
② （清）但湘良：《湖南苗防屯政考·征服下》。
③ 同上。
④ 《苗族简史》编写组：《苗族简史》，贵州民族出版社1985年版，第336页。
⑤ 盛襄子：《湘西苗疆之设治及其现状》，载贵州省民族研究所编《民国年间苗族论文集》，1983年印，第60页。

城县三岔坪石有文家也举办过一次。① 在调查期间，年长的老人绘声绘
色地讲述民国时期的椎牛场面。花垣县排碧乡四新村的村民 MQG（男，
79 岁）就说，他出生于地主家庭，他家在 1938 年、1945 年和 1947 年
分别举行过三次椎牛，1949 年他还看见过一次别人家举行过。1949 年
至 1978 年间，由于政府经常进行大规模的生产运动和政治运动，加上
物质的极端缺乏，湘西苗族地区没有举行过椎牛活动。

　　1978 年以后，政治环境日益宽松，椎牛活动又逐渐恢复，但其形
式与性质已发生很大的变化：组织者由以往的家庭演变为政府；功能由
以往的求子或祛除病痛，演变为保护民族文化遗产，增加节日的欢乐热
闹气氛；时间也大大缩减，从头至尾至多只需两个小时；仪式程序也大
量删减。如今，湘西苗族的椎牛活动已作为苗族的民族文化象征保留下
来，其文化象征和娱乐功能几乎完全取代了原初的神秘功能，除了一
些重大的节庆活动会安排椎牛外，很多旅游景区为了吸引游客，也时常
表演椎牛。

（二）椎猪

　　椎猪，俗称吃猪，也是苗族大型祭祀活动之一，旨在祈拜祖先和雷
神帮忙摆脱困境，其规模与耗费不次于椎牛，仪式程序也与椎牛大同小
异。一般情况下，有的家庭因为无子或病痛缠身，首先请"仙娘"或
巫师测算，"仙娘"或巫师若建议举行吃猪仪式以消祸遂愿，主人便遵
照他们的指点，许下吃猪大愿，一年或两年必做这一仪式。为准备这一
仪式，主家会自家豢养或购买两头花猪。选择花猪的标准是头尾有白
花，耳目周全。花猪养成之后便可开祭，祭期一般定于十月或冬月，在
椎牛后举行。择定吉日后，报知舅姑亲友。仪式共三天。第一天，客人
来临，唱歌跳鼓舞，以示庆贺。晚上，设神堂于地楼，备酒肉、石磨、
鼎罐、甑子等，楼梁上悬持牛肉串，巫师念神咒行法。第二天早餐后，
一巫师立于门外，身负背篓，里面装有一些衣裙鞋袜，手执木杖，叙述
吃猪根源；另一个巫师身披花被，右手执刀一把，左手拿木叶一束，站

---

　　① 盛襄子：《湘西苗疆之设治及其现状》，载贵州省民族研究所编《民国年间苗族论文集》，1983 年印，第 60 页。

在桌上作法。同时在门外场坪中，将花猪系在柱上，巫师和舅辈绕柱三周，之后由舅辈椎猪。旧时用木棒打，近代以来已换成刀宰。猪死后取出五脏，煮熟致祭，并将整猪置于桌上。祭祀完毕，将四腿割下送给抬腿亲戚，其余的切成块，分送给来客，晚上继续举行欢庆活动，第三天散客。

与椎牛一样，椎猪活动只有大户人家才有能力举行。民国时期，较为少见。1949 年以后，慑于政治压力，吃猪活动极少举行。如今，椎猪仪式在乡村仍不盛行，即使作为表演节目，椎猪也远比椎牛逊色，因为椎牛场面更为壮观、热烈和刺激，更能吸引游客。因此，椎猪活动逐渐被人们淡忘。

（三）祭家先

一般而言，湘西苗民若遇家中不宁，或久病不愈，或官司缠身，或财运不佳，或老人过世，都可以举行祭家先的活动。祭家先存在有多种形式。其中，"打家先"较为盛行。

"打家先"，苗语称"保巴果"，仪式上有一定的地方差异，一般的做法是：活动当天，舅家来七个人。巫师做法事时，一男一女在"禾丢"（一种竹片搭成的棚架）前相对而坐，另五人端坐在堂屋里，面前各摆放一个酒碗。当巫师作法念到"哈叼"时，客人就端起碗象征性喝一点酒，此酒忌喝醉，更忌泼落。打猪时，先要将猪的前腿与后腿捆起，两根木棍从猪的前腿与后腿穿过，压在地面钉紧，然后用棒将猪打死，燎毛洗净，剖开后将其一部分肉做成肉串，再将串肉与一后腿摆在"禾丢"内祭祖，封之为"牙毫"（即"忌肉"）。巫师念咒语奉请祖灵享用后，赠予舅家客人背回去。在背忌肉途中，若遇到别人经过，必须提前高喊"背忌肉来了"，以通告对方，对方若与背忌肉的人异姓，便会及时规避。忌肉背回家中，当晚要邀请族人会餐，最好将忌肉吃完，若没有吃完，则要将剩余的肉包好埋在水洞里，碗筷要拿到井边洗涮干净。直至民国，"打家先"较为普遍，1949 年以后至 1978 年，"打家先"的活动逐渐消失。

改革开放以后，"打家先"的活动又开始复苏，但是规模不如以前，基本上属于"小做"形式。如今的"打家先"仪式有一个明显的特征，即正式的"打家先"活动大量减少，多数人家只是等到年末杀年猪时，顺带地做一下，仪式也相当简洁，不如以前那样正规与繁琐。万溶江村苗老司 WWS（男，69 岁）讲述了他所主持的"打家先"活动：

> "打家先"仪式我会做，但是现在已经没有人做了。按规矩，要杀两头猪，两只鸡（一只公鸡一只母鸡），仪式中要请五个人来喝酒和喝煮肉的剩水，其中被安排在第一位的人，前一天晚上必须要洗澡，而安排在第五位的人要拿一条毛巾，现在可以拿食品袋。五个人依次喝酒，第五个人喝不完的话，就将剩下的酒倒进毛巾里或者食品袋里，煮肉的水也可以像这样处理。
>
> 农历正月、七月不"打猪"，八月才"打猪"。杀猪要请师傅，然后报舅舅（通知舅舅），还要报"拿刀"的人（杀猪的人），若还需请其他的人，主人家可以自定；堂屋里摆一张桌子，桌子上面摆五个碗，喝酒的五个人是舅舅请来的，舅舅没有请的话，主人可以到外面去请。仪式做完后，就要分肉和背忌肉。我没有做过这种两头猪两只鸡的大型的仪式，以前我父亲为了教我，自家杀了两头猪、两只鸡。
>
> 我们这个寨子只杀一头猪，我只做过一头猪的法事，一般是过年的时候，反正别人家要杀年猪，就趁此机会顺便做一堂法事，杀一头猪敬家先；现在仪式中的好多程序都省略了，只是敬一下家先，问一下家先，家里有没有折财、"落米"，有没有灾祸，有没有口舌之争。若没有这些，就和主人家的客人一起喝酒，但不再按仪式请人喝酒、喝水了。做这堂法事现在大概只有两三个小时，以前要一天时间，比从前简单许多。现在的仪式规格，是比照国民党时期生活很吃亏（困难）的时候来做的。现在已经没有人按以前那种程序做了。

除"打家先"外，还存在一些其他敬家先的仪式。例如，家中老人正常死亡埋葬之后，立即"做家先"，或是家中不安宁，凡事不顺利，也可以"做家先"。这样的活动除了 20 世纪 50 年代至 60 年代遭到禁止外，其他时期都比较盛行。在吉龙村，LSQ（男，65 岁）详尽地讲述了敬家先的原因以及他家敬家先的经过：

> 敬家先许愿的时候，一般要准备两斤肉、十五斤糯米做成的粑粑（其中要准备做六个大粑粑）。先放一个簸箕，三碗酒，摆上肉，放六个大粑粑，每个大粑粑上面摆一叠小粑粑，中间两柱有八至十个，以此为界将簸箕一分为二，搭出一个屋架的样式，簸箕的一边全部铺满小粑粑；簸箕的另一边放六碗饭，碗上面放一双筷子，饭上面放一块肉，还要三碗肉。在旁边放一片瓦，瓦上放烧着的炭，把纸钱捏成团，一团一团地烧起来。这个由苗老司来做，法事要三四个小时。比如说，今天晚上十一点钟开始做，明天早上天"麻麻亮"的时候，要把肉炖好，自己族里的兄弟每家都要来一个人吃饭，吃饭的时候要炒粑粑，每个人至少要吃一个，吃饱以后，还要给每家送六至十个粑粑。老司回去的时候也要送粑粑，多少由主人家来定。我们这里姓石的做法事要简单些，只要准备五碗酒、五碗饭和一个荤菜。这个荤菜可以是鱼、虾或者是鸡蛋。只是分家修新房子做的时候要隆重些，需要一头小猪。
>
> 敬家先一般是在以下情况下做，比如家里刚刚有正常死亡的老人，白天安葬后，晚上就要做，意思是将刚刚过世的老人请入家先之列；非正常死亡的不能请。还有起了新屋以后，要请老司来洗屋，洗完后还要请"仙娘"来看一看洗得是否彻底。如果没洗彻底就要重洗，洗完后要请一次家先。一般家中没有特别的事发生，是不做法事请家先的。
>
> 我自己家做了三次：我现在这个屋是 1980 年起的，有一次发大水，屋后的泥石流把我的房子冲出来了一截（移动了位置），然后我把屋整修一番后移到原址，这样，我就在 1984 年做讨一次。后来，请"仙娘"来看，她说第一次的老司没有做彻底，要重新做。所以，1993 年左右我又做第二次；第三次，因为不久前，我把屋又整修了一下，各个地方都震动了，所以又做了一次。

由以上叙述可推知两点：一是在湘西苗民的生活中，家先仍然占据神圣的位置。在他们的重大生命事件（如老人过世、新修或整修房屋等）中，仍然保持着对祖先亡灵的敬畏与信仰，这一现象反映了在苗族的沧桑发展历程中，祖辈在传递生存智慧中发挥了独特的作用；二是"打家先"活动之所以能穿越历史，延续至今仍在民间流传，是因为苗族人民善于根据时代的变迁对它的程序进行调整，使之具有可操作性。如在仪式中，以前排在第五位的人要拿一条毛巾以盛剩下的酒或肉汤，留备稍后喝完，可毛巾并不具有装盛液体的功能，用毛巾盛既浪费又不卫生，这就逼得排第五位的人超越生命极限也要喝掉，耗物伤身，而现在则可以拿食品袋来替代，这样既保证了酒或肉汤的卫生，又照顾了人的身体承受力。

（四）接龙

在湘西苗族地区，要祈求家道兴旺，龙神赐福，便可举行接龙仪式。接龙仪式一般选择在农历十月以后举行。在接龙前半月或一月，便开始"闹龙"。寨上的村民晚上就会去主人家打锣鼓、吹唢呐、长号等，直到深夜才散去。在接龙的前几天，主家须请人到舅父家去报信，请两位苗老司到家，并请寨中族人届时到家帮忙。事前要预备好糯米粑，分为"雷神粑"、"龙粑"、"客人粑"三种，并做"米龙"一条。"雷神粑"分为七堆，每堆大中小各三个，重叠好摆在门外的桌子上；"龙粑"分为五堆，摆在堂屋里的桌子上，"龙粑"之上放"米龙"一条，龙身上又装白粑揉成的"龙宝"三个。到了正日，夜半子时后，接龙仪式便可拉开序幕。第二天早上，主人准备一个茶盘，里面摆放四碗酒，两个红包，率家族敲锣打鼓，去半路上迎接舅舅，行三拜九叩之礼，舅舅将茶盘中的两碗酒喝光，然后与迎接队伍来到主家。午饭后，主家的媳妇们身着盛装，与舅舅一道，跟着巫师去接龙。队伍中主妇坐轿，头戴银冠，身穿绣花衣裙；舅舅则骑马，头戴乌纱，身披袍服。去时偃旗息鼓，来到寨外水井边，由巫师作法喊龙，主妇在井中提取清水一壶，队伍即刻回转，一路上锣鼓喧天，鞭炮齐鸣。行至寨外，主人和家里的男子各拿香纸，由在家的巫师率领前来迎接，二位巫师相互问答一番后，巫师摇铃引众人进屋，各自就位而坐。堂屋当中已挖好一个小坑，称之"龙穴"，里面放有一碗，并将提回来的井水倒在碗里，另加少许朱砂、酒水和碎银等，然后用石板盖在上面，称为"龙室"。这时，巫师会摇铃念咒，主人家男女绕龙室行走三圈，之后用土将"龙室"掩上，唯有"龙室"的上端露在外面。

由于耗资较大，民国至今，湘西苗乡举行过正式接龙仪式的人家极少。为了节省开支，民国以来，他们普遍举行称为"谢土"的仪式。这种仪式简单，只是请老司来家里作法，安上"龙室"即可，省去了传统接龙仪式中的许多环节。具体仪式是这样的：请法师到家中，根据主人家的房屋朝向，先用石灰在堂屋中间画上八卦，再按东南西北的方向，每方都由下至上依次画上犁耙、弯弓和羽箭。四方画完之后，在八卦的中上方从上自下写"安龙大吉"四个字。同时还要用篾条做弯弓一把、羽箭五支，放在法师座位旁边。法师作法时，在八卦的上方摆放一碗或一升米，插几炷香，在八卦图中间点一盏清油灯，灯前横摆糯米粑五叠，每叠五个，粑粑前摆上豆腐一块、酒三杯、马粮一碗。这时法师作法，请东方青龙、北方黑龙、南方赤龙、西方白龙与中央黄龙入住"龙穴"，祈求龙神保佑主人家风调雨顺、五谷丰登、六畜兴旺，然后开弓射箭驱逐其他的妖魔鬼怪。万溶江苗老司WWS（男，69岁）为我们讲述了"谢土"仪式作法时对室内摆设的要求（如图2—1所示）：

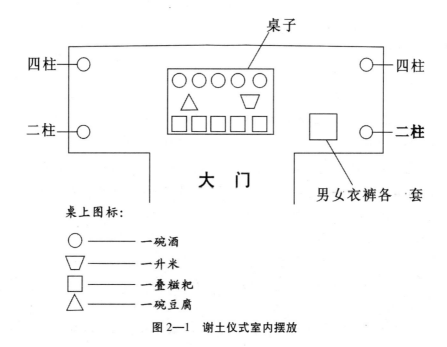

图2—1　谢土仪式室内摆放

　　屋内中间摆一张大桌子，桌上摆上五碗酒、一碗豆腐、一升米、五叠粑粑，每一叠为三—五个，桌下摆放三个"龙粑"，靠桌子摆上五面小旗；房屋的二柱和四柱（共四根柱子）前，各放三—五个粑粑、一碗酒，四根柱边各放一面小旗，并各挖一个小孔，里面放少量朱砂；屋内进口处摆放男女衣裤各一套，并朝向屋内摆放，女装须是苗服。谢土做完之后，小旗要烧掉三面，主人家留一面，苗老司拿走一面，四根柱子上各插一面。

（五）还傩愿

　　在湘西苗族地区，凡是家中不顺，缺少香火，财运不佳，六畜不旺，口舌纷争，灾祸横生，均可由"仙娘"卜测事由根源。若是触犯了傩神，主人家就要许愿酬傩祭典，所谓"一年还愿三年好，家上六年望九春"。

　　还傩愿的日期一般安排在每年秋收之后，直至年底。准备的祭品有猪、羊、鸡、鱼、酒、肉、米粑、豆腐、香米等。还傩愿有单愿与双愿之分，"单愿需费无多，双愿需款甚巨，单愿猪羊各一，双愿猪羊各二，鸡鱼三牲肉粑香米亦同"[1]。举行仪式时，先在堂屋内布置神坛，神坛后方摆上傩公傩母，周围及两边挂上各种神像。坛前用竹子及彩纸扎成五彩门楼，称为桃源洞，门楼前写有对联，传统的写法为："黄金殿上巍巍王，白玉陛前荡荡臣"，"视之不见求则应，听之无声叩则灵"，"遍地装成金世界，满堂化作玉乾坤"。堂屋中间挂满五色彩纸，大门柱上贴有对联："洒扫礼门迎圣驾，展开仪路接君王。"

　　傩戏仪式有一天一夜的，也有三天两夜的。举行仪式时，老司身穿红法衣，头戴法冠，手执法器（如师刀、牛角等），边舞边唱。其中一天一夜规格的法事程序如下：烧纸扫堂，划城池，请神水，化财收桌，请神打告，结界立营，造牢、造桥、造钱、造印、造席、造楼、造鞭、造刀等，坐兵床，踩九州发动曹，唱下马、交生，褒傩，贺标，封坛开酒，下马请神，讨告，贺会，开洞，探子，先锋，开山，呈牲打筶，八

① 石启贵：《湘西苗族实地调查报告》，湖南人民出版社 1986 年版，第 478 页。

郎，和尚，游傩，上熟，借标、抽标、赠标、造锤、造缕、冲营破寨、破寨下马，土地，判官，辞神，撒营、撒洞、倒傩、送傩、封火墀、倒坛翻桌。[①]

民国以来，还傩愿在湘西苗族地区盛行成风，无论家中贫富如何，都极为信奉。石启贵记载："小村落，至少年还二三堂，大村落，至少年还七八堂，或十余堂亦不等。社会上，几乎造成还傩愿之一种风俗。"[②] 但是在 20 世纪五六十年代，还傩愿活动几乎销声匿迹。1978 年以后，还傩愿活动又开始回复，如今乡村还傩愿的活动十分红火，几乎每一个村寨在秋收以后都有举行还傩愿活动的人家。吉龙村村民 YYS（男，75 岁）讲述道：

> 现在我们村里请玩傩堂戏的比较普遍，每年都有好多人家玩。我家里就进行过还傩愿，因为我的孙子今年一个月出现了两次险情，先是在学校里摔倒骨折。后来，他的伤还没好，又被狗咬了一口。我觉得不吉祥，于是请人做了一次还傩愿仪式，一是为了祛邪消灾；二是为了预防这样的事情再次发生。

每年的农历八月以后，是老司们最为忙碌的时候，由于邀请他们主持还傩愿仪式的人家过多，他们不得不将自家的农活搁置一旁。

（六）天王崇拜

湘西苗族信奉天王（或称白帝天王、三王），将天王视为至尊神灵，认为天王阴阳两管，无所不能。至民国时期，各地苗乡普遍建有天王庙，其中以乾城鸦溪天王庙最为有名。一些苗寨若没有天王庙，"有时可请天王至本寨断讼折狱；亦可请天王出巡，为凤凰新寨天王被请至他寨断讼折狱"[③]。固定的祭祀日期一般是在每年农历的五六月间，即小暑之前，由辰日起巳日止，为三王忌日。忌日内，大家祭拜天王，期

---

① 花垣县政协文史资料研究委员会编：《神奇的花垣》（风情篇），2007 年印，第 247—269 页。

② 石启贵：《湘西苗族实地调查报告》，湖南人民出版社 1986 年版，第 478 页。

③ 凌纯声、芮逸夫：《湘西苗族调查报告》，民族出版社 2003 年版，第 114 页。

间禁屠沽、止钓猎、不作乐、不着红装。是日，乾城鸦溪天王庙尤为热闹，湘西各寨以及川、黔、滇、桂的苗民，都会带着牛、猪、羊三牲和枇子酒，不远千里赶来，人群川流不息，香火日夜不绝。此外，有些地方还有定期活动，如凤凰县每年三六九月的三六九日和十八日，苗民们都会前往祭祀天王；在泸溪，浦市上街及蚂蝗溪、白头溪等地，祭祀日期安排在三月六日，浦市下街为四月八日，而南二区木垅及白头溪以西等地则在小暑之后数日内举行。① 除了定期祭祀天王外，平时若遇风险灾祸、重病缠身，或是发生争执，是非难辨时，均可去天王庙祷告许愿。

鸦溪天王庙的信众面很广，不仅普通苗民虔诚信仰，而且"知识分子、地方官绅及文明优秀之汉人，外来之中西学者，文职武将，尤为崇信。争上匾额，几无悬处；题字宣扬，威名赫赫之空气充满全堂"②。民国二十六年 7 月 21 日，第三区公署专员兼乾城县县长余范传还代表湖南省政府主席何健赴鸦溪献上了题有"威震边疆"的金字大匾，府署全体员工都奉命前往参加。时任湘西公署专员杨力行参加了此次活动，并描述了他所见到的天王庙（见图 2—2）：

　　他们兄弟三人很端正地坐在上殿红绫帷幔里面——中大王、左二王、右三王，太后便坐在他们的背后，母子四人同受人家的香火供奉，两边文武恭立，神殿前的青油神灯，和盘香，不分日夜地冒着香烟缕缕飘渺于神殿前；灯火闪闪，映在红绫帷幔里，母子神像的面貌，显得发光，太后是没有出阁的处女，年青青的相貌，显然有些像是大慈大悲救苦救难的观世音大士，大王是白脸，二王是红脸，三王是黑脸……并且距庙门口不远处的大路上竖有"文武官员到此下马"的石碑。俨然是一座王者之宫，圣人之庙呢。③

---

　　① 盛襄子：《湘西苗疆之设治及其现状》，载贵州省民族研究所编《民国年间苗族论文集》，1983 年印，第 65 页。
　　② 石启贵：《湘西苗族实地调查报告》，湖南人民出版社 1986 年版，第 247 页。
　　③ 杨力行：《湘西苗民的信仰》，载贵州省民族研究所编《民国年间苗族论文集》，1983 年印，第 297 页。

杨力行将此地称为"西南苗民的巴力斯坦，耶路撒冷"①，可见当时湘西苗族人们对天王信仰的虔诚。

图2—2　鸦溪天王庙

1949年以后，由于政府破除迷信，天王信仰活动受到严重冲击，各地天王庙均遭毁坏，有的建成学校或是公共用房。新中国成立初期，鸦溪天王庙内的神像全被毁，先后改作粮库、工厂。1979年，当地某建筑部门购买了此地，并将房子全部拆掉，成为一片废墟。但是到了20世纪80年代，各地的天王信仰活动开始回复，有些地方开始重建天王庙。1991年，鸦溪天王庙遗址被列入当地首批文物重点保护单位。1993年吉首及周边各县的善男信女们集资30多万元，重修了天王庙，面积达350平方米，参加捐助的人遍布全国17个省市，当时在吉首大学任教的英籍教师莎丽曾几次捐助。此外，近年来，有许多湘西苗族乡村也纷纷重建了天王庙。如2007年6月，花垣县吉卫镇螺蛳憧的村民

① 杨力行：《湘西苗民的信仰》，载贵州省民族研究所编《民国年间苗族论文集》，1983年印，第297页。

就集资在当地进行了重建（如图 2—3 所示）。

图 2—3　螺蛳懂天王庙（李然摄）

目前，天王的神圣地位虽有所下降，但仍有一部分信奉者。中老年人遇到不顺心的事还是前往鸦溪天王庙祈愿，鸦溪香火仍然旺盛。凤凰县的天王庙不仅吸引当地人时常前往祭拜，而且已成为一个旅游景点，游客经常光顾，烧香许愿。

（七）"作鬼作神"

前述的仪式或信仰本也属于"作鬼作神"之列，但在湘西苗族日常生活当中，还有诸多其他的鬼神，前述的诸多民间宗教，还不足以应付苗民生活中纷繁复杂的需求。同时，前述的诸多民间宗教需要长期筹备，且耗费巨大，只是在万不得已的情形之下才举行。因此，面对平日生活中的忧患灾难，他们还通过"作鬼作神"以达到解忧除患的目的。

凌纯声、芮逸夫在《湘西苗族调查报告》中，列举了湘西苗族的许多鬼神与禳鬼祛邪的方法，如麻阳大王、公安神、四官神、阎老大神、严堂大神、高坡神、五姓伤亡鬼、朦胧鬼、五鬼、白虎、口舌鬼、风鬼、茶神、罗孔等。其实，苗族的"作神作鬼"的方法多种多样，至民国时期，"作鬼作神"还有"三十六峒苗乡衮复"的说法：

1. 抢魂五方五位，感冒骇着时祭之；
2. 鬼垅即岩上古老，抢魂不愈者祭之：
3. 鬼缠即讨鱼郎子，感冒病重祭之；
4. 早斋即本境公岩山保，疮疱不愈者祭之；
5. 滚抓牛又称一牲拦门白口，肝炎烦闷，厌食者祭之；
6. 滚抓白又称三牲拦门白口，肝炎病重，厌食甚者祭之；
7. 告主谬又称年鱼，犯口舌者祭之；
8. 告主加又称年鸡，犯口舌者祭之；
9. 告主白又称年堂，犯口舌者祭之；
10. 告主布又称年门，犯口舌者祭之；
11. 告主鲁又称年罗，用于解口舌；
12. 巴打酒，犯口舌、官司者祭之；
13. 中打酒，犯口舌、官司者祭之；
14. 高会，见喜，三朝饭时祭之；
15. 祭财喜又称杯细牙，求财时祭之；
16. 滚流鲁又称守牛郎子，耕牛肚痛屙血时祭之；
17. 帕堵又称刀金；
18. 滚乍鲁即过往神公，小儿厌食祭之；
19. 滚乍白即共杯共牲，小儿厌食祭之；
20. 然戒，又称百可戒，发财、求财祭之；
21. 公虚，犯口舌、官司及隔殇亡恶鬼祭之；
22. 土排，隔残亡鬼祭之；
23. 保虚，治病祭之；
24. 能张即祭天王庙，求财、犯肚病祭之；
25. 禧百桥，小儿肚子痛、泻痢祭之；
26. 剥楼即打楼，小儿泻痢祭之；
27. 求捞，小儿泻痢祭之；

28. 斋兵即净房子，祛怪、生疮、新房子先净祭之；

29. 五祭，生疮不愈祭之；

30. 楼刀，用南瓜作法，小儿泻痢祭之；

31. 帕度，治病祭之；

32. 告竹叭，又称了滚吾，小儿感冒惊吓失魂者祭之；

33. 告竹斗，又称了滚犹，小儿惊吓失魂，久治不愈，厌食不乳者祭之；

34. 茹哉，即破网，肝炎久治不愈，头晕眼花，视物不清，骨头酸疼，站立不稳者祭之；

35. 滚歹滚打，即追魂。中风急症，口眼歪斜，半身不遂者祭之；

36. 保董斋，即几欺壤。流行烧热（霍乱）、出痘子（天花）、肠瘟（伤寒）、乙脑、鼠疫等时行瘟疫时合村祭之。①

法事如此之多，可见当时湘西苗寨中"作鬼作神"之风普遍盛行。

1949 年以后，"作鬼作神"被列为封建迷信遭到严厉批判，民间信仰活动因此而沉寂。20 世纪 80 年代以来，"作鬼作神"又一次在苗族乡间流行。板栗村一位客老司饶有兴致地畅谈了他所做的法事②：

1. 还傩愿：为大型仪式，日常情况下不做。

2. 洗屋：做这一堂法事，需要豆腐、粑粑，数量不限。农历 1—3 月、9 月、11 月及 12 月 1—19 日可做；4—8 月、10 月与 12 月 20 日不做。因为 4 月起开始有蚊子，打死蚊子会有血，而做洗屋这堂法事不能见血；不能吃荤，鸡蛋、鱼、猪油都不能吃，只能吃菜油、茶油等植物油；10 月因为有椎牛仪式，也不能做；12 月 20 日鬼神放假，返回天庭，没有鬼神助阵，做法事不灵验。

3. "了鬼洞"：用于拯救失落魂魄类病人。做法事的时候，病人要坐在旁边。一个晚上的法事，需要准备一只羊、一只鸡、两叠

---

① 花垣县政协文史资料研究委员会编：《神奇的花垣》（风情篇），2007 年印，第 199—212 页。

② 法事名称遵照讲述者的发言记录。

钱纸、两把大香。

4. "殇亡鬼"：用于投河自杀的、被枪杀的、被水淹死的、摔死的等非正常死亡的恶鬼。要做这堂法事，包括"隔殇亡洗手"、"和伤亡鬼打仗"和"安殇亡鬼"。"隔殇亡洗手"，就是将死人抬上山埋葬后，回来后要做法事给抬丧的洗衣、洗肩膀，晚上要用一只鸡、二十五个粑粑做法事来撵鬼；之后，还要进行"捉殇亡鬼"活动，期间一定要捉到一只蜘蛛；"和伤亡鬼打仗"，就是做法事时，两人抬"梭标"、两个拿"大炮"，四人拿"盾牌"，燃烟花示意大炮打殇亡鬼；"安殇亡鬼"，就是将鬼安在大石下的洞里，不能让它翻身。

5. 求子愿：准备两只羊、两头猪、一只鸡、四十斤糯米做的粑粑、三丈四尺八寸布、二十张大白纸、五张黑纸，红纸、黄纸、绿纸各十张。一天一夜的法事，包括有洗灶、洗大门、请水收自己的和主人家的三魂七魄、请神、打筶、隔贼、架桥、造席、造钱纸、造牢、造兵场、拜王母、化五猖、化功曹、叫法主、拜神、请傩公傩母下马进屋、安坐位、开光、拆桥、立营；将两头活猪、两头羊交给傩公傩母，交完后，由刀手将猪、羊杀死，做合表仪式，抛傩、封台酒、开台酒、唱下马（要二十四碗饭、二十四碗豆腐和肉，念三十六堂神的名字，请它们来享用）、唱谢户主、合会、开洞、请戏、出戏、唱太子、唱先锋、开山、八郎、和尚、土地、判官、辞神、倒傩、送傩、封火墀、倒坛翻桌。

6. 神经愿：用于家里有神经病犯者。准备两头猪、两头羊，三十叠钱纸（天王、主人家的家先、兄弟及来客的家先都要送；三十六堂神第一堂都要有一包，每一包都要写他们的名字），法事为一天一夜。

7. 吃斋的傩愿：用于主人家有怪鬼。要用豆腐、粑粑，整个法事要一天一夜，与求子愿顺序一样，但有些词名与神名不同。

8. 求财：用于家中猪、牛经常死亡，家道不兴旺。"刀头肉"三斤六两，四碗酒、一把刀、一碗米、一炷香、一卷纸钱。

9. "修得悔"：难产时用此法事。将凳子放在门外，一叠钱纸，上放一根木火莵莵，等出生后三朝起名时，将凳子收回，到时要准备五碗饭、五碗肉、五碗酒。

10．"烧田坎纸"：用于田里发生虫灾，用一块重三斤六两的"刀头肉"、一碗米、一炷香与二十块钱。

11．"土排"：主要是错了官司，希望将仇敌杀死。法事时间从早到傍晚，三张桌子、一头牛、三十斤水、九十个粑粑、三个草人；三个老司一起做；要拿盾牌、梭标，打枪、放炮。

12．"比考"：用于与人争吵，被人陷害。一只鸡、一块重三斤六两的"刀头肉"、一碗水、二十五个粑粑、一张白纸，做时要将鸡嘴用线缝上，意味着对方闭嘴。

13．"保东寨"：用于整个寨子预防发生火灾。全寨的人每家凑一二两米、一两斤玉米、三块钱，整个法事需要三只鸭子、三十六张桌子，三个法师一起做。每家每户准备好玉米和一小挑柴火，法师每到一家，就喷水、卦符，并将那家的东西拿走。法事做完之后，就将三只鸭子杀了，用柴木煮鸭子、炒粑粑，参加的人一起吃。

14．"倒火场"：若是一个寨子有5—6家失火，全寨的人都要"倒"，法事与"保东寨"一样。不同的是做法事时，每一个法师要有一盆水，将一个木火蔸蔸放进盆里，意味着灭火。

15．"五鬼"、"了鬼端"：用于主人家犯病，起初准备一碗米、一炷香与一卷纸，做"五鬼"；若不见效，则准备三斤六两的"刀头肉"、三张白纸、四十个粑粑、五碗豆腐菜、五碗饭，做"了鬼端"，若病情继续加重，则做"了鬼洞"。

16．架路边桥：用于家中没有子女。经"仙娘"测算得知孩子已在路上了，但是被鬼神阻拦，走不过来。准备二十五个粑粑、五串白纸、五把果木树、二寸八尺的红布、一碗肉、一碗米、一卷钱纸，搭建一个简易的土地堂，土地堂内准备一个碗，用纸剪成一个小孩的样子，和碗放在一起。

17．架天桥：准备一丈二尺七寸红布，铺在桥上，桥用竹子编，竹子须由外公家或者舅舅家送来，还要准备五色纸、三十五个粑粑、四碗豆腐、一碗米、一炷香、一卷钱纸。

18．"喜斗洞"：用于敬土地坛，保寨安民。要一头猪、一只鸡，四十斤糯米做的粑粑、十二张白纸、三张黄纸；每家五元钱、五个粑粑、一叠钱纸、一元钱的香。

19."扒高度"：用于一个人突犯重病。作法时，要放一张桌子于大门口，桌子上放一块砧板、一把刀，希望"三王爷"放了他的命，并许诺若病好，马上敬"三王爷"。法事需三斤六两"刀头肉"、四张白纸、六个碗（三个碗口朝下，三个碗口朝上，摆成三对）、九对粑粑、三双筷子（用竹子做，只破一端，备三双）、一把伞、一个围裙（用于包病人的衣服）；两个人用一只箩筐把肉、酒放进去，并抬起来，法师与主人跪在蓑衣上向"三王爷"认罪，打筶"交生"，向"三王爷"询问病人何时痊愈。

20.求雨：要一头猪、十斤米的粑粑、斗篷、蓑衣，去坡上求雨，将猪杀死，祭雷公雷母，然后煮熟，不放盐，大家吃完，吃时不能说"鸡"、"盐"等词，也不能说难吃。

21."谢土"：用于家中猪、牛等牲畜不旺。说明主人家的龙不在家，需要重新安"龙室"。法事需准备五叠粑粑（共二十五个）、一碗米、二十元钱、一些香纸，门外两边各画一副弓箭（左边打地瘟，右边打天瘟）。

22.接龙：为主人家祈祷平安，五谷丰登，六畜兴旺。一头猪、一只白公鸡，至少八十斤米做的粑粑、绣花龙衣、金银首饰、至少有五斤银子、五色纸。为一天一夜的法事。

23.架桥：用于求子。在离寨子半里的路上，修一间房，方向朝舅舅家或外公外婆家，一头猪、一只鸡、红布一丈二尺八寸布铺桥，修架时还要上梁抛撒粑粑，并且给每一个过路人都要送粑粑。

24."全空"：用于家里没有财气，钱财保不住。要用一块"刀头肉"，二十五个粑粑、二十八块钱、一些香纸、一碗水，在堂屋挖一个孔，孔内又有五个小孔，里放满五谷杂粮，装朱砂，做完之后，用岩板盖上。

25."攻牛游"：用于牛爱生病，屙稀屎。做法事时，要准备一根刷条、一个斗篷、一件蓑衣、一块"刀头肉"、五碗饭、一碗米、一些香纸和十八元钱。

26."广头"：用于某人梦见了白虎神，害怕，爱哭。做法事敬白虎神，准备五斤八两肉、二十个粑粑、五斤米、一些纸香，一件蓑衣铺地。一个老司做，两个人陪。作法时，老司与另两人坐在蓑衣上吃肉，吃的时候，要学老虎叫的声音。

27. "却勾柔"：主人生病，"仙娘"算不出是何神作祟；东西不知被谁偷走；要寻找丢失的东西在哪里，就必须做这一堂神。要一碗米、一些香纸、一个桃木枝（两个叉），树蔸处雕成人像。老司作法，"陪人"拿着桃木叉，一旦作法，"陪人"便情不自禁地跳动起来。这时，老司便问神："若东西掉在东方，你就敲三下桌子，不在东方，你就不敲。"当问得方向，老司作法，"陪人"便会去往失落东西的地方。问病、问被偷盗的东西，同样可依此方法。

28. "岩鱼"：用于与别人发生争执。作法时要准备一条鱼、二十五个粑粑、一碗米、香纸、两张白纸、十八元钱。

29. "岩堂"：用于与别人发生争吵。要一坨大粑粑、二十五个小粑粑、两张白纸、一个簸箕。

30. "鬼悟"：用于人在井边丢失魂魄。作法时要一只鸭、四张白纸、一把扇子，在水井边作法。

31. "做天狗"：儿女容易夭折需做此法事，这是因为小儿被天狗吃掉。作法时，要一只狗、一张大桌子、二十五对粑粑，摆上傩公傩母，十斤肉、五色纸，一坨大粑粑做成狗的样子，敲锣打鼓。做完后要由一位孤寡老人将粑粑做的狗背出去，再不要回来。

32. "五给忙角"：用于解除脚腿疼痛。作法时要五叠熟粑粑，共二十五个，上面再放五个生粑粑、一碗米汤。晚上做这一法事，要熄灭灯火，不能见光，不能讲话。

33. "五给咔从"：用于解除眼睛疼痛。早晨（4点至5点）作法，法事需五叠熟粑粑，共二十五个，每叠上面再放三个生粑粑、两斤八两熟肉、一个簸箕、两张白纸、一碗米、香纸。不能说笑，主人家的兄弟在三天内不能进此家门。

34. "比露"：用于小孩得了重病，需要渡关。准备十斤肉、一张大桌子，摆上傩公傩母，堂屋内用竹子搭个"渡关洞"，小孩的妈妈抱着小孩坐在旁边。

35. "露道"：用于小孩生来不讲话。要一个大南瓜、白纸、黄纸、红纸、绿纸各四张，搭一个"洞"，一张大桌子、二十斤米做的粑粑、香纸、十二元钱。作法后，将南瓜蒂一刀砍下、揭开，最后，老司将南瓜背走。

36. "隔殇亡鬼"：农历6—8月做，要五碗饭、三碗酒、三碗豆腐与肉、桃树剖成五块，每块一尺长、一寸宽，上面画符。作法时，不能大喊大叫，因为有鬼神搬粮食入仓，大声喊叫以后，这些神鬼就吓跑了。（SSD，男，59岁，板栗村）

通过老司对法事的介绍可见，湘西苗族的确是一个具有多神崇拜传统的民族，神灵信仰与他们的生活紧密相连，无论遇到什么困难或需要，他们都有向神灵祈望帮助的心理定势。湘西苗民对鬼神的依赖，一方面是由于现代科学还没有全面渗透到湘西苗族人民的生活，因而他们无法用科学来解释或观照生活中面临的困难和遭际，而是将困难和遭际归于对鬼神的轻慢，试图通过神秘的法事表达对鬼神的恭敬，得到鬼神的关照与护佑，从而安顿自己的生活。另一方面，也是苗民对长期的生存实践中积淀的生存智慧的自觉沿袭与现代发扬。

三　婚姻文化的变迁

婚姻是最基本的社会关系，是社会为维持正常的社会生活所做出的关于男女匹配的制度化安排，因而婚姻制度集中展演了民族文化。[①] 湘西苗族的婚姻文化也是苗族文化的重要组成部分。婚姻文化是由法律、习俗与礼仪有机结合形成的一个体系，下面将从以下方面具体分析湘西苗族百年来婚姻文化变迁的表现。

（一）婚姻缔结方式

在历史上，湘西苗族的婚姻缔结方式比较自由，年轻男女一般通过赶集、田间劳作或是在节庆、仪式活动中相互认识，并以歌传情，私订

---

① 尹旦萍：《当代土家族女性婚姻变迁——以埃山村为例》，社会科学文献出版社2009年版，第2页。

终身。苗族将青年男女通过社交活动认识的方式，称为"叉帕"或"叉伙计"，汉语为"会姑娘"之意。因"会姑娘"常在赶集时发生，人们又将这一习俗称为"赶边边场"，后来逐渐成为湘西苗族最为普遍的男女结交方式。一般而言，男女双方通过"赶边边场"认识之后，就会约定时间相聚，到时男女双方带上各自的好友，到约定的地点相见，相互唱歌、交谈，以便加深了解。清康熙年间阿琳在《红苗归流图》中就有"唱歌觅偶"图，图中的附志云："苗俗，至初春时，男女未嫁者皆盛服，负背笼登山，以樵采为名，往来林麓间，相对唱山歌，雄鸣雌应，漫声悠扬。每发声则以一手自掩其耳，唱和相协者即相悦……然后挽媒行聘说者。"①乾隆十一年至十三年间，永绥厅同知段汝霖在《楚南苗志》中记载道："苗人跳鼓脏之后，则必继以放野……择寨旁旷处，男女各以类相聚，彼此唱苗歌，或男倡女和，或女倡男和，往来互答，谓之对歌"；"相悦者，男以银钱手镯戒指赠女，女以花帕苗衣赠男。甚之乘夜偕林间为桑中濮上之行，亦不较，所谓放野也。天明乃散。其中男未有室，女未有家，愿谐夫妇者，即相逐私奔，然后央牙郎通知父母，议牛马酬之"②。上述记载，均反映了清代湘西苗族男女以歌传情、自由恋爱的情形。改土归流后，湘西苗族以歌传情、自由择偶的婚俗虽受到"父母之命"、"媒妁之言"的冲击，但此婚姻形式并没有完全消退，而是形成了两种婚俗并存的局面，并延续至民国时期。

在石启贵的记载中，民国时期苗族有托媒人的习俗，"如有儿女，自一二岁长至七八岁时，便请媒人代订婚"。盛襄子则记述了不同地方的婚俗差异，如凤凰县"嫁娶则由家长主持，媒妁为凭"；而乾城苗族"欢喜唱歌，男女相悦，在山上即可发生×的关系，大凡已出嫁之少妇不许和别的男子交谈，处女则选择善歌者友之，父母不禁"③。孙家俭总结得更为详尽："苗人之婚姻，大致可分为两种：一为媒婚，即由媒人说合而结婚者，此与汉人相同；一为自由婚，由男女青年自相选配而

---

① 转引自伍新福、龙伯亚《苗族史》，四川民族出版社 1992 年版，第 290 页。
② 转引自伍新福《苗族文化史》，四川民族出版社 2000 年版，第 336 页。
③ 盛襄子：《湘西苗疆之设治及其现状》，载贵州省民族研究所编《民国年间苗族论文集》，1983 年印，第 60 页。

结合者。男女联络感情之方法有：一赶场，二打年鼓，三月夜集会，四唱山歌，五宴会跳舞，六进山砍柴，七望牛，八换工等。男女如情投意合，即相互交换礼物（以交换手镯者最多，次为手帕）。各返家中相告于家长，待家长允准，男子送聘礼以为定婚，再择吉日结婚（古丈大溪坡苗）。"① 这些记载表明：民国时期，在湘西苗族地区，传统的以歌择偶的婚姻缔结方式与从汉族传入的"父母之命"、"媒妁之言"的婚姻缔结方式同时并存，而每一个具体区域又以某一种方式为主，体现出一定的地域差异。

新中国成立初期，国家借助于反复的政治运动和宣传，向民族地区灌输社会主义思想，培育社会主义的民族乡村政治文化。少数民族地区民众的思想被高度地统合于社会主义意识形态之中，少数民族地区民众的政治信仰和价值取向与国家所体现的信念和价值观基本一致。由于私人生活空间变得狭小，苗族自由恋爱方式受阻。20世纪50年代以后，中央政权发动了一系列的政治、经济和文化的革命，其中在社会生活方面，以情感生活为主要内容的"生活作风"成为那个时代评判品行的关键词，父母与媒妁安排的婚姻跃升为与"政治过硬"平行的优秀品质。湘西苗族成为中央政府管辖下的一个行政区，也主动地适应国家的一统话语，再加上苗族自由恋爱的婚姻缔结方式与严肃的政治环境格格不入，因此传统的自由恋爱之风因有散漫、无组织之嫌而被舆论所谴责，男女在公共场合不能有任何的亲昵言行，取而代之的是父母与媒妁安排的婚姻。但在有些苗寨，青年男女通过"讨猪草"、"挑葱会"或赶"边边场"相识相恋的情况也零星存在。

20世纪80年代以来，在改革开放的宏观背景下，国家的政权力量开始有意识地从民间社会抽身撤退，西方的自由恋爱模式开始传入中国；而随着人们生活水平的日益提高，人的情感需要受到肯定，因此自由恋爱渐成中国大陆的新风。在这一新风尚的影响下，自由恋爱也开始成为湘西苗族青年男女主要的择偶方式。湘西苗族自由恋爱的传统在经过自清代被汉族"父母之命"、"媒妁之言"的婚姻结成方式冲击、集

---

① 孙家俭：《湘西的苗人》，载贵州省民族研究所编《民国年间苗族论文集》，1983年印，第74页。

体化年代被政治氛围压制后，再次成为具有强烈时代气息的择偶方式。但是这已不是传统婚俗的复归，而是湘西苗族在现代化浪潮中对现代生活方式的一种理性选择。在调查中，一位在1992年经自由恋爱结婚的男性说："我们当时也不知道自由恋爱是什么东西，在电视里、在城里经常看到年轻人也不要媒人介绍，自己喜欢上了，就在一起手拉着手、很亲热，觉得很有意思，就慢慢学上了。"在恋爱的方式上，往往是由男方邀请女方去城里看电影，进KTV唱卡拉OK、进网吧等，逛街给女方买一些小礼物。如今，随着通信事业的发展，湘西地区手机或电话已经普及，恋爱中的男女随时可以相约。由上可见，20世纪80年代后在湘西苗族地区渐成风尚的自由恋爱，其信息来源于城市或现代传媒中，而不是古书或老人的传述；其方式已告别了赶集或节日时互唱情歌，而是借用现代娱乐或通信手段来传情达意。因此，自由恋爱在湘西苗族的风行，是少数民族地区融入现代化进程的必然结果。

（二）婚姻仪式

婚姻礼仪是婚姻获得民意合法性的来源。韦斯特·马克认为，"从最普遍的意义来说，婚姻礼仪的社会目的在于使男女的结合具有一种公开性"①，中国学者潘允康也认为，"从当事者角度说，这（婚仪）是使自己的行为得到社会承认的又一种方式，婚姻的举行是向社会宣告婚姻正式成立，把个人行为交给社会，求得社会的监督与承认。从参与者的角度说是在扮演各种不同的社会角色，代表社会监督婚姻"②。苗族婚姻礼仪是苗族婚姻文化中最具民族特色的部分，其中主要仪式有订婚、过礼和结婚三项。

订婚。苗族青年男女相爱之后，男方便会请媒人到女方去说亲，央求订婚。媒人先去女方家"讨口风"，从侧面探问女方的意愿如何，若女方家有意，媒人便将此信息反馈男方。几日之后，媒人又前往央求，正式提及婚事。依照习惯，媒人要去女方家央求多次，女方家在征得家族同意之后，便可放口许配。届时，男方须准备酒肉、鞭炮前往女方

---

① ［芬兰］韦斯特·马克：《人类婚姻史》第2卷，商务印书馆2002年版，第827页。
② 潘允康：《社会转型时期中国人的婚姻家庭质量》，载刘达临等编《中国婚姻家庭变迁》，中国社会出版社1998年版，第80页。

家，女方家族吃了"放口酒"之后，即宣告订婚。近年来，订婚仪式虽一直保留，但随着岁月的推移，订婚的环节呈现简化的趋势。特别是进入21世纪以后，订婚仪式更是可有可无，青年男女相悦后告知父母，男方家长象征性地请一个媒人去女方家求婚，确定一个日期，请亲戚族人到家，就算订婚。甚至不经订婚程序，由本人和父母直接谈婚论嫁，完全省略了订婚的仪式。

过礼。在苗族传统婚姻仪式中，订婚后，男方选定吉日过礼，即向女方家族和亲戚行礼，以征得他们对该婚姻的允诺。在过礼的前一个月，先要由媒人将吉日通知女方家，由女方家邀请本家族成员前来参加宴席。民国时期男方所备过礼物品较为复杂："最普通的是舂糯米粑粑，圆成小个，四个相重成一堆，用粑盒一个，砌成行格花柱宝塔，谓之盒粑。粑粑数目，大约二盒至三四盒，或五盒至六盒不等。圆钱数十串或百串亦不等。但须有大数小数同样数目。……如钱最小数目，要四十四串，八十八串；最大之数目，要二百二十串，四百四十串，六百六十串。它如茶叶四两，茶油二斤，食盐二斤，好酒两罈或四罈，猪肉数斤至数十斤，糖糁二盒，女衣料一至二套和四件裤料，银饰、耳环、手圈、戒指、鞋、袜、巾、鞭炮数千或数万，及香烛等，分做几挑。物品陈在木盘上，用箩筐分担之。"[1] 当然，每桩婚姻中具体所备礼物的分量，还须视男方家的实力而定，不做硬性要求。过礼队伍行至女方家村口时，就会燃放鞭炮。女方家听到后，便立即赶来迎接，相互道贺。入屋后，女方会宴请本家族人员与男方来宾。在此期间，女方家族还会轮流请客，进餐时，青年男女经常会以歌助兴，相互取悦。两天三夜之后，仪式才结束。男家过礼队伍离开时，女方父母要送新女婿头帕或帽子、衣裤鞋袜在内一整套服装，一同前往人员也可得到女方家里的礼物，如一双布鞋或一段布料等。[2]

过礼的习俗除了20世纪五六十年代曾短暂中断外，其他时间一直持续。但是随着时代的变化，礼物的数量与种类发生变化。20世纪70至80年代，礼物还是以粑粑、猪肉、酒等农村自产的食物为主，但数

---

① 石启贵：《湘西苗族实地调查报告》，湖南人民出版社1986年版，第174页。

② 花垣县政协文史资料研究委员会编：《神奇的花垣》（风情篇），2007年印，第55—56页。

量与种类都有所增加。如今，有些地方过礼分为小礼行与大礼行。小礼行只需送粑粑、猪肉、酒等物，由媒人带领男方及男方兄弟帮着挑去，在女方家住一晚，第二天吃完早饭后回来，女方家给新女婿打发一双布鞋。大礼行就是订婚的男子和其父亲或是母亲、叔伯兄弟一行人，按女方家族户数，准备相应数量的担子，担子里装有大米、酒、肉、粑粑等，送往女方，新娘的部分聘礼也可同时送去，包括做嫁衣的布料、鞋子、丝帕、银首饰等，近些年还时兴送手表、手机、彩电、冰箱等。到了女方家里，女方及女方家族也会轮流请客，请客完毕后方可回去。

结婚。关于民国时期湘西苗族结婚仪式的记载较多，如孙家俭记载道：

> 婚期前日，男家以轿子两顶，吹鼓若干人（司乐器的人），及火把数十，去女家迎接新娘。距女家不远，有女家亲友中青年之女子阻于途中，手持细条，条上绳以"火麻草"（一种有毒植物，触之，皮肤且略肿）向迎亲人攻击，非女家之家长出而阻止则不停。至女家门前乃互相奏乐，行简单礼，礼毕即开筵席，此时新娘即与送亲人分别坐入轿内，新娘号啕大哭，似与娘家依依难舍。迎亲者于吃饭之际，一不留神，即被女家年轻之子女用手将脸上涂以锅底黑烟，名曰"Miə—KWei"。饭毕，复行简单之礼，亲人乃于鼓锣喇叭声中，将"新娘"、"送亲娘"，及陪嫁物飞奔抬走。女家之青年男女乃紧追于后，并各手持牛粪，向迎亲人及嫁物击去，直至牛粪用尽始归。①

盛襄子记载道：

> 出阁日，凡属诸父诸兄，姑舅姨婶母姊均步行送嫁，有至二三十人者。送至夫家，欢迎三日，歌者作乐以表亲睦。送客愈多，愈

---

① 孙家俭：《湘西的苗人》，载贵州省民族研究所编《民国年间苗族论文集》，1983 年印，第 74—75 页。

以为荣。夜则新妇伴母宿，藉索婿家财物，名曰娘钱。母归后，乃成配偶。其母所赠首饰簪环或数两，或十两不等，婿家俱照数还银，不能短少，当贺客云集，夫家房族伯叔，轮请女家诸戚，一日或至三五席，谓之排门酒，又曰撤客酒。三日后婚家请客，日发客酒。在此期内，晚餐毕，亲友青年男女，自由歌唱，曰留客，盖以消遣。更三日，客始归，送至门外，曰送客。无论婚家或其他宴会，对宾客必送迎如仪。男宾以妇女出迎，女宾则子侄往迓，唱迎客之曲。来宾答以贺词，或劳迎歌，约半时，方肃客入室。送客，则为惜别之词，出自心裁，随意而歌，应答之间，缠绵婉转，往往男女互歌而不能自己也。①

综合他们两人的记载及调查资料，我们可大致描述当时苗族的结婚礼仪：婚期前一天，男方的迎亲队伍携带两顶轿子（其中花轿用于抬新娘，篷轿用于抬送亲娘）和吹鼓手到女方。至女家门前，主人会佯装关门，并索要开门礼。迎亲队伍送上礼后，主人便把门打开。新娘完成梳妆后，叩拜祖宗神位，然后拜别父母亲族，哭着上轿。上轿时要打伞，路上要燃火把。女方的主要家族、亲戚也陪同前往。到了男方家，经合师用鸡拦煞之后，新娘便可下轿。入屋时，例不拜堂行合卺礼，直接在地楼火边坐之，面须朝内。这时，合师会送来酒一杯，肉一片，由新郎与新娘共食，并端来用草药熬煎过的洗脸水一盆，用以新娘洗脸。女方兄弟则代为铺设新房。男方则大摆宴席三天，每天晚餐后，主人家与客人家就会对歌，主要由双方带来的专门歌手对唱。客人有住一天的，也有三天、五天的，男方亲族照例轮流请客，俗称"排家饭"。婚典期间，新娘新郎只见面不同房。客散时，新娘也随之回到娘家住一宿或三宿，称为"归宁"，然后再回到婆家，始叫与新郎同房共宿。经三日后，新郎又陪同新娘一同归宁。三日后，二人再返回家中，结婚仪式才宣告结束。

到了20世纪50年代，结婚仪式被简化，时间缩减为两天，禁止用

---

① 盛襄子：《湖南之苗瑶》，载贵州省民族研究所编《民国年间苗族论文集》，1983年印，第81页。

轿迎娶，新娘步行到男方，仅保留了进男方家时的礼数，也省略了请客吃饭的程序。到了 20 世纪 80 年代，婚礼有向传统复归的趋势，一般只安排一天时间，但轿子已完全不用，改为新娘步行。近些年来，这套仪式又有改变，男方家租用婚车接娶新娘，婚车装饰得花团锦簇，另安排一辆大车接女方家族，一辆货车运送嫁奁；用于避邪的火把换成了马灯，跟随新娘前往男方。

除了以上所述的几项主要婚姻仪式外，20 世纪 80 年代以来，苗族婚俗出现一种新的现象，即男女相爱之后，在征得父母同意的前提下，女方便择一吉日，邀约 2—3 位女友相伴来到男方家中同居。事成后，由男方备烧酒、甜酒各一坛，鹅或旱鸭一对，猪肉一块，前往女家，叫作"认亲家"，待到"添口"喜临，满月之后，由男方准备酒肉送至女家，女家则大宴亲朋，谓之"补酒"。女方准备嫁妆及新生儿所需物品，邀约亲朋，吹吹打打前往男家，男方举办宴席招待来客。这种形式被称为"双喜临门"①。至今，"双喜临门"还很盛行。

（三）通婚规则

湘西苗族传统的婚姻缔结中有一些规则或禁忌，如同姓不婚、外族不婚、舅家之子娶姑家之女的优先权等。一百年间，这些规则发生了巨大的变迁，主要表现为：

1. 同姓不婚受到冲击

在湘西苗族传统婚配中，遵循着同姓不婚的规则，"苗大都同姓不婚，侄与姑为姻娅，侄与叔为连襟，则不禁也"②。这里的姓氏以苗姓为准，汉姓相同而苗姓不同可以通婚；汉姓不同而苗姓相同，便不能通婚。改土归流后，虽然苗民被强加汉姓，但汉姓并未成为通婚中的考虑因素，汉姓相同、苗姓不同者可以通婚。民国以后，湘西部分苗族也开始沿袭"汉姓同姓不婚"的通婚规则。但是自 20 世纪 70 年代以来，特别是市场经济体制以来，"同姓不婚"受到了冲击，经常有同姓的青年男女不顾家长反对而结婚的情况发生。在凤凰县，20 世纪 80 年代末至

① 凤凰县民族志编写组：《凤凰县民族志》，中国城市出版社 1997 年版，第 90 页。
② 盛襄子：《湖南之苗瑶》，载贵州省民族研究所编《民国年间苗族论文集》，1983 年印，第 81 页。

90 年代，同姓结婚比比皆是，如大田乡高寨村有三对吴姓青年结婚，其他村寨同姓结婚亦很多。当父母反对时，他们还会以法律为武器，来维护自己的合法权利。[①]

2．外族不婚逐渐消除

由于文化与历史隔阂，苗族一般只在本民族内通婚，很少与汉族或别的民族通婚。民间谚语"苗不沾客，铜不沾铁"，反映了在通婚上苗族对其他民族的排斥，而"宁可挨三刀，也不和苗子相交"则反映了其他民族在通婚上对苗族的抵制。

到民国时，苗汉不婚的局面开始有所解冻，当时有少数富豪乡绅将因生活所迫而沦为婢女丫鬟的苗族女子纳妾续弦，或有些苗族女子为逃避封建包办婚姻而远嫁异族。但跨民族婚姻在湘西苗族表现出了较大的地区差异，在跨民族婚姻中，苗族姑娘嫁给汉族男性的情况较为多见。例如，至 1938 年，保靖县"汉苗两族，风俗习惯迥异，极少通婚"；凤凰"苗民嫁汉者日多，惜汉人嫁苗者甚少"；泸溪苗民"与汉人通婚日久，风俗习惯，汉化者占十分之八……惜汉女以经济优越，不肯嫁苗……"[②]

1949 年以后，随着新型的民族关系的建立，苗与其他民族关系有了很大的改善，各族间的通婚逐渐普遍。凤凰县的沱江、阿拉、廖家桥就比较典型，廖家桥有一句俗语"廖家桥，新事多，客家老公娶苗婆，男的说冲碓，女人说了脚（即'冲碓'）"就是对跨族通婚的生动描述。1990 年第四次人口普查时，凤凰县总户数为 70344 户，汉族与少数民族混合户有 13262 户，占总户数的 18.9%，其中沱江镇、阿拉营、廖家桥镇为最多。沱江镇共 8203 户，混合户 3087 户，占总户数的 37.6%；阿拉营镇 3087 户，混合户 1117 户，占总户数 36.2%；廖家桥镇总户数为 3594 户，混合户为 1212 户，占总人数的 33.7%。这一统计数字表明，苗族与汉族或其他民族通婚的普遍性。[③]

如今，随着与外界交往日益频繁，各个苗寨都有与外民族通婚的现

①　凤凰县民族志编写组：《凤凰县民族志》，中国城市出版社 1997 年版，第 91 页。
②　盛襄子：《湘西苗疆之设治及其现状》，载贵州省民族研究所编《民国年间苗族论文集》，1983 年印，第 57 页。
③　凤凰县民族志编写组：《凤凰县民族志》，中国城市出版社 1997 年版，第 245 页。

象。在所调查的苗族村寨中，笔者对目前村民的通婚对象选择取向进行了访谈，他们普遍表现出豁达、开明的态度。

　　以前是旧思想，老观念，认为汉族不可靠，瞧不起我们，我们也不想与汉族交往。现在，各民族都是平等的，我们苗族在哪一方面都搞得很好，大家相互交流得也很多，关系都很好。因此，与汉族通婚的现象极为普遍。（LFK，62 岁，吉龙村）

　　现在年轻人都在外面打工，交的朋友多，谈的对象也都是外地的，广州的、山东的、山西的、河南的、云南的，还有东北的，四面八方的。他们才不管是哪个民族的，根本没有民族观念，只讲合不合得来。他们经常是谈好了，回来办结婚仪式，父母才晓得。（WCH，55 岁，板栗村）

　　解放前，我们苗族与汉族关系不太好，经常是"你瞧不起我，我瞧不起你"。以前，哪家小孩不听话，喜欢哭闹的话，我们还用这样的话来吓唬小孩："要是再哭，不听话，我就要汉族人把你捉走。"关系不好，通婚开亲的现象自然就很少。现在不同了，国家的民族政策好，苗族与汉族、其他民族地位都是平等的，相互走动频繁，关系都很好，不存在苗族不能与汉族或其他民族结婚的情况。特别是年轻人，他们在外打工，见识广，根本不管是哪个民族，只要是自己喜欢，就可以谈朋友、结婚。（LDQ，70 岁，万溶江村）

　　在所调查村寨中，笔者通过问卷对这些村寨与其他民族通婚状况进行过统计，统计结果在很大程度上证实了村民们的谈话。结果如下：在吉龙村，近 10 年来，苗族嫁给汉族的有三四十人，汉族嫁给苗族的有十七八户；在花垣县板栗村，村民与汉族通婚的有 13 户，与土家族通婚的有 12 户，与侗族通婚的有 4 户，与黎族、回族通婚的各 1 户；凤凰县吉信镇满家村共有 235 户，苗汉通婚的有 26 户，占总户数的 11.06%，苗族与土家族通婚的有 6 户，占总户数的 2.55%；在万溶江村，村民与汉族通婚的有 23 户，与土家族通婚的有 11 户，与瑶族通婚的有 2 户，与白族通婚的有 1 户；凤凰县马鞍山村共 105 户，555 人，嫁往外地的女孩约有 20 多人，包括广东、河北、浙江、湖北、安徽、江苏、江西、贵州等地，嫁进本村有 2 人，分别来自广西与四川。这也说明了苗族的通婚圈在不断地扩大。

3. 舅霸姑婚基本消失

苗族中，存在"姑家之女，必字舅氏"的单向姑舅表优行婚的习俗，又称"还娘头"或"还骨种"。这种习俗在湘黔苗族地区普遍存在。明成化年间沈瓒和清乾隆初李涌所编撰的《五溪蛮图志》中，载有五溪地区苗民"如张女嫁李，候李生女仍还嫁张之孙为妻，世相传，虽老少、妍媸、贫富不能易，俗名'还骨种'"。清代陆次支《峒溪纤志》载："峒人（应即苗人）以苗为姓……生女还之母家，曰一女来一女去。"由于姑舅婚在后代遗传上有着天然缺陷，加之它剥夺了婚姻当事人的自主抉择权，因此改土归流后屡遭禁行，如永顺府知府王伯麟于乾隆七年（1742 年）颁布《禁陋习四条》，第一条就是"禁勒取骨种"，靖州苗族在清道光年间曾两次以合款立碑的形式，禁止"舅霸姑婚"。但尽管如此，姑舅婚仍在苗族民间公然推行。

至民国时期，湘黔苗族地区普遍存在这一习俗。凌纯声、芮逸夫在对贵州清江黑苗考察后记述道："以姑之女定为舅媳。倘舅无子，必重献银钱于舅，无则终身不得嫁。"[1] 陈心传在《五溪苗族古今生活集》中记载："还骨种"之俗，"今仍有之，谓'舅爷要隔江叫'也"。这说明陈所记载的泸溪、乾城、凤凰等地苗族民国年间还流行"还骨种"的习俗。[2] 石启贵也描述道："舅家有子，姑家有女，家境和年龄不相上下者，只要舅家提出，姑家一般均乐意将女儿许给舅家，甚有姑家主动者。"[3]

新中国成立后，新《婚姻法》明确提出禁止姑舅婚。经过宣传教育，苗民们也认识到了姑舅婚于优生优育的影响，因此开始自觉规避。但在 20 世纪 80 年代以前，湘西苗族仍有姑舅婚发生，吉龙村在此期间姑舅结成姻亲的就有 6 对。20 世纪 80 年代以后，这种现象就十分少见了。

---

① 凌纯声、芮逸夫：《湘西苗族调查报告》，民族出版社 2003 年版，第 57 页。
② 伍新福：《苗族文化史》，四川民族出版社 2000 年版，第 384 页。
③ 石启贵：《湘西苗族实地调查报告》，湖南人民出版社 1986 年版，第 183 页。

四　习惯法规的变迁

习惯法规是传统社会中为调节社会关系、维护社会稳定，进行社会控制的主要手段之一。湘西苗族地区的习惯法规主要包括款约制度、乡规民约和饮血息讼等内容。百年来，湘西苗族社会的习惯法规发生了什么样的变化呢？

（一）合款与款约

合款是湘西苗族以地缘关系为基础建立的一种组织形式，黔东南一带称为"议榔"，云南一带称为"丛会"。款有大小之分，小款包括一个或几个毗邻的村寨组成，一般以一个大寨为中心；大款包括几十个、上百个村寨，甚至跨数县而成。每一个"款"都有推选的款首，联成大款时，则又推举"大款首"。"款首"由当地熟悉苗族古理古规、办事公道、声望较高的人来担当。由款首主持"合款"会议，制定款规款约，对内维持正常的生产生活秩序，对外既要保护合款村寨的利益，又要处理好与外界的交往关系。款约是苗族社会极具约束力的习惯法。

湘西及湘黔川边苗族地区，即以原永绥、乾州、凤凰、松桃四厅为中心的苗族聚居区，曾长期保留"合款"组织，并具有强大的凝聚力。清道光二十四至二十七年（1844—1847年），湘西乾州厅大河的石观保、杨正富，永绥厅五里千溪寨孙文明、孙文山兄弟，凤凰厅龙朋、科甲"款首"龙老将、石上保等，为反抗清朝的"屯租"，联合乾州、永绥、凤凰三厅所属苗族地区各"款"，组成大款，共同推举孙文明兄弟为大款首，组织苗民与清政府对抗。

至民国年间，合款组织在湘西苗族地区依然存在，如凤凰县上苗乡唐家桥的龙凤翔，因家处在湘黔边境，常有匪患发生，其父被土匪杀死，于是组织上苗乡48个寨苗民进行"合款"，自任"款首"，制定"款约"以维护当地治安。[①] 除了上述正式的合款组织外，民国时期还有一种临时组织、具有专门职能的合款形式，即在秋收的时候，为了防

---

① 伍新福：《苗族文化史》，四川民族出版社2000年版，第240—241页。

止粮食被盗，维护秋收秩序，而组织成的临时款会。其规模较小，合款时，可十户为一款，也可二三十户为一款，户数较少的村寨可以一村一寨为一款，且只有品德端正的人才能入款，那些品行不端的人往往被拒绝入款。被拒于款会门外称为"出格"。被"出格"的人是合款重点防范的对象，必须时刻端正自己的行为，否则，违犯秋收条款后，将要受到严厉的处罚。款约的主要内容有：款内成员在秋收季节不得随意进入他人菜园、包谷地、稻田，不得偷摘他人辣子、玉米，不得偷捉他人的鱼，偷稻谷；发现盗贼及时报告的，按被偷物品价值的10%—20%给予奖励；若知情不报，发现后与盗贼同罚；款会成员偷了其他款会的东西，款会不但不袒护，还要协助其他款会成员进行处理。对违犯款规的人进行处理叫"倒款"。按情节严重与认错态度分为"大倒"与"小倒"。"小倒"即退还原物后再适当罚款；"大倒"除退还原物外，还要杀猪宰羊，宴请全寨老小，并当众认错；对盗窃数额大，而又拒不承认的，则对其进行抄家。[①]

1949年以后，由于村级行政机构与法规制度逐渐建立与完善，合款组织的部分功能被基层政府组织所取代，其存在的必要性大大减少，因此逐渐解散。如今，一些苗族村落偶尔也还会出现一些临时性的合款，特别是与邻界村寨发生山林、田地纠纷之后，村寨里便有人会出面组织"合款"，形成合力与对方交涉和对抗。但这种"合款"主要是临时聚集力量，款约的约束力已不存在，事毕则散。

（二）乡规民约

合款的款约款规是湘西苗族乡规民约的一种主要形式，但在没有合款的情况下，村寨中主要由乡规民约来维持社会秩序。乡规民约有成文的，也有一些不成文的约定俗成的规矩。但不管哪种形式，都起到了整饬民风、调整秩序的功能。

民国时期，乡规民约在苗寨中仍起着重要作用。1919年，凤凰县都良由苗寨为了维护水井卫生，立下护井石碑，碑文为："1. 众议不准洗用杵，瞒洗，罚钱二千二；2. 众议不准洗猪，某污秽井水，瞒洗，

---

① 凤凰县民族志编写组：《凤凰县民族志》，中国城市出版社1997年版，第48—49页。

罚钱一千一；3. 众议在耳听闻。民国八年岁次己未年二月十二立。"①
1949 年以后，湘西多数苗寨也订立有乡规民约，如有的村寨规定：随
意打人，除给受害人赔礼道歉外，罚给村或本组每户送水一担；偷摸他
人东西，除退还原物，还要写检讨，张贴出来教育别人；随意放牲畜家
禽糟蹋他人庄稼，能采取弥补措施的要给人追肥管理，不能采取弥补措
施应照章赔偿；偷砍林木没收原物后，罚守山 10—15 天。②

改革开放以后，乡规民约又开始在苗寨中出现，如吉龙村就制定有
乡规民约，规定若村里出现偷盗、破坏生产、作风不良的行为，要求肇
事者买一头猪，请全村的人在他家吃一顿；吃完之后，还要他请电影队
放两场电影，放映之前，向全村人做检讨。村支书 LSQ（男，65 岁，
吉龙村）举了两个执行乡规的例子：

> 若两个人发生吵架，最忌讳的是骂对方是草鬼婆。20 世纪 80
> 年代，寨子里有两个女的吵架，其中一个骂对方是草鬼婆，这个妇
> 女就说："她骂我是草鬼婆，这样，我没办法在这个寨子里待了，
> 不得不和我的丈夫离婚"，事情就搞大了。我通过调查，开了一个
> 全村妇女大会，要那个妇女写检讨，并在会上念，要求她杀一头
> 猪，全村的妇女都去吃。还有一次，一个妇女生活作风有问题。一
> 天她老公晚上回来发现他的妻子与一个男人在一起，于是大打出
> 手。我去调查以后，要这个男的杀两头猪，一头请巫师"洗屋"，
> 一头请全村的人吃，那次他花了几千块。后来觉得处罚太严重了，
> 应以教育为主，因为 20 世纪 80 年代村里都不富裕，处罚之后，这
> 两家十多年都没有翻身。

20 世纪 90 年代以后，苗民意识到了生态环境的重要性，针对当地
存在的乱砍滥伐现象，不少村寨制定了山林保护方面的公约。例如，吉
好村 2003 年制定的护林公约如下：

---

① 湘西州民委《民族志》编纂组：《民族志》，湖南人民出版社 1999 年版，第 278—279 页。
② 凤凰县民族志编写组：《凤凰县民族志》，中国城市出版社 1997 年版，第 50 页。

吉好村护林公约

为了保住我村退耕还林的丰硕成果，确保造林成材，造福于子孙后代，以及理顺我村护林管理制度，防微杜渐，始防于未然，经村委会研究决定，全村村民一致通过，特定如下护林公约：

一、我村护林管理制度实行集体管理，与村民自行管理结合的原则。

二、保护苗木，人人有责，实行奖励举报，对损毁苗木不良行为坚决打击。

三、具体奖罚措施：

1. 村里实行全面封山，各农户放牧要有专人看管，如无人看管和看管不严，造成牲畜损毁苗木现象，每株罚款5元，每头牛羊50元。

2. 各农户日常用柴只能限制在自己的责任山割草、砍荆丛、捡干柴，如发现利用进自己责任山的机会去偷盗其他农户责任山林木（用材木、山杂木），按五公分以上每根罚款100元，五公分以下每根罚款50元，山竹每根罚款0.5元，原物没收。

3. 关于农用水车必须向村委申请，经批准，由护林员跟随进入自己责任山砍伐够宜为准，不准无限砍伐，如违反条约，按第二条罚款执行。

4. 对故意烧山或失火烧山，造成苗木损失，罚金200—400元，补栽损失苗木数直到成活为止，情节严重交司法部门处理。（小孩造成，追究大人责任）

5. 凡属外村故意放牧进入育林区、农作物区造成损失，每根苗木罚金10—20元，农作物每株0.5元，牛羊每头罚金100—250元（超过5元不交罚金，牛羊变卖处理，4天内不领回，另外收费补贴，每头每天20元）。

6. 各农户严加管教自己小孩，严禁在金秋梨区及农户林果园地偷盗或损坏苗木行为，损坏林果树，每根罚金100—200元，偷盗林果每个50元。

7. 禁止在本河流区域内投毒、炸鱼、用电捕鱼，如发现，罚金50—200元。

8. 对打击、报复、诽谤、谩骂护林员和举报人的当事人，除赔礼道歉外，罚金 50—200 元。

9. 各农户每年需要补修牛栏、水利用材要经村委会批准，护林员监督方可砍伐。

10. 护林员必须每天巡山数次看管，发现人为及畜牧损坏林苗行为要擒回处理，行使护林员职责，如不称职，造成损失，罚款 100—200 元。

11. 护林员借故护林职责进入农户责任山偷砍林木、山竹、柴火，经发现查明属实，年终扣发工资或免去护林员资格，情节严重，移交司法机关处理。

以上各条自 2003 年 1 月 5 日起执行。

吉好村村民委员会

2003 年 1 月 5 日

当我们问到这个条约的执行力度时，村支书解释说："如果有村民违反规定，第一次是教育，若再犯则罚款，具体惩罚措施和力度则要根据村民大会的意见来决定，需村民大会半数通过后才能按乡规民约来处罚。现在的乡规民约执行较难，因为现在的人不好管理，人心很散，不服这一套，违反规定的行为时有发生。但是制定一个，要比没有强一些。"由此也可以推断：在当代社会中，虽然乡规民约社会控制的功能在减弱，但是它们依然是人们解决生活纠纷的方式之一。

（三）饮血息讼

湘西苗族敬畏鬼神，当遇到是非曲直难以分辨或是被冤枉无法自白的情况下，苗民通常求助于鬼神来裁定。最常见的形式就是去天王庙或土地庙"唱血酒"赌咒，请巫师作法，接受因果报应。作法中要安排咒语，设置好坏两种结局。例如，一则有关偷盗的咒词是这样的："人说你偷你说不偷，若你不偷，阎王给你降福添寿，养猪不喂自然肥，有田不种自然收。儿孩满堂，金银满楼，判官见你绕道走，阳寿增到九十九，日食山珍，夜寝锦裘……"接着又做坏的假设："人说你偷你说不偷，若是你偷，天灾人祸必临头，猪栏年年空，种田无粮收，在家被鬼打死，出门被虎咬死。九代断子，十代绝孙，阴宅无人看，阳宅无人守。"① 由于苗民们深信神灵在人间的超凡力量和咒语的灵验，深信选择安分守己就会收获幸福，作恶多端就是自种恶果，因此主动地趋善避恶。

湘西苗族地区长期流行此一习俗。清严如熤在《苗防备览·风俗上》中记载有：

> 遇冤忿不能白，必造诸天王庙，设誓刺猫血滴酒中，饮以盟心，谓之"吃血"。既三日，必宰牲酬愿，谓之悔罪做鬼。其入庙，则膝行股栗，莫敢仰视。理屈者，逡巡不敢饮，悔罪而罢。其誓词曰："汝若冤我，我大发大旺；我若冤你，我九死九绝。"犹云祸及子孙也。事无大小，吃血后，则必无悔。有司不能直者，命以吃血则惧。盖苗人畏鬼甚于法也。

民国时，此种决断是非的方式仍很盛行。石启贵在调查后写道："苗民两造争端，是非莫辨遇冤不能自白，即至天王庙吃血设盟，无论大小讼案，当可立决。"② 具体程序为：

> 其法，用大雄鸡一只及酒一碗，原被两告齐跪神前，伏俯祷断。所谓神者，系鸦溪天王神。一般人证，参加其间，燃烛烧香，各诉情词。诉毕，砍断鸡头，滴血酒中，争端当事者饮以盟心，并盟誓曰：受冤者契旺，冤枉人者断子断孙。此法间亦有刺猫血滴入酒中者。今之苗乡契血，多不用猫血。相传，契血有愧者，必有报应：小报有三年，大报在目前，不是灾异降临、瘟毙人畜，便是退财或意外祸殃……③

除文献记载外，万溶江村一位村民讲述的故事，也足以证明民国时期"喝血酒"是苗民断诉决讼中的重要方式：

---

① 凤凰县民族志编写组：《凤凰县民族志》，中国城市出版社1997年版，第51—52页。
② 石启贵：《湘西苗族实地调查报告》，湖南人民出版社1986年版，第480页。
③ 同上书，第538页。

我的邻居 WSL 是个读书人，他的父亲留给他田亩，但读书人不善于经营，其家境逐渐走向衰败，田地也仅剩三顷。为了减缓生活压力，WSL 卖了一顷水田给地主 WWX，这一顷田旁有一口井水；水井下方两顷田仍是 WSL 的。一年天旱，WSL 用井水灌溉这两顷田，WWX 不允许他取井水，两人发生矛盾。WWX 说，WSL 卖田的时候已经把井卖给了自己，因此不能取井水灌溉。WSL 说，田卖给你是事实，但井水是公家的，大家都可以用。双方争执不下，WSL 只好说："你这样霸道，那只有请鬼神来判了，如果我当时说井水和田都卖给你了，我就不得善终，断子绝孙；如果你霸道，你就断子绝孙。"然后两人各喝了一碗血酒，这件事发生在 1947 年。解放以后，这种现象在万溶江基本上就没有了。（LSG，男，77 岁，万溶江村）

板栗村村民的讲述也证实了"喝血酒"是民国时期苗寨中处理疑难纠纷的方式：

解放前，我们这里的晒谷坪举行过一次"喝血酒"的仪式，由于"喝血酒"要发"毒咒"，举行这个仪式的地方也变得不吉利，因此到现在晒谷坪都没有人建房子。为什么要"喝血酒"，是有这样一个原因，那就是双方发生矛盾，一方有官府支持"护短"，另一方有理无处说，打官司是绝对搞不赢的。为了解除心中的愤恨与不满，洗去不明之冤，于是主动要求"喝血酒"，另一方也只好硬着头皮参加。在喝血酒时，双方要准备 36 个鸡蛋，相互投掷，每扔一个鸡蛋，就要咒骂对方"若你冤枉我，你以后会如何如何"，但一般不骂断子绝孙，给对方留有余地。（WZB，男，49 岁，板栗村）

1949 年以后，人们遇到民事、刑事纠纷，一般会主动寻求政府力量解决，"喝血酒"的情况明显减少。但在调查中发现，由于湘西苗区法律常识的缺乏，苗民们仍没有培养起诉讼意识，"喝血酒"断定是非的方式还在各地不同程度地存在。

70年代的时候，一家在晒坝场晒茶籽，后被人偷了，他要一家一家地搜查，但被村干部制止了。他就买了一只鸡，请来了巫师，举行了"喝血酒"的仪式，声称"谁偷了茶籽，就不得好死"。1990年，有两家因竹林发生争执，其中一家觉得不公平，很冤枉，于是到三王庙去"喝血酒"。现在也有因山林边界、宅基地发生纠纷的，口里经常也说要"喝血酒"，但是实际上双方都不敢轻易地采取这一方式来解决问题。（YYZ，男，62岁，吉龙村）

发生矛盾以后，两个人就到土地庙去"喝血酒"打碗赌咒：谁冤枉了谁，谁就会像碗摔在地上一样破碎。大家都相信，摔碗后理亏的那一方家里就会有灾难发生。2006年，我们村子里有两家发生了矛盾，就去打过碗。（WYD，男，67岁，万溶江村）

我们这里还有"喝血酒"的。1993年，我们村有一家，有一天他发现他家山上的一棵树被偷后，就骂是他隔壁邻居偷的，因为他们两家关系一直不好。于是两家就发生争吵，要我去劝一下。我去劝，他们不听，硬要去土地堂"喝血酒"解决。后来他们就真的去了。之后，两家也不为这个事闹了。但是到现在为止，没有看到他们家出现什么不好的事情。（WRH，男，78岁，花垣县吉卫镇腊乙村）

我们村里还是有人信这个东西，每年都还会因为山里的树被偷了、鸡鸭不见了等事情，和别人发生矛盾，两家就会去吉首的天王庙，当到天王的面"喝血酒"发誓赌咒。（WXH，男，57岁，板栗村）

可见，在社会主义法治建设的过程中，虽然湘西苗族处理纠纷的这种方式听起来有些不可思议，效力也值得怀疑，但仍然可以发挥一定的调解作用。

五 语言的变迁

语言是民族文化的基本要素与基本载体。苗族语言属于汉藏语系苗瑶语族苗语支。根据语音、词汇、语法的异同等情况，苗语可分为湘西方言、黔东方言与川黔滇方言三个方言。湘西方言又分为东西两个次方言区：东部次方言包括湖南的泸溪、吉首、古丈县的东部和龙山县的南部；西部次方言包括湖南的花垣、凤凰、保靖、吉首及古丈县的西部，贵州松桃、铜仁、四川的秀山，恩施地区和广西南丹、河池、都安等地。① 百年来，湘西苗族的语言发生了怎样的变迁呢？

（一）民国时期湘西苗族的语言

民国时期湘西地区的苗语呈现出复杂多样的形态。首先，苗语的地域性特征明显。由于苗族大多散布在崇山峻岭之间，封闭的环境阻碍了苗族之间的交往，久而久之，便造成了各地苗语之间的差异。这种在历史上形成的特点在民国时期仍然延续。石启贵指出，各乡苗语大同小异，语音略变，所以苗语中，分铺雄、铺卡、铺列、铺果之别。铺雄又可分为雄人、雄般两种。② 孙家俭也说"……湘西苗人言语虽大致相同，然往往数里之外，其言语即有异处"③。刘锡蕃指出"苗瑶种类不一，言语各异，虽望衡对宇，而情愫不通"④。盛襄子在考察湘西苗疆时对各县苗语区别也进行过评价："……同一苗语中又因地域不同略有区别，如泸溪古苗语吃饭曰'榔核'，就乾保永苗人曰'垅利'。"古丈"苗人无文字，即各地语言，亦不一致，如冲其苗与花苗之语言，即有差别，苗人懂汉语者少，汉人更不易懂苗语"；乾城"苗胞语言与他县大同小异，初听起来，似甚硬滞难懂，话音模糊，但多听几次，却又有条理……"⑤"苗民有语言，无文字，即言语亦不统一。如汉语'没有'二字，苗乡坪垄谓之'脚满'，大兴寨谓之'九没'，马颈坳、谢家岭谓之'就没'（以上四地均在乾城）种种殊异。"⑥

---

①　石启贵：《湘西苗族实地调查报告》，湖南人民出版社 1986 年版，第 571 页。

②　同上书，第 639 页。

③　孙家俭：《湘西的苗人》，载贵州省民族研究所编《民国年间苗族论文集》，1983 年印，第 73 页。

④　刘锡蕃：《苗荒小纪序引》，载贵州省民族研究所编《民国年间苗族论文集》，1983 年印，第 7 页。

⑤　盛襄子：《湘西苗疆之设治及其现状》，载贵州省民族研究所编《民国年间苗族论文集》，1983 年印，第 62 页。

⑥　盛襄子：《湖南之苗瑶》，载贵州省民族研究所编《民国年间苗族论文集》，1983 年印，第 83 页。

其次，湘西各地苗语发展不尽相同。大致可分为三种类型：一是一些地方与汉族交往较为密切，大多数人在保持苗语的同时已通晓汉语，在人际交往中出现"双语"现象。1939年保靖县的调查材料记载："近年来，汉苗两族日见亲近，互通婚娶，数见不鲜。"苗族"语言咿唔缺舌，亘古不变亦多通汉语……文字间有识者，但不普遍"①。二是以凤凰、永绥、乾城三县及其邻近的苗族聚居地为主的原湘西"生苗"区，普遍保持自己的民族语言，仅少数人能通汉语、识汉文。② 三是苗语失传，已普遍通行汉语。新中国建立之初桑植县的调查材料记载，该县上洞街、廖家村、上河溪等地苗族，"语言、风俗习惯已失传，民族感情仍强烈，世代相传自称苗家"。1930年《永顺县志》也记载：永顺县属"白沙、守车、田家、王家等保尚有苗籍，然混合已久，至今均不能作苗语"③。

再次，借鉴汉语词汇的情况较为普遍。民国时期，苗民在与外界交往中，接触到了许多超出他们以前生活经历的东西。对于这些新鲜事物，他们直接借用其汉语名称来表达，如"古无之物如火柴、煤油之类仍用汉音"④，"如感叹语、五金类、电器类，新式交通工具类等，专有各词均与汉人相同"⑤。

（二）20世纪50—70年代湘西苗族语言的状态

1949年以后，国家尊重少数民族语言权利，采取一系列措施来保障少数民族使用和发展自己语言的自由。1952年，政务院会议通过的《中华人民共和国民族区域自治实施纲要》第十五条规定："各民族自治区自治机关得采用一种在其自治区内通用的民族文字，为行使职权的主要工具，对不通用此种文字的民族行使职权时，应同时采用该民族的文字。"第十六条规定："各民族自治区自治机关得采用各民族自己的

---

① 转引自伍新福《湖南民族关系史》（上卷），民族出版社2006年版，第512—513页。
② 伍新福：《湖南民族关系史》（上卷），民族出版社2006年版，第514页。
③ 同上书，第513页。
④ 盛襄子：《湘西苗疆之设治及其现状》，载贵州省民族研究所编《民国年间苗族论文集》，1983年印，第54页。
⑤ 孙家俭：《湘西的苗人》，载贵州省民族研究所编《民国年间苗族论文集》，1983年印，第74页。

语言文字，以发展各民族的文化教育事业。"1954 年，第一届全国人大第一次会议通过的《中华人民共和国宪法》第三条规定："各民族都有使用和发展自己的语言文字的自由。"这些法律充分体现了国家关于民族平等与语言平等的基本精神与原则。不仅如此，国家还设立了专门机构，对民族语言进行研究，培养民族语言研究人才；组建工作队深入民族地区，进行少数民族语言调查。①

　　在此期间，湘西苗族语言得到了飞速发展，人们在生活中不仅可以自由地使用自己的语言，而且随着与汉族的交往日益频繁，许多人能熟练地运用汉语，"双语"现象、"借词"现象在苗乡日益普遍。不过，苗汉语言交流的情况各地不尽相同，一般而言，越靠近城镇的苗寨，汉语使用频率越高；在远离城镇的偏僻山寨，苗语则仍然是最主要的交际工具，能够流利地听说汉语的人不多。即使如此，汉语向苗寨传播、渗透已成明显趋势。

　　1958 年以后，国家的民族语言文字政策和民族语言文字工作受到政治运动的严重影响，某些地方民族语言的使用受到限制。1958 年湘西自治州苗文学校、湖南省民族语言指导委员会等单位被撤销；1959年，在全国少数民族辞书工作会议上，过分强调采用音译的汉语借词的政治作用，贬低和限制了利用本民族语言材料创制新词术语的正常办法，批判所谓"异、分、纯"，否认民族差别的存在及其长期性。"文革"中，国家的民族语言政策受到严重干扰，有些地方禁止少数民族使用自己的语言文字，大量削减民族院校、少数民族语文翻译出版机构。② 这些非常态的国家举措，造成了苗族语言事业的发展停顿。但是，"由于语言是各族历史与传统文化的象征与载体，也是本族成员之间相互认同的重要文化特征，所以也不可避免地寄托着人们对于自身所属族群的历史与文化的深厚感情"③。因此，面对着国家的严厉管制，苗族人民并没有失去对自己语言的护持。在日常的交往中，苗族人民之

---

　　① 金炳镐：《中国共产党民族政策发展史》，中央民族大学出版社 2006 年版，第 333—335 页。

　　② 同上书，第 335—336 页。

　　③ 马戎：《民族社会学——社会学的族群关系研究》，北京大学出版社 2005 年版，第358 页。

间，特别是在苗族的聚集区，还是习惯于使用苗语，对国家的政策"置若罔闻"。在调查中，许多人都谈论到当时的情形：

> 我们住在这山里头，天高皇帝远，哪个来管你讲什么话（语言），我们还是讲苗语，习惯了。（SJH，男，55 岁，吉龙村）
>
> 我们寨子都是苗族，就得讲苗语，你要是装着讲汉语，老人们听到了恼火（生气），要吼（斥责）你，别人也会瞧不起你，说你忘记祖宗了。（LCS，女，52 岁，万溶江村）
>
> 有一次，我从外面回来，和我爸爸讲了几句汉语，我爸爸把我打了一耳巴，警告我在家里不要讲汉语，只能讲苗语。从此以后，我就再也不敢在家里讲了。（YKD，男，58 岁，板栗村）
>
> 汉语我们也需要，像赶场、到城里办事，要和别人交流，讲汉语别人才听得懂。平时生活中，大家都是苗族，互相讲苗语，亲切些，也随便些，再讲汉语，就不太需要了，倒把关系搞僵硬了，显得多此一举。（YGS，男，62 岁，万溶江）

可见，在当时严肃的政治环境之下，苗民依然"我行我素"保持着自己的语言习俗，国家的强行规制并没有完全生效。不仅湘西苗族地区，其他民族地区也存在类似的情况。由于各民族人民对于极左思潮、极左路线进行了各种方式的抵制，加上生活的实际需要，民族语言事业在 20 世纪 70 年代还有所发展。例如，1975 年《中华人民共和国宪法》仍保留有"各民族都有使用自己的语言文字的自由"的条款，一些少数民族文字刊物也相继创刊等。① 这一法律规定从客观上保障了湘西苗族语言的延续与发展。

（三）改革开放以来湘西苗族语言的发展

"文革"之后，国家的民族语言工作逐渐得到恢复，各种语言研究与工作机构开始重建，有关少数民族语言文字的杂志相继创刊，国家也出台了一系列保障民族语言的政策法规。1984 年颁布的《中华人民共

---

① 金炳镐：《中国共产党民族政策发展史》，中央民族大学出版社 2006 年版，第 336 页。

和国民族区域自治法》第十条规定："民族自治地方的自治机关保障本地方各民族都有使用和发展自己的语言文字的自由。"1986 年颁布的《中华人民共和国义务教育法》也规定："招收少数民族学生为主的学校，可以用少数民族通用的语言文字教学。"此外，1991 年《国家民委关于进一步做好少数民族语言文字工作的报告》中也强调民族语言文字平等的原则，保障少数民族使用和发展自己语言文字的自由，并且鼓励各民族互相学习语言文字。[①]

　　国家的政策保障和宽松的政治环境，为湘西苗族语言的发展提供了良好的外部氛围，"双语"运用的现象得到发展。一方面，在现代开放的社会环境中，随着苗汉文化互动日益频繁，学校双语教育的推行，以及现代传媒的影响，苗族中青年以下的人群，均能够较为熟练地使用汉语，与外界交往几乎不存在语言阻碍；另一方面，他们也并未因此放弃自己的语言，苗语在内部交流中仍继续使用，而且还保持着较为浓厚的地方性特色。花垣县辖区内的苗语地域差异明显，存在两个语言"特区"：一是吉卫镇排达坝村一个 60 户人的小寨，讲排料乡方言，而周围寨子却讲吉卫方言；二是龙潭镇大坪村瓦窑湾的 40 多户人家，讲排料乡方言，而离此寨方圆几十里的村寨却全部讲吉卫方言。[②] 这种被称为"田坎两边两种话"的现象，在湘西苗乡普遍存在。这从一个侧面反映出，苗语还继续保持着鲜活而旺盛的生命力。各地苗民们不仅沿袭着本地苗语的传统风格，还能与时俱进地为其语言增添时代因子，使其更具时代特征，从而丰富、发展了自己的语言。

　　以上是从具体的文化事象角度对湘西苗族文化变迁的表征进行了叙述。从这些叙述中，可以纵向寻绎出一百年来，湘西苗族文化沧桑巨变的轨迹如下：

　　1912—1949 年间，是苗族文化历史性延伸期。通过当时的学者，如凌纯声、芮逸夫、石启贵等人的记述，可以清楚地看出，在整个民国时期，湘西苗族文化特色鲜明，文化结构或网络基本上保持完整，文化变迁的进程较为缓慢。

---

　　① 金炳镐：《中国共产党民族政策发展史》，中央民族大学出版社 2006 年版，第 337—340 页。

　　② 花垣县民委、花垣县政协文史委员会编：《花垣苗族》，1993 年印，第 165 页。

1950—1978 年间，是苗族文化的低迷期。新中国成立后，国家组织民族调查，进行民族识别和建立民族区域自治，培养少数民族干部，帮助少数民族创造文字等，充分表明了国家对少数民族政治地位与文化权利的基本尊重。但是，与此同时，为了巩固政权和快速实现现代化的宏大目标，国家通过不断推出的生产运动和政治运动将所有社会单元进行同质化整合。这一过程自然忽略了对湘西苗族文化的继承与发展，特别是在"文革"当中，许多湘西苗族习俗和地方性知识体系被强行取代，导致湘西苗族文化陷入低迷。

1978 年以来，是苗族文化的复兴与创新期。1978 年以来，苗族文化的价值被重新确认，苗族文化表现了复兴之势，出现了新的文化因子，并在新的历史条件下开始了湘西苗族文化现代性的建构。

当然，湘西苗族文化在不同历史时期的发展都有起伏与曲折，有衰落与创新。因此，上述文化变迁的轨迹，只是根据湘西苗族文化变迁在每一阶段的主要特征而进行的一种大致划分。

第三章 "国家在场"对湘西苗族
传统文化变迁的影响

通过前一章的描述可见，湘西苗族文化百年来发生了沧桑巨变。那么，在这一变迁过程中，"国家在场"的历时表现及运作机理是什么样的？本章以百年来国家在苗族社会的出场时间为序，以国家重大话语为分析元素，分析国家在湘西苗族文化百年变迁中的"在场"状态。

一 国民政府的文化同化

民国时期，国民党政府为了建立现代民族—国家，对湘西苗族地区实行文化同化策略，在苗族地区推行主体民族汉族的文化，使苗族成为与汉族同质的文化单位。文化同化策略对苗族文化产生了什么样的影响呢？

(一) 文化同化的动力：建立民族—国家的美好初衷

国民政府为什么要在湘西苗族地区实行文化同化策略？要回答这一问题，离不开对民国时期中华民族所处的内外局势进行分析。在国际局势上，国民政府被卷入两次世界大战，每一次世界大战都是围绕着发达国家在落后国家抢夺势力范围而展开的，可每次大战中国都是作为受欺凌、被侵略的对象出现的。无数次血的教训反复昭示了"落后就要挨打"的铁律。而要改写挨打的命运，必须奋发图强，振兴民族—国家，凭实力赢取和捍卫民族尊严和利益。可当时国内的局势是：没有一个强有力的中央政权，全国四分五裂，分崩离析，军阀混战。这种国内政治格局显然无法完成强国兴邦的历史使命。

国民政府意识到，只有建立现代民族—国家，才能逆转民族运势、攫取合法政权。具体说来：

第一，建立现代民族—国家是实现国家现代化的前提条件。"无论是西方的资本主义民族—国家还是非西方的新民族—国家，都是以确立这个'现代的时代'为号召而奠定其权力基础的。它们共同地把迈向这个时代的历程和手段称为'现代化'。"① 现代化是世界各国的共同追求，而西欧及其海外殖民地的现代化历程之所以能够迅速推进，无不得利于民族—国家的建立。如西班牙和葡萄牙早在 15 世纪末就实现了统一，英、法在 16 世纪建立了统一的中央政权，瑞典也在 16 世纪中叶推翻了丹麦的统治而建立了统一的国家。正因为如此，这些国家在第一次现代化浪潮中独领风骚，"没有民族国家，现代化就不会进行得那么快速"，"法国国内强大的原因之一是因为她的政治现代化——建立了现代民族国家"②。西欧的海外殖民地，如美国、加拿大、澳大利亚、新西兰等，虽然早在独立之前就伴随移民过程而有现代化因素的积累，但其真正走上现代化道路，也是在成功摆脱了宗主国的统治，建立起独立自主的政府之后。

现代民族—国家的建立对于一国现代化的作用主要表现在：其一，政治上的统一是现代化得以展开的前提条件。现代民族—国家的建立有利于克服因分裂与割据造成的混乱与贫弱，建立起有效的中央集权，加强对社会发展的领导核心力。同时也可以清除因集团或区域差异而导致的离心倾向，将原来若干个小的政治共同体整合为一个有机的政治共同体，增强民族—国家的同质性。其二，现代民族—国家的建立有利于经济的发展。统一的民族—国家可以为经济发展创造良好的外部环境；统一的市场及市场规则逐步建立起来，有利于资源在国家层面合理配置，也有利于生产者根据市场需求优化自身的经济活动。其三，现代民族—国家的建立有利于民族凝聚力的提高，在稳定的政治构架内，人们容易形成相似的行为取向和价值观念，产生强烈文化认同感和心理归属感，

① 王铭铭：《国家与社会关系史视野中的中国乡镇政府》，载马戎等主编《中国乡镇组织变迁研究》，华夏出版社 2000 年版，第 55 页。

② ［美］艾恺：《世界范围内的反现代化思潮——论文化守成主义》，贵州人民出版社1991 年版，第 213 页。

成为国家现代化的文化心理基础。①

要建立统一的中央政权，前提之一就是要利用各少数民族地区的资源和优势，结束少数民族各自为政的局面，使之融汇到汉族的发展之中，形成国家整体架构。民国学者盛襄子就提出开发湘西苗族地区的自然资源，为国家的现代化服务的构想。他说："迄七七抗战展开，湘西毗邻国防前线，人力物质，蕴藏均极丰富，重以山岭绵亘，地势实居湖南之顶脊，为抗战首都的拱门。"实际上，政府也将湘西的发展纳入整体发展之中，"'安定湘西'、'开发湘西'实为目前重要课题。客岁第三次国民参政会已通过鄂、湘、川、黔四省边区'提高文化'，'开发生产'等专案，中央及省正在积极策划推进，则不久的将来，湘西必将成为抗战建国之宝库，民族复兴的源泉，面目一新，必远非今日所可企及者"。"迩者抗战逼近胜利关头，后方各次建设工作蓬蓬勃勃，正在加速进展，苗乡民俗淳良，物质丰富，亟待振兴，国父三民主义的民族政策，由中央设立开发湘西建设湘西统一机构，负责主持，教化苗夷，发展生产，不特使此百万边胞能迅速的现代化，变成国家复兴之有力干部，即战后遣散归农之兵员亦可得一合理之安置，则目前贫瘠不毛之湘西，他日必蔚为富庶康庄之乐土。"②

第二，建立现代民族—国家能够激发国民的国家意识与民族主义情绪，防止分裂，抵御外侵。国家观念在中国人心目中较为淡薄与模糊，近现代学者或政治家如梁启超、孙中山、梁漱溟等都对此有过论述。如梁漱溟就认为近代中国不像一个国家，表现为：其一，缺少国家应有的功能。政治上表现出来的是消极无为，"历代相传，'不扰民'是其最大信条，'政简刑清'是其最高理想。……老百姓与官府之间的交涉，亦只有纳粮、涉讼两端。河北省民间谚语，说'交了粮，自在王'，意思是：完过钱粮，官府就再管不到我（亦更无其他管制），至于讼事，你不诉官，官是不来问你的"。"古传'日出而作，日入而息；耕田而食，凿井而饮；帝力何有于我哉！'或出文人想像，未必实有此谣。然

---

① 吴忠民、刘祖云主编：《发展社会学》，高等教育出版社 2002 年版，第 28—29 页。

② 盛襄子：《湘西苗疆之治法及其现状》，载贵州省民族研究所编《民国年间苗族论文集》，1983 年印，第 71 页。

而太平有道之世，国与民更仿佛两相忘，则是中国实情。"其二，缺乏国际对抗性，表现为：疏于国防，国情不清，"户籍地籍一切国势调查，中国自己通统说不清。这原本是国际对抗的本钱家当，时时要算计检讨，时时要策划扩充的。自家竟然一切不如清理，足见其无心于此"。此外，重文轻武，民不习兵，几为"无兵之国"。其三，"天下"观掩盖"国家"观。"像西洋人那样明且强的国家意识，像西洋人那样明且强的阶级意识（这是与国家意识相应不离的），像他们那样明且强的种族意识（这是先乎国家意识而仍以类相从者），在我们没有。中国人心目中所有者，近者身家，远则天下；此外便多半轻忽了。"①

而要抵御帝国主义的侵略，亟须唤起广大民众的国家意识、民族忧患意识和民族主义情绪。少数民族是抵御强敌和推进国家现代化的重要力量，可由于他们长期游离于中央政权管辖之外，只有本民族意识而缺乏国家观念。盛襄子考察湘西苗族地区时，发现凤凰县"惜彼辈昧于民族国家观念，如征兵一项，即有多数逃避，保甲不敢催索，征兵要政，过去在苗区毫无推进办法"②；泸溪县苗民"不惧国法，缺乏民族国家思想"③。少数民族国家观念淡薄，很易受外界利诱而发生暴动，造成国家分裂的可怕结局。

对此，皮自脔不无忧虑，他说："虽然，他们（苗族）是与时代背走了而遗弃化外的民族，但在今日边地风云日亟的时候，总理遗示各民族一律平等的口号中，我们与满、蒙、藏、回民族互相提携之余，不能不忆及穷山溪洞的民族。……我们先进的民族有提携他们的义务，是责无旁贷。尤其现在环绕我们待哺的帝国主义，作一步再一步的侵略，内乱像怒涛一层一层推来，我们更有提携的必要。何以呢？他们虽然是时代部落徘徊现社会的民族，但是他们传统的民族性，没有被其他民族同化过，一定是永远存留他们脑海中的，他们既留存民族的观念，而又过着原始时代的生活，必定是很容易被外界诱惑和欺骗的。试看频年来的东北沦陷，南疆的独立，滇南的暴动，何一不是受着外界的诱惑和欺

---

① 梁漱溟：《中国文化要义》，上海世纪出版集团 2005 年版，第 140—145 页。
② 盛襄子：《湘西苗疆之政治及其现状》，载贵州省民族研究所编《民国年间苗族论文集》，1983 年印，第 58 页。
③ 同上书，第 66 页。

骗而带着民族的彩色呢？……即以去年滇南葫芦王国金银矿事，和湘、桂边境苗人暴动事来证明，葫芦王国在滇南未定界线与英属缅甸毗连，蕴藏金银矿质甚多，英人藉口界物，诱惑班洪将野山地葫芦地为所欲为的占领。又欲在滇南取得侵华的根据地，以控制法、日在华势力，成一犄角形。"①

因此，当国家处于危机之时，激发苗族及其他少数民族的国家观念，驱使他们为国家出力迫在眉睫。"现在我们的国家，是正当强邻逼处，危机四伏的时候，凡我国民，都当有所觉悟，一致团结，共同奋斗，以求国家的生存，境内这些弱小民族，总共计算起来，实在不能说是小数，且其人多具勇敢善战，舍己为公的精神，则我辈当如何促醒他们的国家观念，大家实行合作起来，组织他们，训练他们，使成一健强的分子呢。"②

第三，建立现代民族—国家能够树立政府权威和巩固政权建设。因为民族—国家要求"在固定的疆域内享有至高无上的主权，建立一个可以把政令有效地贯彻至国境内各个角落和社会各个阶层的行政体系……还要求国民对国家整体必须有忠贞不渝的认同感"。国民政府的政治意愿是不言而喻的，即试图通过建构民族—国家，来突出国民党的整合作用与治理能力，不仅希望消弭与国内各个党派在政治观念与意识形态上的分歧与冲突，而且也希望对具有不同历史文化传统的地区和人民进行内部绥靖，从而"建立起统一的中央权力机构，通过统一的法律制度，将其地域上所有的人都纳入其司法行政统辖之下，使之结成了与以往的族裔文化集团不同的利害相系、命运与共的政治共同体，成为世界体系中的一个相对独立的政治单元"③。在这个共同体内，国家治理便化约为民族内部的利益分享，在行政效能上达到边际效用的最大化和行政效率的最优化。

---

① 皮自膴：《穷山溪洞中苗族的生活》，载贵州省民族研究所编《民国年间苗族论文集》，1983年印，第169页。

② 林名均：《川苗概况》，载贵州省民族研究所编《民国年间苗族论文集》，1983年印，第90页。

③ 王建娥、陈建樾等：《族际政治与现代民族国家》，社会科学文献出版社2004年版，第57页。

(二) 文化同化政策的具体举措

1. 实行风俗调查、改良与新生活运动

为了实现文化同化的目标，20世纪30年代，民国政府内政部发起了一场全国性的风俗调查与陋俗改良活动，内容包括：调查各地生活状况、社会习尚、婚嫁情形和丧葬情形；调查淫祠邪祀，颁布神祠存废标准；调查办理禁止男子蓄辫、妇女缠足以及废除卜筮星相巫觋堪舆情形；推行服制条例，取缔奇装异服；取缔经营迷信用品业；禁止蓄奴养婢；废除旧历，普用国历；等等。对于少数民族地区，内政部于1929年12月制定了"土司调查表"及"现在盟旗及其他特殊组织调查表"对少数民族进行调查。而这次风俗调查是对少数民族一系列调查的完善与补充。[①] 风俗调查为后来制定风俗改良办法提供了依据。

1934年2月，蒋介石发表了《新生活运动之要义》，由此拉开了新生活运动的序幕。"新生活运动"的主要内容包括：以"礼义廉耻"为中心准则，从改造国民的"食衣住行"等日常生活着手。食要求"食具须净，食物须洁"；衣要求"洗净宜勤，缝补残破"，"拔上鞋根，扣齐纽扣"；住要求"和洽邻里，同谋公益"；行要求"乘车搭船，上落莫挤，先让妇孺，老弱扶持"。各方面均以"整齐、清洁、简单、朴素、迅速、确定"为具体标准，其追求的目标是"三化"，即"提倡'礼义廉耻'使反乎粗野卑陋之行为，求国民生活之艺术化"，"提倡'礼义廉耻'使反乎争盗窃乞之行为，求国民生活之生产化"，"提倡'礼义廉耻'使反乎乱邪昏懦之行为，求国民生活之军事化"[②]。这次运动共持续十五年，其范围几乎波及全国。蒋介石认为，进行风俗改良活动对于统一人们的意志十分重要，要复兴一个国家与民族，不是用武力所能奏效的，要想取得成功，就要使一般国民具有国民道德与国民知识，要从衣食住行入手来提高国民知识道德，化野蛮为文明。

这些调查与运动，在移风易俗、树立新风和维护社会秩序方面起到

---

① 严昌洪：《20世纪中国社会生活变迁史》，人民出版社2007年版，第492—493页。

② 严昌洪：《晚清民国时期社会风俗的变迁》，载周积明、宋德金主编《中国社会史论》（下卷），湖北教育出版社2000年版。

了一定的作用。国民政府之所以进行这样的活动，是希望借此扩大国家的行政力量，实现对地方政府的支配和对民众生活的干预，进行社会整合和控制，建立新的社会秩序与道德规范，完成民族—国家所要求的文化同质化的目标。

民国政府的文化同化理念以及为此而发动的风俗调查、改良陋习活动以及新生活运动，得到了当时部分知识分子的认同与积极响应，他们以政府改良规划为参照，来检查苗族中的生活陋俗，呼吁对此进行改良。例如，王建明就罗列出西南苗民缺乏卫生的多种表现：

> 苗人卫生，向来不知注意，死亡率也因之而高，此由于知识太简，不知卫生为何物之所致。……
>
> 苗族衣服，无季节之别，每着一件，必至褴褛不能适时，甚至此件衣服多年无换洗刷者。
>
> 苗人洗脸甚为简单，水亦甚少，不能尽除污物，洗盥器皿，多为一长木槽，且此木槽除洗盥之外，尚用以喂犬，有碍于卫生者甚大，望负责各地苗人教育者，对此，务须加以彻底改判。
>
> 苗人煮水洗足甚难，非有客至难用热水，因苗人多为农户，农事毕，即在外面河水洗净，然后回家。
>
> 苗的碗筷，常缺洗刷，即用以食，筷子亦不修齐，便使用。……①

邱纪风在对滇黔边境苗胞进行考察之后，针对苗民的生活习俗提出改进建议："衣的方面，改良栽麻及纺织方法，使大家有适当的衣服穿，而式样亦当仿汉人者改良；食的方面，改良种子，改良家畜，增加副产业，使有适当的饭吃；住的方面，改良人畜同居、修窗等，以讲究一般住的卫生为原则；行的方面，实行模范村制度，派员往各村宣传，使大家明了其意义，如五年后成绩特别优良者，予以奖励，在此五年内本村寨到他村寨之道路，由各村自动修筑之。习俗方面，不良风俗习

---

① 王建明：《西南苗民的社会形态》，载贵州省民族研究所编《民国年间苗族论文集》，1983 年印，第 199—200 页。

惯……一律取消,并实行改装,取缔花衣服裙子,极力模仿汉人的优良风俗习惯……"[1];在公民教育上,"须依据中华国民为一整个国家之理论,以阐发爱国精神,泯地域观念,与狭隘的民族观念所生之隔阂,随时引进新生活规律及内地富有普遍之善良礼俗与边地礼俗比较,并说明其利弊以改善边地现有之习俗"[2]。

对于湘西苗族的生活习俗改革,盛襄子提出"应对苗民陋俗的改良特别注意,务使他们有爱整齐清洁的习惯,而不流于淫乱迷信的恶俗"[3]。在如何治理湘西苗疆问题上,石启贵也主张要劝导改良猪、牛椎祭;提倡苗民通习汉语;严禁巫医和仙姑搞迷信活动,妄造空气,致酿社会无端纠纷;改善苗民环境生活。[4] 此外,石启贵等人在1936年向湖南省政府呈送的《湘西苗民文化经济建设方案》中也提出类似改良苗民生活的建议:劝导苗民废止椎牛、椎猪等祭;劝导苗民学习汉语;劝导苗族废止婚丧不良习惯;劝导苗族废除不当娱乐。[5] 可见,在苗族地区实行改良运动,已成为当时知识分子的强烈意愿。

针对湘西苗族地区的调查情况,政府也采取了一系列措施来实施生活改良运动,这些措施主要包括:

(1)改变苗族称呼

1939年8月,国民政府颁布了"渝字四七〇号训令",试图改变少数民族的名称,以此消除民族之间的歧视:

> 查我国民族,文化血统,混合已久,不能强为分析。历史记载,斑斑可考。后因辗转迁移,环境悬殊,交通隔绝,语言风习,遂生歧异。在专制时代,对于边疆同胞,视为附庸化外,实行其割裂封锁之政策。民国以来,国人复受敌方恶意宣传,在心理上已遗留本国内有若干不同民族之错误观念……即以西南边地同胞而论,

---

① 邱纪风:《滇黔边境苗胞教育之研究》,载贵州省民族研究所编《民国年间苗族论文集》,1983年印,第234页。

② 同上书,第238页。

③ 盛襄子:《湖南之苗瑶》,载贵州省民族研究所编《民国年间苗族论文集》,1983年印,第84页。

④ 石启贵:《湘西苗族实地调查报告》,湖南人民出版社1986年版,第669—670页。

⑤ 同上书,第675页。

竟有二百余种不同之名称。广西省政府虽曾将"猺、獞、猓"等
字，改为"傜、僮、倮"等，以示平等。但不同民族之痕迹，仍未
泯除。若专为历史及科学研究便利起见，固不妨照广西省前例，将
含有侮辱之名词，一律予以改订。而普通文告，及著作品、宣传品
等，对于边疆同胞之谓，应以地域为区分，如内地人所称某某省、
县人等。如此，则原籍蒙古地方者，可称为蒙古人；原籍西藏地方
者，可称为西藏人。其他杂居各省边僻地方、文化差异之同胞……
照内地人分为城市人、乡村人之习惯，特为某某省边地或边县人
民，以尽量减少分化民族之称谓。

在国民党中央政府、全国各地的官方文件、公开宣传品中，也开始
使用"边地人民"、"边县人民"、"边民"、"边胞"等词，称呼分布于
湘西和西南地区少数民族，以此强调中国民族的统一性，反对民族的割
裂与分化。

除将少数民族改称为"边民"、"边胞"等之外，在国民党政府的
文件中，常使用"土著民族"一词。例如，1939 年国民政府民政部
"渝民字第〇〇一六九二号代电"写道："关于各省土著民族政治教育
实施近况，有无新订办法，推行是否有效，本部亟待明瞭……"同年
10 月 13 日，湖南省政府主席薛岳回复的电文也称："查湘西土著民族，
为古三苗之裔，散处于乾城、凤凰、古丈、永绥、保靖等县之间，不下
二十余万。"这里所称的"土著民族"，实际上是指湘西苗族。电文是
由省教育厅起草的，原稿使用的仍是"苗民"、"苗人"、"苗夷民"、
"苗区"和"苗疆"等词，但省政府在对原稿进行修订时，均用墨笔涂
改成"土著民族"和"边区"，以示响应民国政府的号召。① 国民政府
改变少数民族的称呼，是希望将中国不同的少数民族归化于汉族范围之
内，消除少数民族的概念，化解民族冲突与纷争，实现国家的统一
团结。

国民政府改换苗族名称的做法并不能从根本上消除民族文化的差异
与心理隔阂，石启贵说："而今往往重形式，中央政府力谋苗、汉融成

---

① 伍新福：《湖南民族关系史》（上卷），民族出版社 2006 年版，第 417—418 页。

一片，以为'苗'字意义欠佳，呼之令人发生反响，一改为特种部族，再改定为土著民族。名称之审酌，故属要图。而地位之提高，尤为重要。若能以其文化经济，积极倡导，努力推进，促与汉族平头地位，知识生活环境同等，未有尊卑轩轾之别，向存隔阂，无形中自然消除矣。"① 仅有改变苗族称谓的形式改变，而没有提高苗族地位的实质举措，苗族与他民族的隔阂就不可能打破。

（2）进行社会调查

20 世纪 30 年代初，在国民政府的号召下，湖南省也开始对各地民族社会进行调查。1931 年 7 月，湖南省政府民政厅委托"和济印刷公司"代印了《湖南各县调查笔记》，其中就记载有湘西凤凰和湖南其他地区苗族、瑶族的源流变迁、支系区别、语言风俗等。1933 年又编印了《湖南全省社会调查》，其中的《民情风俗》篇，较为详细地记述了苗族的风俗情况，包括"苗区"、"苗疆"考，"苗姓"、"生活"、"教育"、"耕作"、"教育"、"苗性"、"婚嫁"、"丧葬"、"报赛"和"祭祀"等内容。

1936 年前后，湖南省政府又进行过一次"土著民族"状况调查。石启贵被委任为省参议，专事湘西土著民族的考察工作，调查区域包括保靖、古丈、乾城、永绥、凤凰、泸溪等 27 县的苗族、瑶族和侗族地区，调查内容包括"每年宗教上重要集会"、"有无自卫组织及其武器"、"本族内或与汉族发生纠纷如何解决"和"特殊习俗"四个方面。

1938 年 5 月，国民政府内政部发出"密咨"，为了社会安定与抗战需要，要求对西南各省"苗夷等族"进行调查。1939 年 2 月，内政部再次发出"密咨"，催促湖南及西南各省政府，上报"苗夷民族"调查材料。湖南省收到"密咨"后，便立即着手进行了相关调查，并于1939 年 7 月向内政部"检送"乾城、凤凰、古丈、保靖、永绥、常宁 6个县的《西南民族调查表》。同年 8 月，内政部专向湖南省发出"密咨"，指示除上述 6 县外，"希转饬其余有关各县政府，从速填报汇转备查。如其余未报告县均无此类民族聚居，并请注明见复"。9 月，时

---

① 石启贵：《湘西苗族实地调查报告》，湖南人民出版社 1986 年版，第 210 页。

任湖南省政府主席薛岳签发"密咨"，答复国民政府民政部："查此类民族，自前清嘉庆二年改土归流以后，即日渐减少。其散居本省境内者，现仅乾、凤、古、绥、保5县。至住常宁者系属徭族，数亦无多，然为此类民族之一种，自应一并编列。其他各县，夙未居有此类民族。"可见，当时湖南政府对湘西苗族进行过调查。①

（3）对苗族生活习俗进行干预

在改良风俗运动中，各地政府希望快速消除民族畛域，达到文化同化的目的，曾对苗族等少数民族的风俗进行直接干预。1933年10月，通道县政府设立"改良夷民风俗委员会"，并特别组织"钩裙队"、"剪发队"，不准侗族妇女穿裙，强迫侗族男子剪发，禁止椎髻。在贵州，1945年至1946年，杨森曾在全省范围内，动用军事行政手段，进行强制性的民族同化，"要下最大决心"，"不让一个民族有不同的服装、文字、语言"，"要以快刀斩乱麻的手段"铲除一切民族特征，要在"几年之内，使贵州听不到悬殊语言，看不到奇异的服装，找不到各族相互间的界限"②。当时文化同化政策的强制性可见一斑。

强行措施在湘西苗族地区也有推行。1929年保靖县政府在4—5月份的《政治工作报告表》记载有："县长范金于民国十八年四月二十日，出巡至夯沙坪（苗区）"，认为"县属七乡多苗徭，风俗亟待研究改良"。于是县政府下文："禁止苗语"，"责令该乡主任、保董提倡汉语，禁止苗语"；"禁止苗俗"，"如从前之唱歌成婚、妇女招夫，概行明令禁止"。8月，保靖县政府成立"苗民风土生活情形研究会"。9月，又规定禁止唱歌成婚、"人死后浅土埋葬"等习俗。而在"十一月政治报告"中又称，遵照湖南省民政厅命令，"取缔奇装异服"，禁止捆帕，"苗俗之花彩衣缘"等亦"从严禁止"。1935年，县长李华汉再次下文"改革苗民风俗"，认为"属县苗民，习尚野蛮"，"亟应"改良。1941年，凤凰县政府通过《第二届全县行政会议决议案》，其中"汉、苗同化案"规定：今后"如再有戴金银首饰者，概行没收之；衣裳仍滚花边条，鞋面绣花者，即予扯去；包头习惯逐渐劝导，改为便

① 伍新福：《湖南民族关系史》（上卷），民族出版社2006年版，第419—421页
② 《苗族简史》编写组：《苗族简史》，贵州民族出版社1985年版，第246页。

帽"等。①

国民政府所采取的一系列行动，如各地民俗调查、改良运动等，如同"国家仪式的表演"，表明了国家的立场与意图，体现了国家改造社会的决心，向民众传递了科学、时尚、文明、现代化等信息。对于运动的积极作用，学者们有过大量的评论，观点包括：风俗改良的举措虽带有控制民众言行、维持社会稳定的政治目的，但是它鲜明地展示了民族—国家对其人民公民化改造；② 风俗改良为改造粗陋风俗，建立新的社会秩序与道德规范提供了依据，"也是国民政府推动社会现代化进程的一种重要尝试"，"国民政府在那几年里为取缔缠足与蓄辫、禁止蓄奴养婢、改革婚丧礼仪、废除卜筮星相与巫觋堪舆等迷信，做了大量工作，直到'新生活运动'的开展，均显示了实现社会现代化的意向"。③ 风俗改良促进了恶风陋俗的减杀或衰微，对于社会风气的转变起到了积极作用。④ 新生活运动作为改良社会风气的宣传运动，时间之长，范围之广，涉及问题之多，不能不对广大民众的思想言行产生影响。从移风易俗的角度看，这场运动在改革礼仪、改良公德、摈弃恶俗、树立新风等方面确实是取得了某些成效的。对于国民政府实施的运动，湘西苗族人们是如何看待和如何反应的，由于资料缺乏，我们不能妄断。但是，它对湘西苗族价值观念的震荡与冲击是不言而喻的。

2. 提倡国民教育

清末民初，湘西苗族地区旧的义学停办，私塾被严厉禁止开办，"虽有少数富人，创办家庭教育，然子弟就学者，寥若天上之辰星。以为就学无出路，不能振奋进取精神，只求稍识文约字据以为满足。以故苗族之子弟，转变上古之愚民，观察社会，略识初浅文字者，不过千分之三四，文理清顺通达国家政务者，万难选一也。至于女子识字尤少"⑤。而推行教育历来是中央政府对少数民族进行驯化、改造的主要

---

① 伍新福：《湖南民族关系史》（上卷），民族出版社 2006 年版，第 425 页。
② 王铭铭：《国家与社会关系视野中的中国乡镇政府》，载马戎等主编《中国乡镇组织变迁研究》，华夏出版社 2000 年版。
③ 严昌洪：《晚清民国时期社会风俗的变迁》，载周积明、宋德金主编《中国社会史论》（下卷），湖北教育出版社 2000 年版。
④ 严昌洪：《20 世纪中国社会生活变迁史》，人民出版社 2007 年版，第 504 页。
⑤ 石启贵：《湘西苗族实地调查报告》，湖南人民出版社 1986 年版，第 216 页。

方式，而清末民初国民教育体制的缺失，严重影响了主流文化向湘西苗区的宣扬与传播，致使"男女思想，浑浑噩噩"①，无法完成文化同化的目的。鉴于这种情形，国民政府开始关注湘西苗族地区的教育问题，发展学校教育，以期为湘西苗族传播现代知识、现代价值与汉文化，使苗族人们接受现代思潮的洗礼，从而摒弃旧有习俗与传统，使之同化于汉族，成为"能生产能爱国能卫生的新国民"②。

在凤凰县，1922 年全县有国民初级小学 32 所，其中有 10 所设于苗乡，共有学生 1830 人。1923 年在县城建成第一小学，招收苗、汉各族学生百余人。1928 年，在得胜营（今吉信镇）增设女子小学 1 所，1929 年又设县立模范小学。1940 年秋，全县开始实施国民教育，在 17 个乡（镇）各设中心学校 1 所。至 1941 年下期，全县共有中心学校 17 所，国民学校 143 所，在籍学生 9912 人。此外，还先后创办了 4 所私立小学。为了解决师资来源，1941 年创办了凤凰县立简易乡村师范学校。在中学教育方面，民国初年，将清末设立的凤、乾、永、晃四厅中学堂改为湖南省立第十二联合中学，1926 年因兵燹、水旱灾害而停办。1944 年，湘乡县私立中华中学为逃避日寇，迁到凤凰办学，有学生一百余人，抗战胜利后迁回原籍。中华人民共和国建立前夕，由于社会动乱不安，教师待遇也无法落实，全县大多数学校相继停课。据 1949 年年底统计，凤凰县未停课的小学只有 25 所，在校学生仅 2569 人。其他如永绥、乾城诸县，情况也大体如此。③

1929 年以后，国民党政府开始注重"边教"工作，中央设置"边教"机构，创办了蒙藏学校。此后，各级学校在西南边疆各省逐渐兴办。在湘西，1936 年，石宏规、刘佛林、石启贵、龙达三、龙辑五等人向湖南省政府提交了《湘西苗民文化经济建设方案》，建议改良苗民待遇，推广教育。同年 7 月 3 日，这一方案在湖南省政府委员会第六百七十一次常务会议上通过，并做出指示要求"交湘西苗防屯务处主办，并由义务教育项拨银三万元，办理苗疆义务教育及师资训练。……"同

---

① 石启贵：《湘西苗族实地调查报告》，湖南人民出版社 1986 年版，第 215 页。
② 邱纪风：《滇黔边境苗胞教育之研究》，载贵州省民族研究所编《民国年间苗族论文集》，1983 年印，第 238 页。
③ 伍新福：《湖南民族关系史》（上卷），民族出版社 2006 年版，第 490 页。

年 11 月，省教育厅在乾城县所里抚溪书院，创办了特区师资训练所，并以该所培养的师资，来设立苗区小学。1937 年下期，在永绥、凤凰、乾城、保靖、泸溪、古丈、麻阳 7 县，开办短期小学 96 个班，专收苗族子弟。1939 年，增办短期小学 64 个班，共 160 个班。据初步统计，当时湘西七县开办的短期小学与特小的数量分别为：

永绥县，1939 年办有短期小学 32 所，48 个苗生班；

凤凰县，1939 年设短期小学 46 个苗生班；

乾城县，1939 年设短期小学 46 所，苗生 1400 人；

保靖县，1939 年设特小 19 所，苗民自办保校 7 所，乡完全小学 1 所，1940 年又增办特小义校 18 个班，苗生约 700 人；

古丈县，1939 年设特区短期小学 6 所，保小 2 所，苗民自办小学 2 所，1940 年特区短期小学扩为 10 个班；

泸溪县，1939 年设短期小学 9 所，15 个班；

麻阳县，1939 年办短期小学 7 个班。

1940 年，湖南省政府规定各县国民教育进行补助，除依人口比例分配外，另在总数内提出 5% 专补有苗族聚居的各县，在偏僻苗寨开始创办初小，各乡设中心学校。例如，

永绥县，1941 年设立中心小学 13 所、国民学校 118 所；

乾城县，有中心小学 9 所、国民学校 80 所，学生有 5063 人；

保靖县，设中心小学 12 所、国民学校 79 所，学生有 5439 人。

1943 年，为开发边远地区文化，湖南省政府拨款 100 万元，在湖南省边区设立了三所边区小学，其中有两所在湘西永绥县的吉卫和凤凰县的黄丝桥，专招苗族子弟。边区小学办学条件优越，教学质量也较高，成为民国时期湘西苗族地区教育事业发展的亮点，至新中国建立前夕，吉卫边小教职员工增加到 22 人，在校学生 330 人；黄丝桥边小发展到 16 个班，在校生 400 多人。

除了大量开设小学外，湘西地区又积极兴办师范学校，除创办了凤凰简易乡村师范外，还建有茶洞师范学校、湖南省立第八师范学校、湖南省立第九师范学校、永绥县立初级中学附设简易师范班。20 世纪 30 年代，湖南省立第八中学、湖南省立屯区各县联立中学、永绥县立初级中学、保靖县立初级中学、私立贞信女子初级中学、国立八中相继创

立，带动了湘西苗族地区的中学教育事业。另外，民国时期，湘西苗族地区也曾出现过高等教育。1938 年 8 月，江苏省商业银行专科学校迁至所里，第二年改名为江苏省商业专科学校，1942 年 8 月，改称国立商学院，1946 年并入湖南大学。

（三）文化同化的实施效果

如前所述，国民政府实施文化同化的策略，虽然在一定程度上推动了湘西苗族地区的经济与社会发展，促进了湘西苗族的文化变迁。但是由于种种原因，总体来看，文化同化的一系列举措最终并没有收到理想的成效，甚至出现了偏离目标的现象。表现在：

第一，文化歧视依然严重。如前所述，文化同化的实质就是文化的汉族主义，强调汉族文化的示范性，将汉族文化视为其他少数民族文化发展的标向，这在一定程度上助长了一些汉人的文化优越感，视苗族文化为低下文化，并在很多场合中都表现出文化歧视的态度。对此，石启贵曾有这样的记述："同乡共里，情感不融，毗邻居处，漠不关心。是以便成苗汉不通婚，情理无往来。间有汉娶苗妇，情必特殊，实非正式婚姻可比。汉嫁苗族者，亦属同样之情形。从未有门户相当，资望同等，开一新婚纪元也。纵有情礼往来者，多属一般慕势之徒，义交极少。平时言语，甚为歧视。凡见丑陋之物件，动辄以'苗'为比拟。如粗碗粗筷，汉人谓之'苗碗苗筷'。品貌不美，汉人谓之'苗相苗形'。不仅出于轻言，实乃有心形容。优秀汉人，于此尚能取方就圆。而无知下流，肆意诋毁，以为能事。一遇纠纷，概以'苗'为冠词。……住所简陋，亦呼'苗房'。衣裳臭汗，多称'苗气'。甚有苗胞不谙汉语，出言略带苗音者，往往就为汉人轻视。甚至再学带苗音之话，故意形容而讥之。……此种无端讽刺言语，在汉人视之，以为得意洋洋，兴高采烈。实则言此，胜于刀斧伤人，顿时大怒生心；比骂亲母尤愤。……汉人呼以骂人者，无非形容苗人身份低下，生活艰窘，知识愚拙。一切落后于汉人也。"[1]

一些汉人的恶劣行为，不仅显露出对苗族文化的鄙视与戏弄，而且

---

[1]　石启贵：《湘西苗族实地调查报告》，湖南人民出版社 1986 年版，第 207 页。

还由此滋生了苗汉之间误会与冲突。例如，苗族尊称大姐为婀娅，可是每当听到汉人叫婀娅时，对方"非但不应，而且大起恶感"。究其缘由，是"以往常有流浪之汉族青年，惯奔走于苗妇之间，施以谑戏，随意揩油。一见妇女，即呼'婀娅'。如其应之，彼等即乘隙取巧靠近，初以言语戏调，继以非礼之妄为。深山僻处，渺无人踪，过去苗族妇女，污受桑间之辱者不少。辄有强悍之妇女，遇此种秽行发生，为自卫计，往往逞凶，持刀斫人，后果全不顾也。苗族一般妇女，于此具有深刻印象，惜乎自己身无判辨能力，复不留心加以考察。遇有优秀之汉人，善意呼之，亦以认为轻佻败类。其误会之意旨深矣"①。

对此，石启贵曾感叹道："我总理孙中山先生，前创三民主义，重视民族一律平等。务使各族一致站立水平线上，同为中华民族，同享国家权利也。之所以如此爱护，无非引起其热烈向上之心，而坚定其勇跃归化之志，共趋结合，融合整个民族于一炉。但今边区三民主义尚未普及，民族歧视仍极严重。"②

第二，教育事业由兴而衰。民国政府曾一度重视过对湘西苗族文化教育等方面的投入与改造，企图以内地汉族教育模式改造苗族人们的思想观念与精神状态，使之"汉化"，跟上时代的潮流，享受国家赋予他们的文化权利，培养他们的"公民意识"和"国家责任感"。但是，由于政府缺少诚意，时间短促，推行的教育措施难以实施。抗战结束后，国民党政府就寻找借口，认为湖南省"苗族多已汉化，教育已相当普及，此后已无办理边教之必要"，停止了特区教育补助费。至1945年，永绥县教师没有得到薪金，学校时办时辍，乾城县苗区只剩下中心学校一所，学生42人。③至1949年前后，因匪患连年，地方不靖，学校大多停办，凋敝荒芜。因此，从整体上讲，湘西苗族的教育水平并没有明显的改观。

（四）文化同化失效的原因

国民政府对苗族地区进行文化同化的努力，是现代化背景下国家或

---

① 石启贵：《湘西苗族实地调查报告》，湖南人民出版社1986年版，第208页。
② 同上书，第207页。
③ 同上书，第218页。

政权力量对湘西苗族文化的干预，客观上为闭塞的苗族文化带来一些新的文化因子或价值观念，对湘西苗族传统文化产生了一定的冲击，但从整体上来看，文化同化没有达致政府改善和提高苗族文化的初衷。之所以出现同化失效的结局，原因十分复杂。具体而言：

第一，西方民族—国家模式不适合中国国情。毋庸置疑，中国在20世纪初已被卷进了现代民族—国家的建构之中，但是民族—国家的国家模式产生于欧美，它的核心意义主要是"一个民族一个国家"。国民政府照搬这一国家模式，却忽略了中国的经验与传统。朱伦曾就中国与西欧进行过对比研究。他认为，在政治经验上，中国历经元、明、清三代王朝，彻底巩固了中原一统天下，周边少数民族也以归属中原为主流，而不像西欧那样开始走向建立国民—国家的道路；在对族体差别的认识上，"四海之内皆兄弟"思想占据主导地位，在这种思想影响下，中国的族际互动关系并不以族类和文化判别为界，而是以超越族际界线的地域统一为特征，中国的族际互动关系也不像西欧那样过于民众化和全民化；在族体利益的实现途径或保障方式上，西欧人追求以独立的国家形式来保证族体利益，由此形成了国民—国家的理念，并将其上升为一种民族主义古典理论，中国各族人民则相反，形成了多民族国家的理念。此外，在对族体本身性质的认识上，西方人有"部落"、"人民"、"国民"、"族群"等族体概念的划分，而中国古代没有对各种族体进行定性分析的习惯，20世纪初以后才以"民族"一词概括之。西方有族体概念之分，主要是根据其社会—政体特征确定的，而中国人没有或淡于对族体概念进行划分，因为我们主要习惯于从语言—文化角度看问题，不大重视从社会组织和政治特征上来区分与界定族体。[①] 因此，欧美"民族—国家"模式忽略了中国是一个多民族国家以及中华民族的多元一体格局这一历史事实。

欧美"民族—国家"模式采用的是内部绥靖的策略，将主体文化、行政力量、意识形态对基层进行全面而彻底的渗透，表达的是对国家同质性的追求，"在现代世界体系下，国家与文化是联系在一起的。国家

---

① 王建娥、陈建樾等：《族际政治与现代民族国家》，社会科学文献出版社2004年版，第276—279页。

是权利和政治合法性的来源。国家不仅是惟一可以'合法垄断暴力工具'的权力机构，也是合法教育的垄断机构。在欧洲历史上，一些民族国家在建立自己在疆域内独一无二的政治权威的同时，不仅使用各种暴力手段来追求国家内部的观念一致和道德统一，还通过对合法教育的垄断，把一种官方语言、文化、宗教和政治意识形态强制性地灌输给它的人民。……西欧现代民族国家自其产生之日起，就一直试图通过暴力排斥和教育垄断的手段，实现国民和文化的'均质化'"①。"民族中心主义是'民族国家'的主导思想……在'民族国家'内，应由人口占多数的大民族主宰一切，其他小民族必须听从大民族的支配，在文化上、语言上要接受同化，最终放弃本民族的文化，融入主体民族社会。"②

民国政府在追求欧美式的民族—国家理念时，对国内少数民族的文化同化策略带有明显的汉族中心主义的色彩与倾向，在教育、习俗、民族意识等各个方面都以主体民族汉族为标准，其主要意向就是要将少数民族同化于汉族，使之"汉化"，以此达到平等的目标。虽然孙中山提出"五族共和"的观念，但是在很长时期内，他也曾是汉族中心论者。1921年，他在广州的一次名为《三民主义之具体办法》的讲演中，就提出"我们在今日讲中国的民族主义，不能笼统讲五族的民族主义，应该讲汉族的民族主义。……拿汉族来做中心，使满、蒙、回、藏四族都来同化于我们。并且让那四种民族能够加入我们，有建国的机会……就大多数来说，四万万中国人可以说完全是汉人。同一血统，同一语言文字，同一宗教。同一习惯，完全是一个民族"③。对此，他后来也进行过修正，但是他起初的思想还是深刻影响了国民党的高层人士，如蒋介石在《中国之命运》一书中，提出的"中华民族宗族说"，也被认为是汉族主义观的表现，因为蒋介石"否认中国国内有不同民族的存在，认为满、蒙、回、藏、苗、瑶、黎等民族，只是汉族的大小'宗支'"④。

对少数民族实施文化同化或"汉民族化"是国民政府的核心策略，

① 王建娥、陈建樾等：《族际政治与现代民族国家》，社会科学文献出版社2004年版，第11页。
② 阮西湖：《关于术语"民族国家"》，《世界民族》1999年第2期。
③ ［日］王柯：《民族与国家——中国多民族统一国家思想的系谱》，中国社会科学出版社2001年版，第206、213页。
④ 伍新福：《湖南民族关系史》（上卷），民族出版社2006年版，第416页。

这一策略也得到当时学者们的普遍认可与积极倡导。盛襄子认为："苗民生活既然如此的固执和守旧，徘徊于部落社会的时代，则我等进化的同胞，对他们的实际生活，自应加相当的注意和改良，一方面使彼民族与时俱进，完全汉化，不受天演淘汰的影响，一方面与我民族互相提携，互相努力，跻中国于强盛之域，抵抗外来的帝国主义。"[①] 必须对他们实施教育，"使之汉化"[②]。这种强行同化策略，否定了苗族文化的合理性，剥夺了苗族人民的文化主体性，在政府急于求成的心态下忽略了文化变迁的规律，因而导致了失效的结局。

第二，时局的动荡影响了同化政策的贯彻落实。整个民国时期，社会局势都处在动荡不安的状况之中。当日寇入侵，中国面临着生死存亡的境地时，国家政权无暇顾及基层社会的文化改造，而是把主要精力用于如何防御侵略，避免国土沦丧；抗战胜利后，又忙于发动内战，忙于与中国共产党争夺政权。因此，国民政府无暇真正顾及湘西苗族和其他民族的改造，所制定的相关方针与政策，也无法得到有效的执行，许多改善苗族地区文化的措施都成为空头支票，湘西苗族文化并没有遭遇来自外部的压力环境。而整体社会的无序使得人们更加依赖自己的文化家园，需要从自己的文化中寻求慰藉，这种强烈的内心需求强化了苗族文化在他们生活中的地位及苗族文化的边界。

第三，国民政府对湘西苗族地区所采取的文化政策是一种权宜之计，缺乏稳定性和持续性。1935 年以后，国民政府开始采取一些措施来改变湘西苗族地区的社会状况，特别是抗战爆发以后，国民政府迁至重庆，对湘西苗族地区的改造更加重视。但是其主要目的是为了激发他们的民族—国家意识，借助他们的力量来抵抗日寇。换言之，对湘西苗族地区所实施的政策，是迫于外敌压境的情形而做出的一种临时性策略，具有暂时性与强制性，缺乏对湘西苗族文化的真正尊重与改造湘西苗族文化的持久耐心。如抗战后期，曾经承诺给湘西的教育经费被取消，国民大会期间没有分配苗族名额，也没有考虑到苗族权利的诉求等，都表明国民政府根本不关心湘西苗族文化的保护，也没有诚意引

---

① 盛襄子：《湖南之苗瑶》，载贵州省民族研究所编《民国年间苗族论文集》，1983 年印，第 83 页。

② 同上书。

导、规划其文化变迁,那些文化策略往往变成一纸空文,无法兑现。

第四,为了将广大乡村整合于国民政府的管理之下,国民政府也积极地将自己的政权向湘西苗族村寨中伸展,打破了"王权止于县政"的定制。但这种政权建设带有 20 世纪中国政权建设的特点,即它是在民族主义以及"现代化"的招牌下进行的,与杜赞奇记述的华北农村政权建设情形一样,它也产生了政权的内卷化问题,即政权的正式机构与非正式机构同步增长,尽管正式的国家政权可以依靠非正式机构来推行自己的政策,但它无法控制这些机构,乡村社会中的非正式团体代替过去的乡级政权组织成为一支不可控制的力量。① 内卷化的政权无力建立有效的官僚机构并防范非正式机构的贪污中饱,造成盈利型经纪在乡村中增生,土豪、恶霸乘机窃取了各种公职,如龙云飞一身就兼官僚、地主、恶霸和青帮头领,成为乡村政权的主流,管制着湘西一大片区域,借其不受制约的权力增加苛捐杂税,给湘西苗族人民带来了沉重的经济负担。

湘西苗族与华北农村相比也存在不同之处。杜赞奇认为,19 世纪末,无论中央政权还是地方政权,都严重依赖文化网络,但 20 世纪国家政权向华北农村延伸时,主要是要力图斩断、毁坏其传统的,甚至被认为是落后的乡村文化网络。② 但在湘西苗族地区,地方政权力量在向基层社会渗透时,由于政权延伸时间短、力量弱,政府态度不明确,管控能力不强,并没有真正在苗族乡村建构起来,"代表国家权力的管辖权和规则既没有建立,也没有通过机构的设置贯彻下去,国家并没有改造地方权威的管制原则或取代它的管制权力,从而将地方社会纳入国家规则的治理范围中"③。由于地方政权的行政控制能力受到较大限制,这就给原有的地方社会组织(如家族、区域性社团组织等)留下了进一步延存的空间。许多地区的地方社会、经济、文化领域依然留在非政府的组织和权力集团的手中,形成了政府与民间社会相互依赖的局面。例如,当时政府推行保甲制度,苗族的议榔组织、合款组织依然存在,

---

① [美]杜赞奇:《文化、权力与国家:1900—1942 年的华北农村》,王福明译,江苏人民出版社 2004 年版,第 51 页。

② 同上书,第 4 页。

③ 张静:《基层政权——乡村制度诸问题》,浙江人民出版社 2000 年版,第 31 页。

有的还形成一定的合作关系，贵州惠水县的苗族就将国民政府的保甲制度中的联保连坐法引入自己的榔规中，其前言就称："自古养民要术，莫甚农桑。卫民良规，莫如保甲。保甲相联无异志，则匪类难以容身。一甲相应有同心，则奸徒安能聚首……"；第二条："……倘有不孝者，甲内投明保长，送官惩究，如有隐瞒一经查出，自干连坐之罪"；第三条："议联甲编保，弭盗安民，作奸犯科，害人利己，倘有自行不法，及窝藏匪类者，九家投知保甲，送官惩究，如有隐瞒一经查出，自干连坐之罪。"① 这样既符合政府政策，又保全了议榔组织。所举之例，虽然不是湘西地区的，但是这在当时应当具有普遍性，如前文所述，湘西苗族地区在民国期间仍保存有合款制度，不管其形式如何，它仍然发挥着较强的作用。正是在这张特殊的文化网络中，苗族传统文化才避免了遭受到更大冲击与破坏。我们从凌纯声、芮逸夫、石启贵等人的记述中，也可以清楚地看出，当时湘西苗族文化不仅特色突出，而且保存完整，其文化变迁的进程较为缓慢。不过，虽然国民政府的主张最终没有实现对传统文化的解构，但带给人们思想性的震荡与现代性的启迪却是功不可没的。

二 "总体性社会"的政治运动

所谓"总体性社会"，是指"社会的政治中心、意识形态中心、经济中心重合为一，国家与社会为一体以及资源和权力的高度集中，使国家具有很强的动员和组织能力，但结构较为僵硬、凝滞"。②

这种社会具有以下特征：社会动员能力极强，可以利用全国性的严密组织系统，动员全国的人力物力资源，以达到某一国家目标，特别是经济建设、争光项目和应付危机；缺乏中间阶层的作用，国家直接面对民众，中间缺乏缓冲；社会秩序完全依赖于国家控制的力度，当国家控制受到削弱时，社会具有一种自发的无政府、无秩序倾向；社会自治和自组织能力差，中间组织不发达，控制系统不完善；全部社会生活呈政

---

① 《苗族简史》编写组：《苗族简史》，贵州民族出版社1985年版，第245页。
② 孙立平、王汉生等：《改革以来中国社会结构的变迁》，《中国社会科学》1994年第2期。

治化、行政化趋向，社会的各个子系统缺乏独立运作的条件，支配不同功能系统的是同一运行原则；共振效应，任何局部性的矛盾或紧张状态都蕴含着全局性危机；社会中身份制盛行，赞助式流动转变为指令性流动，结构僵硬；总体性意识形态同时承担社会整合和工具理性的双重功能，由于功能要求的矛盾性，产生一种互相削弱的效应；由于精英的缺乏，民众的意见凝聚缺少必要的组织形式，因而与政策层次有较大的距离，并缺少可处理性。换言之，"总体性社会"是一种社会高度一体化，整个社会生活几乎完全依靠国家机器驱动的社会。①

新中国成立后，国家在否定和批判旧有的社会制度的同时，着力建设一个社会主义新社会。为了达到这一目标，国家的策略是将所有的民众纳入统一的宏观规划中，全国上下达到前所未有的同质性和一致性，因此，1949 年新中国成立后至改革开放以前的中国社会被学者们称之为"总体性社会"②。

在"总体性社会"中，国家通过一系列运动实现了制度与文化上的全新改造。在制度上，按照苏联的现代化模式，通过土地改革运动、工商业的国有化与农业的合作化、人民公社化建立了社会主义公有制，克服了全国各民族在社会发展阶段上的不平衡，建立了全国一致的以集体所有和集体劳动为特征的生产方式；在文化上，通过社会主义教育与"文化大革命"等全民运动，"以反封建的旗帜与传统决裂，以反修防修的旗帜和抵制资产阶级腐蚀的革命警惕隔离外来文化的影响"③，建立了全民一致的文化体制，灌输国家倡导的文化理念。

因此，这一时期，大大小小的运动，一波接一波的高潮充盈和控制着整个社会。运动不再是人们生活中的突发事件，而是一种社会动员与社会运作的常态机制，通过"运动"机制，国家权力与政治力量深刻而透彻地嵌入普通民众的日常生活之中。④ 在这种政治和文化氛围中，

---

① 孙立平、王汉生等：《改革以来中国社会结构的变迁》，《中国社会科学》1994 年第 2 期。

② 孙立平：《总体性社会研究——对改革前中国社会结构的概要分析》，《中国社会科学季刊》1993 年第 2 期。

③ 高丙中、纳日碧力戈等：《现代化与民族生活方式的变迁》，天津人民出版社 1997 年版，第 86 页。

④ 郭于华：《民间社会与仪式国家：一种权力实践的解释——陕北骥村的仪式与社会变迁研究》，载郭于华主编《仪式与社会变迁》，社会科学文献出版社 2000 年版，第 363 页。

湘西苗族文化发生了什么影响呢？

（一）"总体性运动"对湘西苗族生活方式的影响

　　湘西苗族地区与其他地区一样，通过一系列的集体化运动，建立了社会主义公有制，特别是人民公社制实施以后，人们的生活基本上处在国家的直接管理之下。国家将苗族社会整合到自己的意志之中，苗族社会不再有自己独立的利益，其所做的一切只能服务于国家的目的。

　　第一，国家的强势"在场"改变了苗民的生产方式。国家通过社会主义改造，掌管了绝大部分生产资料与生产工具，并统一安排生产计划和人员调配，传统的分散的小农生产方式被集体劳动所取代，以往自由散漫的生活节奏被高度组织化的管理所取代。在集体经济组织中，有劳动能力的人必须参加劳动，这是取得集体组织成员资格的条件。农民没有选择是否劳动、从事何种劳动和劳动多长时间的可能。特别是人民公社体制实行半军事化管理体制，管理者居于劳动的绝对支配地位，农民更多的是服从。除了服从统一调配以外，农民没有其他的选择。[①] 平时的生产由人民公社部署，生产队长下达指令，男女老少按照分配的任务下地干活，每天按劳动时间和劳动强度计算工分，年终在生产队统一分红；农闲时，他们被要求投入到农田水利建设中，一年只有几天节假日，人们的社会交往与个人的生活空间被国家的统一安排所挤占，人们作为生产主体的权利被严重弱化。然而，这种生产模式的转变，强化了人民的国家意识，国家可以通过人民公社制度将权力渗透到苗族人民的日常生产生活之中。国家通过自上而下的行政命令对公社组织加以管理，国家代理人的指挥、调配以及误工请假、评定工分等制度的执行让苗民深切感受到国家的"在场"。例如：参加集体劳动，就可以获得生存资源，即按工分分配的"工分粮"；劳动积极的则可以获得各种物质和精神的奖励，评为劳动模范；不参加劳动的则没有工分，劳动不积极的则要扣除或减少工分，甚至遭到批斗。公社集体对社员的权力不限于劳动过程，而是扩展于社员

---

　　① 徐勇：《论农民劳动的国家性建构及其成效——国家整合视角下农民劳动的变化》，《山西大学学报》2008年第3期。

的整个日常生活。正是在对集体的高度依从性中建构和强化着农民的国家意识。①

第二，国家意识形态全面渗入湘西苗族人民的生活方式。政治运动不仅影响着新中国建立以后前30年的历史，而且经由政治运动所扩散的政治话语本身就成为构建这一历史的重要力量。② 国家借助于各种政治符号（标语、口号、"红宝书"、"两报一刊"、"样板戏"以及其他宣传品）和政治运动，向民族地区灌输社会主义思想，培育社会主义的民族乡村政治文化。此时期的国家话语带有鲜明的政治色彩，提倡"政治挂帅，思想先行，政治是统帅，思想是灵魂"，强调唤起人们的政治意识，少数民族地区民众的思想被高度地统合于社会主义意识形态之中，从而确保了少数民族地区民众的政治信仰和价值取向与国家所体现的信念和价值观的基本一致。大规模的宣传与动员，国家很好地拉近了与劳动者的关系，调动了湘西苗族参与乡村公共生活的热情，"使劳动者意识到自己的国家属性，劳动不只是个人谋生谋利的手段，而是为国家所认可、所推崇"③。人们对"国家—体化的政治体系以及它所体现的价值、信仰和社会目标的认同都达到了较高程度，倾注了炽烈的情感"④。例如，在建立人民公社体制时，国家宣扬人民公社是加速建成社会主义最好的组织形式，又是走向共产主义社会的最好过渡形式，人民公社的优越性和所包含的共产主义萌芽，就在于这种日益向"大公无私"发展的总趋势之中。为了吸引更多的人入社，吉首县还树立了一批积极分子。向元玉就是入社的典型之一，她"为了做到'五入社'，即人入社、心入社、生产资料入社、全家入社、全寨入社，把自己家里300斤稻谷、20斤包谷、20斤菜、3斤菜油、3口锅、1头猪等全部实物交到公社，并做好母亲的工作，把她母亲做棺材的木料入了社做鼓风

---

① 徐勇：《论农民劳动的国家性建构及其成效——国家整合视角下农民劳动的变化》，《山西大学学报》2008年第3期。

② 吴毅：《从革命到后革命：一个村庄政治运动的历史轨迹——兼论阶级话语对历史的建构》，载詹启智主编《转型社会的乡村政治》，中国农业出版社2006年版，第20页。

③ 徐勇：《论农民劳动的国家性建构及其成效——国家整合视角下农民劳动的变化》，《山西大学学报》2008年第3期。

④ 吴毅：《人民公社时期农村政治稳定形态及其效应——对影响中国现代化进程一项因素的分析》，载詹启智主编《转型社会的乡村政治》，中国农业出版社2006年版，第45页。

机。在她这种高尚的共产主义精神感召下，全寨 32 户人，3 天时间把历年积存的 4000 斤稻谷、28 头猪、50 多只鸡鸭和 30 多口锅全部入到公社"①。可见，由于受"革命话语"的影响与驱动，湘西苗族对国家表现出无限的忠诚与热爱，国家在他们的生活中具有了神圣可敬的地位，从而确保了湘西苗族的政治信念和价值取向与国家所体现的信念和价值观的基本一致，确保了他们与国家政治共识的形成，最大限度地降低了湘西苗族社会和政治行为出轨的可能性。

　　第三，国家宣扬大无畏的精神和征服自然的革命意志，对湘西苗族信仰世界形成很大的冲击。如前所述，湘西苗族鬼神观念比较浓厚，至民国时期，当地的苗民对境内的大小龙洞自然景观都怀抱敬畏心理。大龙洞瀑布飞流直下，气势磅礴，人们每至此地，都极为惧怕，特别是当彩虹出现时，"往往以为是妖龙出现，视为稀奇怪物，或以为是长鬼吃人生魂，罹灾罹患的不祥之兆。因其不懂自然科学之原理，常常为此惊疑莫决，占卜问仙，许神还愿，枉耗金钱不知若干也。苗人于此，非常可畏，徘徊四望，胆战心惊，默默而不敢发一言也。……水中有鱼，渔人网之，得鱼数尾，须知自足，否则必网得草鞋毒蛇之怪物"②。在小龙洞瀑布旁边有一雷公洞，"因雷神是一洁净尊神，素与家鸡存有至深之仇恨，所以附近之村民，敬畏雷神，家中不敢喂鸡，喂之恐遭雷劈之祸也。倘遇旱年无雨时，附近村民均往该处虔求雨泽，请巫祷告。杀猪宰羊以祭之。惟雷神恨盐，故致祭时，肉菜之中不放盐，概系清煮淡食，以免触动雷神之忿怒，发生意外之虞也"③。由此可见，湘西苗族对自然抱有十分敬畏谨慎的态度。

　　然而，以仪式化表演呈现的政治运动，改变乃至重塑了人们的观念领域和精神世界。④ 在 20 世纪 50 至 60 年代，为了遵照国家规定的统一规划，湘西苗族地区也发动了声势浩大的生产运动。在"大跃进"运动时，国家号召人们发挥"愚公移山"的作风，以"排山倒海"之势，

---

　　① 《吉首县 1958 年工农业生产跃进工作基本总结》（12 月 6 日），载李雄野主编《世纪之行》2001 年印，第 255 页。

　　② 石启贵：《湘西苗族实地调查报告》，湖南人民出版社 1986 年版，第 25 页。

　　③ 同上书，第 26 页。

　　④ 郭于华：《民间社会与仪式国家：一种权力实践的解释——陕北骥村的仪式与社会变迁研究》，载郭于华主编《仪式与社会变迁》，社会科学文献出版社 2000 年版，第 374 页。

投入生产运动当中去，要"一日千里，一天等于二十年，甚至一天等于数千年地飞跃前进"，实现"工农副业生产跃进再跃进，文教卫生事业万马奔腾"①。宏大的目标，义无反顾的做法，以及人们对国家政治文化权威的高度忠诚与信服，直接冲击湘西苗族的民间信仰系统，使得人们在自然面前表现出征服者的姿态，往日神秘莫测的自然成为被征服的对象。吉首县大修水利期间，就发出了这样的建设口号，"让高山低头，叫河水让路，天上没有玉皇，地上没有龙王，我就是玉皇，我就是龙王，喝令三山五岳开道，呼一声：我来了"②。1964年，大龙洞水电站开始修建，1970年5月1日第一台机组投产发电；小龙洞也在20世纪50年代得到开发，当地党委、政府领导苗族小伙子们，攀悬壁凿洞，将苗族传说中困锁在半壁洞内的"宫女"引出洞外发电，总装机1450千瓦。③ 毫无疑问，水电站的修建，为湘西苗族带来了科学的昌明和生活的便利，极大地促进了湘西苗族社会的现代性转型。但是，大规模的水利工程建设，也对湘西苗族的民间信仰体系产生了明显的消解作用。如：随着大小龙洞的神秘面纱被撩开，"洞内诸神"失去了往日的威严，它们在湘西苗族生活秩序和精神世界中发挥的作用开始减弱；洞口附近的村民也开始养鸡，雷神信仰逐渐淡薄。

第四，苗族语言习俗受到冲击。在"大跃进"、"公社化"时期，国家追求同质化、一致化，倡导民族融合，对民族地区"特殊论"、"落后论"、"条件论"进行过严厉的批判。在语言方面，由于政府倡导使用汉语，少数民族的语言习惯受到了干涉，有的地方甚至不准少数民族讲本民族语言，苗族语言的使用也受到一定的限制。1958年，湘西州苗文学校、湖南省民族语文指导委员会都被撤销。④

（二）"破旧立新"对苗族文化的影响

从20世纪50年代开始，国家通过一系列政治思想运动，号召人们

---

① 李雄野主编：《世纪之行》，2001年印，第252页。

② 同上书，第234页。

③ 皮少怀等主编：《湘西双龙——苗族文化生态游》，贵州民族出版社2004年版，第8—9、47页。

④ 李昌俊、彭继宽主编：《湖南民族关系史》（下卷），民族出版社2006年版，第95页。

"灵魂深处闹革命"，用阶级斗争的方式去消解多元的文化传统，推行国家认可的文化意志，完成文化上的整合。湘西苗族的传统习俗、族群意识由于与社会主义文化的差异，也被当作"破旧立新"的标靶。

首先，民间信仰被禁止。苗寨中的庙宇，如三王庙、土地堂全被推倒，古迹文物被大量破坏，老百姓家里的神龛被拆除，老司作法的道具和科本也被收缴或烧毁，有关的仪式活动，如椎牛、打猪、敬家先、洗屋等作为迷信活动而被严令禁止，民间信仰因此而失去了展演场景与生存空间。许多受访者回忆了当时的情况：

> 还傩愿在"破四旧"以前在民间还比较盛行，但是到了"文革"时就不准搞了，风声紧的时候，我们都不敢动，工作队查得凶；赶场时，好多老司都要被抓住揪斗，戴上高帽子，背上门板游街，自己敲锣打鼓，口里还要不停地说"大家莫学我，我剥削人"。（YYQ）

> "破四旧"时，我家祖传的还傩愿用的一面十八斤的大锣、一面六斤小锣、一套傩公傩母神像、七个面具、一对铜角、一对铜司刀、两套绺巾、两副官帽都收缴了，我叔叔被工作组臭骂了一顿，叫他不要再搞了，再搞就要揪斗他，家里当时只剩一根祖师棍和一副"兵马"了。（SSD）

> "破四旧"的时候，我们家的东西都缴完了，我上交了响铃、"果细"（竹筒）、"鬼刀"。我父亲留下来的"科本"都缴了。（SLS，男，74岁，花垣县民乐镇两河村）

> 三王庙被"文化大革命"毁掉了，当初的三王庙香火很旺，现在这个村的小学地址就是原来的三王庙所在。"文革"的时候没有"四月八"、"赶秋"、"六月六"等活动，全部被禁止，改革开放以后，这些节日才慢慢恢复。开始复苏的时候，我记得很清楚：最先兴起的是舞狮子、打花鼓，其他文艺活动起初都不敢开展，怕国家又来管。（LSG，男，77岁，万溶江村）

> 过了重阳节就还傩愿，有还兴旺愿的，三年一还愿；有求财的，"破四旧"时，以前的傩公傩母都被缴完了，我们都被斗争了，哪里还敢搞。大桥、火炉、吉信以前有三王庙，后来都被毁坏

了,火炉的三王庙现在恢复了,火炉的三王庙是 90 年代恢复的,当时还杀猪、杀羊祭祀"三王"。(SZY,男,75 岁,万溶江村)

特别是"文化大革命"的时候,有些活动被当成迷信。以前凤凰"四月八"每年都要举行一次,那时都不准搞了;"破旧立新"的时候,土地庙打坏了,苗老司作法也被严禁,没收了他们的道具,还傩愿不准搞了,傩公傩母像都没收了,还要批判、揪斗搞迷信活动的落后分子,原来的县长都被揪斗过。五六十年代,椎牛、做家先等活动都不准搞,当时我们都穷,也搞不起。(WYH,男,70 岁,万溶江村)

其次,文艺活动被取缔或受到批判。湘西自治州及所属十县①和全省四个自治县的文化馆全部关闭,苗族文艺活动被认为是"异国情调"受到批判,搜集苗族民间文学资料的行为也被认为是"搞封建复古"和"复辟资本主义"。"文革"初期,湘西苗族自治州的"造反"组织高呼"破四旧立四新"的口号,在电影院门前,焚烧价值约两万多元的戏曲古装与道具。②由还傩愿发展而成的苗戏从宋代就开始流行,有比较固定的唱腔、脚本和固定的脸谱面具,是苗族群众十分喜爱的文艺节目,但是在"文革"期间,不仅苗戏的表演被禁止,连道具也都被焚烧砸烂。"接龙舞"也是如此,1954 年,花垣县石成鉴、石成业根据苗族"接龙"祭祀活动形式创造成"接龙舞",深受群众欢迎。1956年,湖南省组织农村业余文艺汇演时,湘西苗族自治州选定"接龙舞"为参演节目,该节目荣获优秀奖。1957 年,"接龙舞"赴北京参加民族节目汇报演出,周恩来总理及中央的一些领导接见过全体演员,并合影留念,人民画报和其他一些报纸杂志也刊登过"接龙舞"的照片和消息。但在"文革"时,"接龙舞"被当作"封、资、修"禁止演出。另

---

① 1952 年 8 月,湘西苗族自治区成立,辖吉首、古丈、泸溪、凤凰、花垣、保靖 6 县,代管永顺、龙山、桑植、大庸 4 县。年底,4 县亦属直接管辖。1955 年 3 月,更名为湘西苗族自治州。1957 年 9 月,湘西土家族苗族自治州成立,辖原管 10 县。1982 年和 1985 年,吉首、大庸先后改县为市。1988 年,大庸市和桑植县划归大庸市(地级市,即今张家界市),湘西州所辖为龙山、永顺、保靖、古丈、花垣、泸溪、凤凰 7 县和吉首市至今。

② 李昌俊、彭继宽主编:《湖南民族关系史》(下卷),民族出版社 2006 年版,第 109—110 页。

外，苗族的传统节庆活动，如"四月八"、"六月六"、"赶秋"、"过苗年"等也禁止举行。

在这种特殊的形势下，农村的乡民组织发生了巨大的变化，"一方面，社会所有的戏曲艺人和团体被逐渐地统合进了官方的文艺体制之内，新意识形态的宣传成为新时代文艺的主要功能，同时宗教也进入了一个严格的官方管理系统，各种名目的民间宗教由于其思想和宗教双重意义的非正统和异端的色彩，不是被取缔就是自然消亡；另一方面，原有的乡民娱乐与戏乐活动逐渐被政社合一的公社内部的集体联欢以及汇演所取代。当新的娱乐形式电影开始普及以后，乡民的娱乐则被来自官方的放映队所掌控。乡村原有的祭祀、宗教活动在意识形态富有道理的宣传和组织取缔的双重挤压面前，逐步退出了公共领地。乡村原来很具有艺术才能和组织活动能力的戏头和香头之类的人物，如果不甘心退出历史舞台的话，也只能在公社半专业的宣传队和剧团以及民兵、妇、青、少活动中施展才能。到了这步田地，农村社会基本上已经没有了乡民自组织的空间。由于乡绅和宗族势力早已被铲除，各类乡民团体又相继消亡，那么原来意义上的乡村社会事实上已经不存在了"①。这里描述的状况，用以总结湘西苗族地区民间信仰和文化活动所受到的冲击，再合适不过了。

再次，传统工艺品被禁止生产和出售。银饰、花边、丝线、丝帕等，是苗族的传统工艺品，深受人们的喜爱，但在"文革"初期也被认为是"四旧"产物，致使生产与出售这些工艺品的企业面临倒闭危机。凤凰县苗族工艺业在"文革"前十分红火，例如，沱江丝线厂1956年生产各色丝线、丝帕，年产值1万元左右；1958年该厂与绣花厂合并为沱江镇丝线湘绣厂，并从成都引进织造花边的技术，开始生产大万字、大龙、蝴蝶等花边；1963年开始生产人造丝帕，这种产品在1964年杭州举行的评比会上荣获第二名。② 1957年该厂还专门开设了少数民族（主要针对苗族）特需商品门市部，并不断从成都、杭州、上海等地购进花边、生丝、直贡呢、绸缎等商品，总计经营133个品

---

① 张鸣：《爬上妙峰山看村民自治》，《读书》2001年第11期。
② 凤凰县民族志编写组：《凤凰县民族志》，中国城市出版社1997年版，第273页。

种,同时兼营批发。这一年销售花边 2 万多米,比 1953 年增长了 5 倍。① 但是到了"文革"时期,民族商品被归为"四旧"之列而遭到"横扫",民族工艺的生产也因此陷于停顿。

此期间由国家发动的、民众参与的政治(或革命)运动,可称之为国家仪式。而这种国家仪式具有不容分说的强迫性特征,国家仪式的"文化表演",支配着民众行为的社会与心理过程,对人们的命运也可实现任意操弄。② 因此,伴随着国家仪式的表演,国家所推行的文化与理念在湘西苗族地区得到了充分而直接的渗透,湘西苗族地区在国家的主导下,建构起了一种全国认可的文化模式,苗族传统文化被禁止,取而代之的是国家话语标榜统一的文化样式:国家仪式取代了传统宗族、理老制度与社区仪式,革命意识形态和运动取代了地方性知识,领袖崇敬取代了神灵信仰,苗民的文化生活中渗透了大量的革命气息,苗族传统文化的完整性遭到破坏。

从国家的文化控制而言,这种干预无疑是十分成功的,它使人们的思想由多元归于一统,由复杂化为简单,从而达到规范思想、约束行为的目的,实现了利用强大的国家力量整合民族社会的愿望。但是,这种服从的背后,却是对苗族社会的再次分割以及对个人文化利益和尊严的忽视。这种强硬取代的文化引导模式造成了很多负面影响,其中最主要的就是破坏苗族文化的完整性。在"文革"中,"忠字舞"代替了苗族鼓舞、芦笙舞,革命戏代替了苗剧、苗戏,毛主席语录歌、造反歌、革命歌代替了苗族的山歌。少数民族不能唱自己的民族歌谣,不能跳自己的舞蹈,不能讲自己本民族的民间故事,民族文化受到排挤,导致了传统文化的大量失传。③ 国家的法律取代了习惯法,人民公社取代了合款制度,无神论取代了民间信仰……苗族传统文化遭受到严重的打击,其生存的空间被挤占。惮于国家力量的威慑,无奈的苗民只好将许多传统

---

① 凤凰县民族志编写组:《凤凰县民族志》,中国城市出版社 1997 年版,第 279 页。

② 郭于华:《民间社会与仪式国家:一种权力实践的解释——陕北骥村的仪式与社会变迁研究》,载郭于华主编《仪式与社会变迁》,社会科学文献出版社 2000 年版,第 338—383 页。

③ 李昌俊、彭继宽主编:《湖南民族关系史》(下卷),民族出版社 2006 年版,第 109—110 页。

文化内容潜伏、封存起来，苗族的传统文化传承因而受到了阻碍，处于
萎靡不振的状态，人们的主观能动性和创造精神受到了严重压制。另
外，由于受国家主导的意识形态的影响，人们的文化理念发生了整体性
的转向或偏差，开始习惯于以主体民族为参照，使用"先进"与"落
后"的标准来评价、反省自己的文化，并往往倾向于将自己的文化整体
性置于需要改造和修正的文化类型，这严重影响了湘西苗族的文化自信
心，引起苗族内部对传统文化的认同分歧，文化的保护与继承也因此而
发生危机。

三　民族区域自治的实施

民族区域自治是指在国家统一领导下，各少数民族聚居的地方实行
区域自治，设立自治机关，行使自治权。民族区域自治制度是我国的一
项基本政治制度。民族区域自治制度是以毛泽东为核心的中国共产党的
第一代领导集体在新民主主义革命和社会主义建设实践中确立起来的。
十一届三中全会以后，在新的历史条件下，中国共产党在改革开放的伟
大实践中，运用新的实践经验，不断推陈出新，进一步发展和完善了民
族区域自治制度。在中国共产党第十五次全国代表大会报告中，民族区
域自治制度和人民代表大会制度、中国共产党领导下的多党合作和政治
协商制度一同被表述为我国社会主义民主制度的三大形式，进一步突出
了民族区域自治制度在我国政治制度中的重要地位。在 2014 年召开的
第四次中央民族工作会议上，习近平总书记强调要"坚持和完善民族区
域自治制度"。这一制度的实行，对苗族文化产生了什么样的影响呢？

（一）民族区域自治的国家理念

民族区域自治蕴含了国家在对待民族问题方面的多重理念。这些理
念充分体现了国家尊重历史传统、维护国家利益、保障各少数民族管理
本民族内部事务权利的精神。

1. 实行民族区域自治是对历史经验的借鉴与中国传统的尊重

第一，"因俗而治"是民族区域自治的历史依据。提倡"和为贵"、
"和而不同"，是中华民族的哲学理念与价值取向，并贯穿于中国传统

文化的各个层面,且经久不衰。正是在这种价值理念的影响下,历代统治者在处理民族问题时,所采取的策略便是以"怀柔羁縻"为主,追求和谐协调。所谓"怀柔羁縻",就是"以少数民族所在地划分地域,设立特殊的行政单位,任用少数民族首领为'土官土吏',除在政治上隶属中央王朝,经济上有朝贡的义务外,其余一切事务均由少数民族首领自己管理"①。"怀柔羁縻"政策体现了"因俗而治"的治理理念,是对少数民族的地域特殊性与文化差异性的关照与宽容,既保持了少数民族原有的社会组织与生活习俗,又维护了中央权威与既成秩序,从而实现中央与民族地方之间、民族之间的和谐共处。这种在"大一统"的前提下实行"因俗而治"的历史传统,"正是中国共产党在选择解决中国民族问题的途径时,决定以民族区域自治为基本政策的历史依据"②。

第二,中华民族多元一体格局,是民族区域自治的国情考量。数千年的历史发展进程使中国疆域内形成了"中华民族多元一体格局"。其中,一体包含多元,多元组成一体,一体离不开多元,多元也离不开一体,两者辩证统一。③ 中国各个民族在对自己民族身份的认同之上,又有对"中华民族"的整体认同。这种整体认同的意识,将具有不同文化个性与传统的各个民族紧紧凝聚在一起,使各民族产生了命运与共、维护国家统一的共同责任感与使命感。这种认同也为国家制定民族政策提供了社会心理资源,即民族政策所包含的对国家政治体系"整体性"的强调能够被少数民族所认同。④ 因此,民族区域自治是对这一现实国情的尊重,既体现了中华民族的一体性,又充分体现了各民族的多元性。

2. 对国家权力的遵守与认同,是民族区域自治实现的前提条件

中国的民族区域自治是解决"国家利益"与"民族诉求"关系的制度性安排,它是在宪法体制内和国家统一领导下的自治。它规定各民族自治地方都是中国不可分割的部分,各民族自治地方的自治机关都是中央政府领导下的一级地方政权,都必须服从党和国家的总的方针政

---

① 徐杰舜、韦日科主编:《中国民族政策史鉴》,广西人民出版社1992年版,第8页。
② 同上书,第14页。
③ 《习近平在第四次中央民族工作会议上的讲话》,载《中央民族工作会议精神学习辅导读本》,民族出版社2015年版,第29页。
④ 关凯:《多元文化主义与民族区域自治——民族政策国际经验分析》(下),《西北民族研究》2004年第2期。

策；要求民族区域自治地方在享有自治权的同时，必须维护国家的利益，必须接受国家的领导和监督，这充分体现出自治的"国家指导性"的特征，强调将国家利益置于核心地位，表达出对集中统一的国家结构的坚决捍卫。① 民族区域自治首先强调的是对国家利益与国家领导的维护，反对不符合中国国情的民族自决权与联邦制国家形式，这有利于防范民族分裂主义思想，有利于国家的统一与稳定。在多民族社会中，与国家认同相对立的概念是民族主义诉求，在民族主义思潮中，"民族自决权"是少数民族抗衡国家的主要依据，也是民族主义诉求的终极，而民族自决所带来的民族分裂主义运动是国家解体的直接威胁。② 因此，我国民族区域自治的实施前提是对国家政权的肯定与认同，是坚持统一和自治相结合、民族因素和区域因素相结合。2016 年 7 月 15 日，俞正声在贯彻落实中央民族工作会议精神经验交流会上的讲话中也再次强调，团结统一是实行民族区域自治的前提和基础，我国所有民族自治地方都不是某个民族独享的自治，不是某个民族独有的地方，而是党领导下的地方，都是全国各民族人民共同拥有的地方。

3. 保障少数民族权利，促进少数民族地区发展，是民族区域自治的要义与目标

民族区域自治为保障少数民族权利，规定了以下主要内容：（1）建立民族区域自治地方的自治机关（即自治区、自治州、自治县的人民代表大会和人民政府），在民族自治地方的人民代表大会中，应当由实行区域自治的民族的公民担任主任或副主任；自治区主席、自治州州长、自治县县长由实行区域自治的公民担任。

（2）民族自治地方的人民代表大会有权依照当地民族的政治、经济和文化的特点，制定自治条例和单行条例，报上级人民代表大会批准生效。经上级批准，民族自治地方的自治机关拥有对国家有关法律的变通执行权利。

（3）民族自治地方拥有使用民族语言文字的权利和自主发展民族

---

① 关凯：《多元文化主义与民族区域自治——民族政策国际经验分析》（下），《西北民族研究》2004 年第 2 期。

② 关凯：《多元文化主义与民族区域自治——民族政策国际经验分析》（中），《西北民族研究》2004 年第 1 期。

教育和民族文化的权利，可以决定本地区的教育规划、学校设置与学制、教学用语、招生办法等。

（4）民族自治地方拥有培养干部的权利，可以采取各种措施从当地少数民族中培养各级别干部、科学技术人员、经营管理人员，并可以组织本地维护社会治安的公安部队。

（5）拥有发展本地区经济、开展贸易活动、管理财政的权利，并且在对外贸易的一些方面享受国家的优待政策，在财政上得到中央财政的定期补助，在税收上享受一定的优惠待遇。[①]

通过以上政策保证了少数民族当家作主的权利，赋予了少数民族在权力参与、干部任用、经济发展、文化教育事业等方面很大的自主权。

同时，根据民族区域自治的规定，中国政府也必须为加快少数民族社会经济发展进行帮助与指导。在政治上，中央政府对民族自治区政府行使自治权要给予保障和支持，民族自治区政府在进行社会经济发展计划和决策时，要结合当地特点将中央政府的有关计划与决策转化为执行性计划与决策，对不适应本地区的计划与决策，可以上报中央有关机关批准变通执行或停止执行；在经济上，中央政府对民族自治区政府给予财政、技术、人员等支持，民族自治区政府在中央政府的指导下，将国家设立的民族专用资金和临时性补助专款、银行低息贷款等有计划地用于扶助民族地区发展的项目上，并与经济发达地区开展各种合作；在文化上，中央政府帮助民族自治地区，通过各种途径、方法来培养自己的民族干部、专业人才和技术人才，提高当地各族人民的科技、文化水平，改善自治区的教育、医疗卫生条件等。

长期以来，中央政府对少数民族自治地区在财政、物质、基础设施建设等方面给予了大量补助，在教育、就业、医疗、经济建设、投资等方面提供了各种优惠待遇，这些补助与优惠对于推动各少数民族社会、经济、教育、文化等各个领域的发展，都起到了积极的推动作用。

综上可见，国家实行民族区域自治，赋予了少数民族相对自主的权利，表达了国家对少数民族自己当家作主，自主管理内部事务的尊重与支持，为实现少数民族各项事业的发展营建了一个相对自主的空间，提

---

① 马戎：《民族社会学导论》，北京大学出版社 2005 年版，第 69 页。

供了坚实的制度保障。

（二）湘西民族区域自治的历程

1950 年 9 月 16 日，毛泽东在关于区域自治问题的批语中指出：区域自治问题牵涉很广，有西藏、青海、宁夏、新疆、甘肃、西康、云南、广西、贵州、湘西等处，有的须成立内蒙古那样的大区域政府，有的须成立包括几个县的小区域政府，有的是一个县或一个区域政府，疆域划分，人员配备，政策指导，问题甚多，须加统筹。这个批语中，地区一级的仅提到湘西，可见，湘西地区民族问题的复杂性与重要性，早就得到了国家的关注与重视。①

1952 年 4 月 21 日，湖南省人民政府第五十六次行政会议决定成立湘西苗族自治区；同年 5 月 5 日，湘西苗族自治区筹备委员会成立，在所里（今吉首市）举行第一次全体委员会议，会议制定《湘西苗族自治区筹备工作纲要》、《湘西苗族实行区域自治宣传纲要》和《湘西苗族自治区首届各界人民代表会议代表选举办法》三个文件，规划以永绥、凤凰、乾城、古丈、保靖、泸溪六县为苗族自治区区域，永顺、龙山、桑植、大庸为自治区代管县，自治区人民政府设于所里。全体委员会议结束后，成立了常务委员会，并起草了《湘西苗族自治区各界人民代表会议组织条例》等六个文件及办理其他各项具体筹备工作。5 月 9 日，《湘西日报》发表建立湘西苗族自治区的消息；15 日，中共湖南省委向中央上报了《关于筹建湘西苗族自治区的工作报告》，并很快得到批复。8 月 1 日至 6 日，湘西苗族自治区首届第一次各界人民代表会议在所里召开，到会代表 512 人，其中苗族代表 312 人，占 60.93%。后来，会议通过了三个条例，即《湘西苗族自治区人民政府组织条例》、《湘西苗族自治区各界人民代表会议组织条例》、《湘西苗族自治区各界人民代表会议协商委员会组织条例》，并选举产生了湘西苗族自治区政府主席及委员，各界人民代表大会协商委员会主席及委员。8 月 7 日，通过并任命了自治区人民政府各委局（科）负责人和各县县长名单。8 月 15 日，中南区与省政府命令，撤销原湘西一级党政领导机

---

① 李昌俊、彭继宽主编：《湖南民族关系史》（下卷），民族出版社 2006 年版，第 52 页。

构，成立湘西苗族自治区人民政府与芷江专署。湘西苗族自治区辖永绥、凤凰、乾城、古丈、保靖、泸溪六县，代管永顺、龙山、大庸、桑植四县。由于这四个县与自治区毗连，经济、文化等情况基本相同，且民族关系密切，为了便于统一管理，同年 12 月，正式划为湘西苗族自治区管辖。

1955 年 2 月 4 日，依据《中华人民共和国宪法》的规定，湖南省第一届人民代表大会第二次会议做出《关于改湘西苗族自治区人民政府为湘西苗族自治州人民委员会》的决议，并报国务院予以批准。同年 4 月 25 日至 28 日，湘西苗族自治州第一届人民代表大会和人民委员会在吉首召开，会议制定了《湘西苗族自治州人民代表大会和人民委员会组织条例》，选举自治州州长、副州长、州人民委员会委员。

1957 年 1 月，土家族民族成分正式确定，接下来是如何实行民族区域自治的问题。经过讨论与调查，最后决定土家族与苗族成立联合自治州。1957 年 8 月 6 日，湖南省委人民委员会召开扩大会议，召集了湘西苗族自治州的部分党政领导，土家族、苗族干部及知识分子 30 多人列席了会议。会议批准了省访问团《关于访问土家族工作》的报告，通过《建立湘西土家族与苗族自治州》的决议。决议指出：湘西"各族人民一致认为土家族与苗族劳动人民之间，在政治、经济基础、文化生活方面，在居住情况以及婚姻关系方面，都有着亲密无间的联系。特别是解放几年来，经过一系列的社会主义改革与发展生产、合作化运动，更形成了不可分割的整体。因此，土家族、苗族人民认为采取两族人民联合建立湘西土家族苗族自治州的方案最为合适和有利。目前建立湘西土家族苗族自治州的条件已经具备，时机已经成熟。会议决议报请国务院明令撤销'湘西苗族自治州'的建制并批准在湘西十县重新建立'湘西土家族苗族自治州'"。9 月 6 日，国务院全体会议第五十七次会议通过《关于设置湖南省湘西土家族苗族自治州，撤销湘西苗族自治州的决议》。该《决议》指出："设置湘西土家族苗族自治州，撤销湘西苗族自治州。自治州的行政区域为原湘西苗族自治州的吉首、泸溪、凤凰、花垣、保靖、古丈六县和原由省直辖交自治州管的永顺、桑植、龙山、大庸四县，自治州人民委员会驻吉首县城。"9 月 15 日，湘西土家族苗族自治州第一届人民代表大会第一次会议在吉首开幕，大会通过《湘西土家族苗族自治州人民代表大会和人民委员会组织条例》，选举了自治州州长、副州长、州人民委员会委员和自治州中级人民法院院长。9 月 20 日，湘西土家族苗族自治州正式成立。①

不过，民族区域自治制度创立之初，在中央政权推行的一系列自上而下的运动中，湘西苗族自治地方也无一例外地被卷入其中，并没有因为其特殊的民族身份而置身于外。民族区域自治政策的实施曾遭受挫折，在"文革"期间，对民族区域自治制度的破坏甚至达到了"登峰造极的地步"，"民族区域自治地方的申报、建立工作全面停止，有关民族区域自治的民族政策根本无法贯彻落实。从 1967 年 1 月起，多数民族自治地方都被夺权，建立了革命委员会，第一把手多由汉族人员担任，绝大多数自治机关陷于瘫痪状态，根本无法行使自治权力。一些自治州被撤消或降低了行政地位"。而且，1975 年颁行的《中华人民共和国宪法》还删除了 1954 年宪法有关民族区域自治的重要规定，特别删除了自治权的具体规定。② 因此，在"总体性社会"时期，湘西苗族文化并没有得到民族区域自治制度中所承诺的那份尊重，而是遭到重创，出现了民族社会文化事业的中断。

改革开放后，随着政治、经济局势的逆转，各项工作开始走向正轨，民族区域自治制度也从理论层面进入实践层面，真正发挥保护少数民族文化、推动少数民族发展的作用。

1984 年，国务院颁布实施《中华人民共和国民族区域自治法》，湘西土家族苗族自治州根据《宪法》与《自治法》，结合本地区的政治、经济、文化特点，制定出《湘西土家族苗族自治州自治条例》。1986 年 7 月 27 日，湖南省第六届人民代表大会常务委员会第二十次会议批准了此自治条例。《自治条例》共七章 58 条，就自治州的"自治权"与"自主权"做出了具体规定：

第一章《总则》规定自治州的自治机关根据本州的情况在不违背宪法和法律的原则下，采取特殊政策和灵活措施，加速经济文化建设事业

---

① 李昌俊、彭继宽主编：《湖南民族关系史》（下卷），民族出版社 2006 年版，第 52—56 页。

② 金炳镐：《中国共产党民族政策发展史》，中央民族大学出版社 2006 年版，第 241 页。

的发展。上级国家机关的决议、决定、命令和指示，如有不适全本州实际情况的，自治机关在报该上级国家机关批准后，变通执行或者停止执行。

第二章《自治机关》规定自治州人民代表大会常务委员会的组成人员和人民政府的组成人员中，土家族和苗族的公民应当超过半数；人大主任或者副主任中，应当有土家族、苗族的公民；州长由土家族或者苗族公民担任。

第三章《人民法院和人民检察院》中规定保障各民族公民都有使用本民族语言文字进行诉讼的权利。

第四章《经济建设和文化建设》规定自治州的自治机关在国家计划指导下，根据本州的实际情况，制定经济文化建设事业计划和相应的政策措施，自主地安排和管理本州的经济文化建设事业。

第五章《财政管理》规定自治州的自治机关依照法律规定，自主地调整财政预算的收支；在财政收入多于支出时，实行定额上缴；在财政收入不敷支出时，报请上级财政机关给予定额补助；对属于地方财政收入的某些需要从税收上加以照顾的，可以实行减税或者免税。

第六章《民族关系》规定自治州的自治机关加强民族政策教育，经常检查民族政策和民族法规的遵守和执行，教育各民族干部和群众互相信任，互相学习，互相帮助，互相尊重语言文字、风俗习惯和宗教信仰，共同维护国家的统一和各民族的团结。

第七章确定9月20日为自治州成立纪念日。之后，根据本地区社会经济发展的需要，又相继出台了《湘西土家族苗族自治州国土资源开发保护条例》、《矿产资源管理条例》、《电信管理条例》、《环境保护若干规定》、《个体工商户和私营企业权益保护条例》等单行民族自治法规，将民族区域自治法具体化。①

这些条例、法规的制定与实施，是湘西土家族、苗族人们当家作主的具体体现，民族区域自治为湘西苗族地区经济、社会、教育各方面的发展提供了优惠与支援。

① 湘西自治州民委编：《湘西土家族苗族自治州·民族志》，湖南人民出版社1999年版，第338—340页。

（三）民族区域自治对苗族文化的意义

在有关民族文化方面，民族区域自治制度充分赋予了少数民族的文化权利，支持、鼓励少数民族保护与发展自己的文化。《民族区域自治法》（1984年）的有关内容，体现了这一原则或精神：

第一，提倡继承与发扬民族传统文化。例如，自治法第6条就规定，民族自治地方的自治机关继承和发扬民族文化的优良传统；并在第36条至42条中，对有关继承与发扬民族传统文化的内容做出了具体规定，如"民族自治地方的自治机关收集、整理、翻译和出版民族书籍，保护民族的名胜古迹、珍贵文物和其它重要历史文化遗产（第38条）"。还可以自主发展民族传统医药（第40条），自主开展民族传统体育活动（第41条），等。另外，自治法所保障的少数民族其他的有关权利，如使用与发展自己的语言文字的自由、保持或改革自己风俗习惯的自由与宗教信仰自由等，也可以视为国家对少数民族继承与发扬这些民族传统文化内容表示尊重与提倡。

第二，提倡发展民族文化事业。自治法注重民族文化事业的发展，引导民族文化的发展走向系统化、规模化与规范化的道路。它规定，民族自治地方的自治机关自主地发展具有民族形式和民族特点的文学、艺术、新闻、出版、广播、电影、电视等民族文化事业（第38条）；可以自主决定本地方的科学技术发展规划，普及科学技术知识（第39条）；自主决定本地方的医疗卫生事业的发展规划，发展现代化医药（第40条）；自主发展体育事业（第41条）；等等。

第三，提倡民族文化交流。自治法规定，自治机关积极开展和其他地方的教育、科学技术、文化艺术、卫生、体育等方面的交流和协作；自治机关依照国家规定，可以和国外进行教育、科学技术、文化艺术、卫生、体育等方面的交流（第42条）。这一规定，有利于文化之间的互动，有利于各民族吸收、借鉴异质文化，实现自己文化的创新。

第四，如前所述，自治法也要求国家在财政、物质和技术等方面帮助少数民族文化的发展。

同时，民族区域自治制度也表达出国家的意愿，伸张了国家的责任与权利。一是培养社会主义意识形态，主张"建设具有民族特点的社会主义精神文明,不断提高各族人民的社会主义觉悟"(第6条);二是倡导科学理念,主张不断提高各族人民的科学文化水平(第6条),普及科学技术知识(第39条),与外界进行科学技术的交流(第42条);三是倡导现代化的理念,要求进行发展现代化建设(第6条),提高劳动生产率和经济效益,发展社会生产力,提高物质生活水平(第6条),发展现代化医药(第40条);四是推广汉语言文字,要求"小学高年级或中学设汉文课程,推广全国通用的普通话"(第27条),少数民族干部也要学习全国通用的普通话和汉文(第49条),等等。

因此,从"国家与社会"的视野来观照民族区域自治政策中有关民族文化的内容,就会发现,对于民族社会来说,自治法的有关规定使少数民族争取到了文化表达的权利与文化发展的空间,为发展与创新民族文化提供了制度资源与法律凭据;对于国家而言,其意图不仅在于要尊重、支持民族文化的保护与发展,保障民族文化权利,而且还要参与其中,对民族文化发展进行指导、规划,向民族文化中积极传播、增添、渗透国家倡导的文化理念,实现各民族在发展文化时的"国家在场"。

改革开放之后,正是借助于民族区域自治制度的撑持,湘西苗族文化再次获得了合法性空间。从政府到民间,开始通过各种形式自觉地恢复断裂的苗族传统文化,并随着苗族社会的发展,不断地为苗族文化增添充满时代内涵的文化元素,弘扬苗族文化。如今的苗族文化如一朵绽放于祖国民族大花园的娇艳鲜花,以其厚重的生存智慧滋养着苗族子孙,也以其独特而神秘的文化魅力吸引着世人。

四 学校教育的推广与普及

教育是培养人的事业。在现代社会,对于个体而言,教育是向上流动的阶梯;对于国家而言,教育是强国兴邦的钥匙,是国家影响民族社会,将少数民族整合到主流文化之中,增进其国家认同的重要手段。因此,为社会成员提供教育,是现代政府的基本义务之一。由于学校教育具有正规化、规模化、系统化的特点,1949年以后,国家在民族地区推行学校教育,一个重要目标就是要促进民族地区社会文化发生变迁。

（一）"总体性社会"时期学校教育的初步发展

在国家民族教育政策的影响下，20 世纪 50 年代，政府为促进湘西苗族地区的学校教育事业较快发展，采取了许多措施，主要包括以下方面：

1. 兴建学校，改善办学条件

1949 年，湘西州共有小学 530 所，中学 12 所，师范学校 6 所，职业技术学校 1 所，合计在校学生 1.5 万人。[①] 新中国成立后，政府希望振兴湘西的民族教育，开始兴办学校。1950 年年初，湘西地区正在进行剿匪活动，社会经济状况十分艰难，但政府还是坚持拨款拨粮，充当临时经费，发展民族教育。1951 年，凤凰县开始普建小学，其中新建完小 6 所；1951 年上半年，乾城、凤凰、永绥三县共恢复和发展了苗族中心小学 39 所，村小 166 所，在校学生 1.4 万余人[②]；1952 年，保靖县在苗族聚居区增设小学 10 所；1955 年，湘西苗族地区响应政府"群众办学"的号召，除原有小学由政府负责维持外，在其他地方，依条件自办小学。对于中等学校，国家也进行了扶持与改造，1952 年，原省立十三中改为"湘西民族中学"，省立茶洞师范学校改为"湘西民族师范学校"；1953 年，省立九师和湘西民族师范学校分别改设为湘西第一民族师范学校和湘西第二民族师范学校。至 1957 年，湘西州小学已有 1816 所，中学、中师调整为 14 所，在校学生达 21.7 万人。[③] 1958 年"大跃进"时期，还兴起了"群众办学"的高潮，"民办小学，风起云涌"，本着勤俭办学的精神，"因陋就简，搭起架子，有的老师和群众把自己的房屋家具捐献出来，有的群众出力协助修理旧房屋作校舍，利用旧材料加工制成课桌……"虽然学校的教学质量不高，但是数量极速扩张确是事实，湘西州的民办小学曾一度发展至 2000 所以上。[④]

湘西苗族的学校基础设施也得到了相应的改善。小学中一般都具

① 李昌俊、彭继宽主编：《湖南民族关系史》（下卷），民族出版社 2006 年版，第 80 页。
② 同上。
③ 同上。
④ 湖南省志编纂委员会民族志编辑组：《湖南省民族志》，1959 年印，第五章之"学校教育"部分。

备了课桌、椅子、黑板、跷跷板、时钟、篮球、排球、风琴等，有些中心小学教学设施已相当完善。1954年，花垣县仅课桌就添置了578套，还配备了教学用的蒸汽机、发电机等；吉首县各中心小学都分配了风琴、图书、钟表和其他一些文体用品。[①] 中等学校的校舍也得到了修缮，教学设备也日趋齐全。1953年，湘西第一民族师范添置图书3800多册，1954年又增加了1500多册，并配套了试验仪器、化学药品、矿物及生物标本等；1955年，吉首民族中学还新建了图书馆、理化仪器实验室，配备了精密显微镜20多台和各种动植物及矿物标本等。[②]

2. 培训师资，稳定教师队伍

湘西苗族地区教育基础差，师资力量缺乏，教学质量无法保证。为了提高教师素质，稳定师资队伍，政府采取了各种措施：其一，招收失业知识分子，参加短训后担任教师。1951年，泸溪县吸收失业知识分子122人，次年又吸收22人，经过学习之后，担任了小学教师。其二，开办各种师资培训班。通过在师范学校以及中学附设初师班，开办教师星期学校、假期学习班等各种形式，来提高小学教师素质。至1957年年底，湘西州5800多名小学教师中，有3000名参加了一年或半年的轮训学习。其三，选派毕业生充实中小学教师。每年除了派遣师范毕业生进入小学外，还选派高初中毕业生、肄业生来担任小学教师；中学以上学校由省教育厅及湘西行署招训失业知识分子派往，并分发大专毕业生补充。其四，开展教学经验交流活动，如通过寒暑假集中学习、星期小组开会，或是组建教学研究互助组、集体备课、教学观摩、座谈会等形式，来互相传授教学体会，共同促进教学水平。[③]

3. 扶助学生，给予学生优惠

当时苗族学生所处自然环境恶劣，生活条件艰苦，就学困难。"初解放时，生活尚未大大改善，子女衣服单薄，又须帮助家庭劳动；一般学生离校数里，远则达10里以上，下雨、下雪上学少，栽秧、割禾、

---

① 湖南省志编纂委员会民族志编辑组：《湖南省民族志》，1959年印，第五章之"学校教育"部分。
② 同上。
③ 同上。

割麦缺课多，流失现象严重。"① 针对这种情况，政府采取了各种措施，给予苗族学生照顾，以解决其入学问题。第一，设立补助费或助学金，给予苗族学生经济补助。1952 年至 1957 年间，湘西州共开支少数民族教育补助费 977044 元。小学的补助金除修建民族地区小学校舍外，多用于补助贫苦的民族学生。其中，1954 年，花垣县发给苗族学生棉衣、单衣 533 件、雨鞋 171 双以及一些学习文具等。在中学，湘西行署于1951 年拨出专款将民族助学金的比例提高到 50%，民族学生助学金不受一般学校规定比率的限制，1953 年吉首民族中学苗族学生享受助学金的达 95%；1956 年湘西第一民族师范将补助费及机动助学金 1400 元用于购置棉衣、雨鞋及其他物品，发给贫困生，其中苗族学生占 159人。第二，小学入学或中等学校招生录取时给予照顾。小学招生时，教师下组宣传入学事宜，做到家喻户晓；开学后深入到户，劝请学生入学；对于失学的超龄儿童，则适当放宽入学年龄。各中等学校，入学年龄和录取标准都进行了适当放宽，如 1953 年自治州规定两个民族师范及民族中学以及苗族聚居的凤凰、花垣、古丈三个县中招收民族学生争取达到 50%，还规定录取时汉族学生的平均分要达 60 分，而苗族学生平均分达 45 分即可录取。②

4. 尊重苗族特点，实施教学

为了提高教学质量，在苗族教育中注重结合苗族特点，进行教学活动。例如，根据苗族学生的个性特征、爱好、愿望，因材施教；主动关心他们的生活与思想情况，培养师生感情，因势利导，鼓励他们的学习信心；运用苗族语言辅助教学，解决苗族学生汉语基础差，理解课文困难的问题。在教学中，补充有关苗族的乡土教材，普及了苗族历史与地理知识，丰富了教学内容。此外，在美术、音乐、体育方面，增加苗族中相关的文化内容。③

总之，由于采取了以上措施，20 世纪 50 年代前期，湘西苗族教育事业发展顺利。但是在 1957 年以后，一系列的政治运动又使得苗族教

---

① 湖南省志编纂委员会民族志编辑组：《湖南省民族志》，1959 年印，第五章"学校教育"部分。
② 同上。
③ 同上书，第五章"根据民族特点进行教学"部分。

育受到冲击。特别是在"文革"中,苗族教育损失惨重,湘西州大、中专学校几乎全部"停课闹革命",多年不招生,一批民族学校被撤销,苗族学生又一次失去了接受学校教育的机会。

(二)改革开放以后教育体制进一步完善

改革开放以后,为了发展湘西地区的教育事业,国家在教育体系、经费、招生、学校建设等方面都给予了大力的支持。

1. 教育体系逐渐完善

从学前教育到大学教育,湘西地区建立起了一套比较完整的教育体系。

(1)学前教育。20世纪80年代初,湘西州成立了托幼工作领导小组,教委、妇联配备了幼教专干,各区、乡(镇)和工矿、企事业单位都要求明确一位负责人兼管幼教。1980年12月,湘西州教委在泸溪县还召开现场会,推广该县良家谭乡创办学前教育的经验。20世纪90年代,开始提倡儿童在上小学前,先接受3年的学前教育,2000年,湘西州有204所公办幼儿园,在园幼儿数为40494人;[1] 至2005年,4.53万人受到了学前教育。[2]

(2)小学与中学教育。20世纪80年代初,湘西州开始集中力量开办中小学教育。对于小学教育,实行州、县办好一批重点小学,一个乡办好一所中心完小,村办好初级小学,过于分散的边远村民小组,采取办教学点的方法,巡回教学,坚持小学阶段普及教育。1984年,湘西州启动各县办好一所寄宿制民族中学、两所寄宿制民族小学的工程,此类学校以招收少数民族学生为主,并对经济困难的学生予以补助,此后,寄宿式的学校逐渐推广;1996年开始以乡镇为单位推进普及九年义务教育,1999年开始以县为单位全面推行普及九年义务教育。2000年,湘西州提出控流保学"一个不能少"的目标,当年的小学毕业生全部进入初中。2000年全州小学在校学生为326571人,比"普九"前的1995年多26758人,适龄儿童入学率由97.7%提高到97.9%,小学

---

① 湘西自治州统计局编:《1949—2000跨越半个世纪的湘西自治州》,第83页。
② 中国民族年鉴社:《中国民族年鉴》(2006年),第430页。

在校学生年辍学率由 2%降低到 0.47%。[①] 2005 年，小学入学率提高到 99.1%，小学升学率为 94.9%。[②] 湘西州 1949 年以前只有 9 所普通中学，到了 2000 年已经有了 128 所，在校学生 120272 人，与 1951 年的 1297 人相比，增加了 118975 人，增长了 91.7 倍，少数民族占学生总数的 81.6%。初中在校学生 106115 人，比"普九"前的 1995 年增加 36323 人，初中入学率从 74.6%提高到 98.05%，初中在校学生辍学率由 8.96%降至 2.6%。2005 年，普通中学增加至 193 所。1983 年以后，湘西州创办了 9 所民族中学，并在 8 个县市的普通中学里设置了民族高中班 27 个，基本上可以满足苗族学生的上学要求。2000 年，全州每万人中在校中学生有 502 人，小学生为 1259 人，与 1951 年相比，中学生增长了 45.6 倍，小学生增长了 2 倍。[③]

（3）中等职业教育。20 世纪 80 年代初，在已有的基础上，又创办了州商业学校和农业机械学校。随后，州财会、物质、水电、公安、交通等学校开始创建。至 1988 年，全州教育战线有 23 所中等专业学校，在校学生 14977 人，是 1950 年的 16.5 倍，是 1957 年的 12 倍，达到鼎盛时期。后来，随着社会形势的变化，一些中专由于不太适合市场经济的需求被淘汰。经过调整，2000 年有中专学校 20 所，在校学生 10473 人，平均每万人中有在校中专生 40 人，与 1951 年相比，增长了 10 倍；[④] 2005 年，全州有 26 所中等职业学校，在校生有 1.64 万人，平均每万人中专生有 62 人。[⑤]

（4）大学教育。在湘西自治州地区，大学教育发展迅速，其中以吉首大学的发展最具代表性。1958 年 9 月，湘西州创办了吉首大学。1978 年 8 月，吉首大学被改建为湖南省属综合性大学，面向全省招生。1979 年学校开始招收本科学生。2003 年，学校成为硕士学位授予权单位。除了本地高等教育的迅速发展外，国家高等教育也在不断地成熟，高校对民族地区制定了照顾性的倾斜，因此，湘西苗族学生受大学教育

---

① 湘西自治州统计局编：《1949—2000 跨越半个世纪的湘西自治州》，第 82 页。
② 中国民族年鉴社：《中国民族年鉴》（2006 年），第 430 页。
③ 湘西自治州统计局编：《1949—2000 跨越半个世纪的湘西自治州》，第 83 页。
④ 同上。
⑤ 中国民族年鉴社：《中国民族年鉴》（2006 年），第 430 页。

的机会也大为增加。

2. 制定了许多优惠政策

首先，在教育经费上给予了大力支持。1981 年 10 月，教育部、国家民委在《关于加强民族教育工作的意见》中提出在各地财政上要设立少数民族教育专项补助。为了贯彻此项意见，1982 年，湖南省财政厅除在对民族自治地方的包干费中安排少数民族教育补助费 120 万元外，又增加了 100 万元。湖南省民委从每年的"支援不发达地区发展资金"中划出 30%用于民族教育事业；从 1981 年起，湘西自治州每年得到民族教育补助费 20 万元；从 1986 年起，湖南省教委每年拨给民族地区每个县、市师资培训费 10 万元；从 1987 年起，湖南省财政厅每年给予每个民族乡拨款 1 万元教育补助费。"七五"期间，拨给湘西自治州的各项教育经费共计 2046 万元，比全省平均数高 25%。① 20 世纪 90 年代以后，给予湘西民族地区的经济优惠更加明显。1994 年 12 月，湖南省委与省政府下发了《关于少数民族地区发展经济和社会事业若干优惠政策的通知》，其中一项为"关于帮助民族地区发展教育问题"，对民族教育经费的规定是："将省财政安排给民族自治地方的民族教育补助费由每个县二十万元提高到三十万元，改为少数民族义务教育助学金"，"继续由省财政给每个民族乡每年安排一万元的教育助学金"，"继续执行大中专院校为少数民族贫困地区代培人才减半收费的政策"等。2000 年 4 月，湖南省委、省政府又下发了《关于加快少数民族和民族地区社会经济发展若干优惠政策的通知》，不仅保留了原优惠政策，而且还加大力度，规定"各级政府在基本建设的投资计划中，用于民族地区学校的基本建设投资比例要高于其他地区"，并将"少数民族义务教育助学金"提高至每县每年 40 万元。自 1995 年以来，省里每年下拨给湘西的各项教育经费又有所增加，已高于全省平均数的 30%。同时，在扶贫支援过程中，民族教育也成为工作的重点。例如，1994 年 9 月，湖南省委、省政府将湘西州作为扶贫工作的主要地区，由 6 个省辖市对口扶持湘西州的 6 个

---

① 李昌俊、彭继宽主编：《湖南民族关系史》（下卷），民族出版社 2006 年版，第 192—193 页。

县，教育是工作的重点之一，至 1999 年，6 个市投入教育资金有 1651 余万元。① 2015 年湘西州投入 11.8 亿，大力推进实施了"城镇学校班额均衡化、农村学校标准化、城乡教育信息化、教师队伍素质提升"四大工程，推动了全州城乡教育均衡发展，2015 年全州教育支出成为全州第一大公共财政支出，金额达 41.26 亿元，较上年增长 19.74%。② 总之，国家对湘西民族地区教育经费的投入呈逐年递长的趋势。

其次，对民族考生实行降分录取。1983 年国家教育部在《关于全日制高等学校招收新生的规定》和《关于 1983 年全日制中等专业学校招考新生的规定》中，均有对民族地区考生采取降分录取、优先录取的政策。湖南省教育厅根据这两个文件，并结合湖南省实际，对自治州、自治县、民族乡报考省属大中专院校的少数民族，降低 20 分录取。后来优惠条件继续扩大，对于散居在县、市以上城镇和农村的少数民族考生降低 5 分、10 分录取分数线。1989 年，湖南省教委、省民委确定省内 6 所中等师范对全省教育落后、少数民族聚居的 110 多个乡（镇）实行"名额到乡、就地择优"的录取办法。此后，民族地区大中专招生录取率逐年上升。1989 年，湘西州高校录取率从 1984 年的 14.19% 上升到 15.14%，中专考生录取率从 1984 年的 7.36% 上升至 10.44%。这一政策保持着连续性。至今，湘西苗族学生一直享受着国家给予的优惠政策。

另外，为了克服语言上的障碍，更好地普及教学，在湘西一些苗族地区，国家推行了"苗汉双语"教育的方式。1982 年，在花垣县进行了"双语"教学试点，1983 年，在吉卫民族小学第一批苗区学校进行"苗汉双语"教学实验，改汉文启蒙为苗文启蒙，取得了很好的教学效果。在 20 世纪 80 年代后期，花垣、凤凰两县在苗语区 24 所小学开设了 44 个苗文教学与"双语"教学实验班。在"双语"教学实践中，还探索出了"苗汉双语双文四步转换"教学方法，这种方法在花垣吉卫

---

① 李昌俊、彭继宽主编：《湖南民族关系史》（下卷），民族出版社 2006 年版，第 212—213 页。

② 周名猛：《去年全州投入 11.8 亿推进教育四大工程》（http://www.xxz.gov.cn/news/xwdt/bmdt/201603/t20160314_ 202808. html）。

镇和凤凰落潮井乡的 7 所小学 40 个班长期使用。

　　3. 办学条件不断改善

　　第一，校舍条件与教学设施得到改善。20 世纪 90 年代以来，湖南省广辟资金渠道，多方筹措资金，实施了兴建学校的工程。例如，为了使居住分散的民族学生方便就学，实施了民族寄宿制中心小学建设工程。至 1995 年，全省投入此项建设工程的资金有 1.65 亿元，共建成寄宿制中心小学 609 所，新建改建教学与生活配套设施近 30 万平方米。又如，为了解决贫困学生入学难的问题，又实施了希望工程。1993 年，湘西自治州中小学危房面积达 16 万多平方米，有 48 所村小没有校舍，只能在民房里上课，学龄儿童入学率仅有 90%，读完小学的只有76.5%，有 4 万儿童因贫困失学。为此，1994 年，湖南省委、省政府号召有关单位支持湘西自治州建设 100 所希望小学，很快就得到社会的响应。至 1995 年，湘西自治州共接受捐款 2298.5 万元，建起希望小学132 所。至 1997 年，湘西自治州共投入希望工程资金 6500 万元，兴建希望学校 229 所。再如，随着"两基"（基本普及九年义务教育和基本扫除青壮年文盲）工作的全面展开，民族地区初中规模与设施再也不能满足学生的就学需求。为了解决这一问题，1993 年又实施了寄宿制骨干初中建设工程。至 1999 年年底，湖南省已累计投入资金 2640 万元，共在民族地区建设寄宿制骨干初中 120 所。另外，还实施了世界银行贷款项目与国家贫困地区义务教育工程。1992 年，世行贷款项目启动后，全省有 15 个县首批得到了贷款援助，其中就有湘西的凤凰、泸溪、龙山等县。1997 年，世行贷款又启动了第四个贫困地区基础教育发展项目，吉首、保靖、永顺和芷江等 11 个县得到援助，贷款主要用于新建、扩建、改建校舍，添置课桌椅及仪器设备、图书，改善管理信息系统等。1995 年年底，国家对湖南省 23 个贫困县实施了贫困地区义务教育工程，1995 年至 1997 年，对民族自治地方的 13 个贫困县投入了 6395万元，其中投入湘西自治州 7 个县（吉首市除外）3474 万元。通过上述几项工程的实施，1992 年至 1999 年湖南省在民族地区累计投入教育资金 3 亿元。随着国家对民族地区教育问题愈加重视，实施改善办学条件的举措也逐渐增多，校舍条件及配套设施得到了极大的改观。2015年，在推进农村学校标准化工程上，全州共建设农村学校校舍面积

16.6万平方米，并配套部分设施设备，全州学校 D 级危房和 "大通铺"
现象全面消除。在城乡教育信息化工程方面，全州所有乡镇及以上学校
100％实现 "宽带网络校校通"，专任教师 100％实现 "网络学习空间人
人通"，教学点 100％实现数字教育资源全覆盖，保靖、龙山、古丈、
吉首、花垣五县（市）100％实现 "优质资源班班通"①。

第二，师资力量在进一步增强。为了提高教师队伍的素质，国家在
湘西地区采取了许多措施。首先，就是以吉首大学、吉首大学师范学
院、湘西电大等高校为基地，通过正规的学习或培训，培养知识素质
全面的教师，增强教师的教学能力；其次，采取 "定向招生，降分录
取" 的方式，鼓励民族地区的学生报考师范院校，学成之后，投身于
家乡的教育事业；另外，通过多种方式的进修培训，帮助民办教师提
高文化素质，实现向公办教师身份的转变，从而稳定基层教师队伍。
通过种种举措，湘西地区的教师队伍不断壮大，整体素质明显提高。
2000年，全州各级各类学校教师有 22108 人，其中少数民族教师占总
数的 83.8％。② 2003年，全州教师增加至 36084 人。③ 近年来，针对民
族地区教师队伍实际，湘西州实施了 "以内为主，以外为辅" 的教师
培养培训模式，通过 "名师工作室"、"互助课堂"、"远程课堂"、"学
科带头人" 等方式，进行全方位、多层次、接地气的教师培训。2015
年湘西州完成教师信息技术应用能力骨干培训 450 人、全员培训 6000
人。招聘特岗教师 286 名，招收公费定向培养师范生 524 名，完成国
培、省培计划 1.1 万人次，建立名师工作室 30 余个，④ 实现教师队伍水
平得到整体提高。

以上虽然主要是从宏观上就湖南省民族地区与湘西自治州的教育发
展进行了简略的介绍，但湘西苗族是其中的主要受惠者。经过以上政策
和措施，湘西苗族的教育事业不断得到发展。

---

① 周名猛：《去年全州投入 11.8 亿推进教育四大工程》（http：//www. xxz. gov. cn/news/
xwdt/bmdt/201603/t20160314_ 202808. html）。
② 湘西自治州统计局编：《1949—2000 跨越半个世纪的湘西自治州》，第 84 页。
③ 湘西自治州统计局编：《2003 年湘西统计年鉴》，2004 年印，第 377 页。
④ 周名猛：《去年全州投入 11.8 亿推进教育四大工程》（http：//www. xxz. gov. cn/news/
xwdt/bmdt/201603/t20160314_ 202808. html）。

(三)学校教育对湘西苗族文化的影响

学校是现代国家为社会成员提供教育而设立的专门机构,也是文化传承和国家影响、引导少数民族文化变迁的重要场所。因此,学校教育的推广与普及在湘西苗族文化史上是一件十分重要的事件,对苗族文化影响巨大。在此将从两个阶段,即20世纪50年代至改革开放前、改革开放以后来分析学校教育对苗族文化的影响。

1. 20世纪50年代至改革开放前

20世纪50年代,中国的历史进程由民国向人民共和国的转型完成不久,政权形式、社会制度、社会性质都发生了质的变化,国家推行的学校教育的内容、理念也随之发生了极大的变化。"教育是文化的习得与传承"[1],新的教育内容与理念,为湘西苗族增添了新的文化内容,促使其发生新的变化。

第一,实现了湘西苗族人民的教育权利。学校教育的一个重要功能就是如何将少数族群和弱势群体整合到主流社会,消除种族差别与民族壁垒。[2] 学校教育结束了数千年来绝大多数苗族人民被排斥在学校教育之外的传统,为苗族人民提供了进入学校接受国民教育的权利和机会,苗族人民作为社会成员的教育权利得以实现。在民国以前,苗族几乎没有学校教育,人们的生活智慧和文化传承主要通过代际传递或同代交流获得;民国时期,国民政府虽然在湘西苗族地区开办了一些学校,并取得了明显成效,但是由于社会动荡,开办时间有限,能够进入学校的也多是富贵苗家子弟,绝大多数苗民仍没有接受学校教育的机会。1949年以后,学校教育在湘西苗族地区逐渐推广,广大苗族人民与汉族人民一样,有权利踏进学校享受政府提供的公共服务,标志着国家将湘西苗族视为国家整体的一个有机组成部分,并承担起了为其提供教育的义务,表达了国家对苗族的认可,这也让苗族人民告别了以往在汉族面前的自卑意识,树立起了作为国家主人的自信与尊严。

第二,增强了湘西苗族的国家认同。学校不仅是传授知识、教给技

---

① 庄孔韶主编:《人类学通论》,山西教育出版社2003年版,第431页。
② [美]迈克尔·休斯、卡罗琳·克雷勒:《社会学与我们》,周杨译,上海社会科学院出版社2008年版,第369页。

能，更重要的是形成习惯，训练道德和培养价值观念的场所。① "特定的文化价值和信仰是通过社会化过程和学校教育在人们的头脑中生成的。"② 具体就培养学生的国家观念而言，学校的功能就"在于将社会占统治地位的价值观传输给年轻人并形成共同的国家观念"③。在学校里，可以"通过面对国旗举行宣誓效忠的仪式、展览总统的照片、在集会或体育赛事之前奏国歌等方法来灌输爱国主义"④。因此，增强学生的国家认同观念，培养爱国主义感情，树立报效国家的远大理想，学校教育是一条主要途径。新中国建立初期，为了调动湘西苗族人民建设社会主义的积极性，培养爱国主义精神，实践建设社会主义国家的宏大目标，国家采取了各种措施对湘西苗族进行了国家认同的教育。

在学校教育中，教师是文化的传播者，他们的价值取向、理想信念会通过课堂教学或非正式课程（Hidden Curriculum）对学生产生影响，对学生的思想具有强大的形塑力。因此，为了保证学生有一个正确的价值取向，对国家产生认同感，必须首先加强对教师的思想政治教育工作。1951 年第一次全国民族教育工作会议强调，培养少数民族干部是开展少数民族地区各项建设事业的中心环节，培养干部是现阶段少数民族教育工作的首要任务。在湘西苗族地区，对教师进行爱国主义思想教育，成为当时学校教育工作的重点。通过交流教学经验、组织学习等方式，使老师们"明确了人民教师是要以社会主义思想教育学生，为祖国培养全面发展的社会主义建设人才，要注意各民族大团结的共同点，尤其是建设社会主义祖国的共同目标"⑤。

在国家的教育精神指导下，教师们通过各种方式在教学中灌输爱国主义的相关理念。例如，根据苗族学生的个性特点来培养社会主义的爱国主义精神：

---

① 司马云杰：《文化社会学》，中国社会科学出版社 2001 年版，第 379 页。

② 庄孔韶主编：《人类学通论》，山西教育出版社 2003 年版，第 432 页。

③ ［美］迈克尔·休斯、卡罗琳·克雷勒：《社会学与我们》，周杨译，上海社会科学院出版社 2008 年版，第 367 页。

④ ［美］戴维·波普诺：《社会学》（第十版），李强等译，中国人民大学出版社 1999 年版，第 421 页。

⑤ 湖南省志编纂委员会民族志编辑组：《湖南省民族志》，1959 年印，第五章"学校教育"部分。

根据他们重感情、讲信实、自尊心强等特性,进行爱国主义教育,使他们对个人的感情成为爱人民、爱祖国的感情,个人自尊心成为民族的自尊心;根据他们勤劳勇敢的优点,启发他们积极从事参加生产和参加祖国的社会主义建设工作。①

通过补充乡土教材来进行引导:

在地理课上,自治州各学校有些优秀的教师在讲述全国、全省的地理情况时,结合本州、县的丰富资源和解放前后经济、文化的对比,激发学生热爱家乡、热爱祖国的思想。②

这种灵活多样、就地取材的教育方式,促进了湘西苗族地区的国家认同教育。湘西苗族人民的政治观念与人生理想发生了巨大变化:

在政治觉悟上,学生们的爱国思想有所提高,当抗美援朝时,各中等学校学生纷纷写信给学校要求参加抗美援朝,永顺师范学校学生347人,有187人报名;保靖中学有学生33人报名,部分获得批准。新化罗盛教烈士就是在吉首民族中学学习时投入朝鲜前线的。1952年,志愿军归国代表到湘西传达时,花垣的小学生受到抗美援朝、保家卫国教育的鼓励,表现了民族学生高度的热爱祖国、热爱和平的品质。③

这一成效从当地参与共青团的人数变化也可见一斑。吉首民族中学有学生833人,1954年上学期,仅有160人参加共青团的活动,不及学生总数的五分之一,由于加强思想辅导工作,同年下学期参加共青团

---

① 湖南省志编纂委员会民族志编辑组:《湖南省民族志》,1959年印,第五章"根据民族特点进行教学"部分。

② 同上。

③ 同上书,第五章"学校教育"部分。

的活动者就达到 394 人。①

　　第三，双语教育促进了苗汉文化互动，丰富了苗族文化。"族群是一种文化的集合体……（族群）并凭借文化方面的一个或几个差别（如宗教、习俗或组织）来相互区别。"② 语言是文化的基本组成部分，是一个民族文化传统的象征与基本载体，也是不同民族之间相互区别的文化标志之一。因此，双语教育，不仅是语言的交流，也是文化之间的交流与互动。

　　学习汉语对于少数民族群体来说十分必要，"一般来讲，发展相对滞后的族群会较多地吸收发达族群的词汇，它的知识分子也会比较积极学习发达族群的语言与文化，这是推动本族社会改革与发展的需要，也是他们在生活中吸收发达族群物质和精神产品的需要"③。对于苗族而言，双语教育给他们提供了学习汉族文化的良好机会。通过这种方式学习、吸收汉族文化，不仅有利于他们个人学习知识和未来就业与发展，④ 而且还有利于苗族文化的丰富与发展。在 20 世纪 50 年代，湘西苗族就有了这一认识：

　　　　各学校所用课本，都是汉语语文编成的通用课本，没有某一民族专用的教材，事实上，汉语文是国内各民族间交际和交流思想的共同工具，祖国历史、地理和文化科学的宝藏，绝大部分是用汉语文纪录下来的；现代科学上和文化上的术语，也必须用汉语表达；同时，湖南近年来各民族政治、经济和文化的飞速发展，汉语文这一工具起了极伟大的作用。因此，学会汉语文有利于各民族文化的丰富和发展。⑤

　　这一认识不仅体现出汉语处于优势地位的客观事实，而且也说明了

---

　　①　湖南省志编纂委员会民族志编辑组：《湖南省民族志》，1959 年印，第五章"学校教育"部分。

　　②　转引自马戎《民族社会学导论》，北京大学出版社 2005 年版，第 142 页。

　　③　马戎：《民族社会学导论》，北京大学出版社 2005 年版，第 151—152 页。

　　④　同上书，第 150 页。

　　⑤　湖南省志编纂委员会民族志编辑组：《湖南省民族志》，1959 年印，第五章"根据民族特点进行教学"部分。

少数民族学习汉语、汉文化的重要性与必要性。

20世纪50年代，苗族学生学习汉语经历了一个较为曲折的过程。而这种经历，正是汉苗文化交流互动，汉族文化向苗族文化传播、渗透的过程。语言是少数民族学生的一个重要难关，"这样导致的许多挫折就会使孩子甚至在很小的年纪就认为，学校是他们不可能有希望获得成功的地方，因此，他们有时就放弃尝试成功或甚至放弃上学"①。由于湘西苗族刚从封闭的生活环境走出，对于汉语的接触与认识还不普遍，加之文化上的差异，又使他们在学习汉语时面临着许多困难："通用的小学课本内容，许多不是边远山区儿童所习见的事物，学生不易理解。……且多北方口语，如'姥姥'、'奶奶'、'一骨碌'等，学生大多很感陌生……许多少数民族儿童，读了两年汉文，还不知学什么，学习成了沉重的负担。花垣排楼苗族小学生认为学汉语像爬腊尔山一样的艰难。"不仅如此，当时苗族学校中大多数是汉族老师，他们也不懂苗语，无法进行有效教学，教学质量受到影响。1956年，报考凤凰县中学的苗族学生371人，语文不及格的占74%，算术不及格的占37%。凤凰禾库完小在县教育科调查组测验五个六年级学生的课文朗读时，有三个学生都认错90多个字，认错最多的达181个字。②

针对这种情况，政府决定在湘西苗族地区采用苗语辅助教学法的政策，小学低年级，以民族语言讲述为主，用汉语讲授课文并进行总结；中年级两种语言兼用；高年级采用汉语为主，用民族语言解析生字、新词和难懂的句子。这种做法在中学也得到了运用。③ 有关记载为我们描述了当时苗汉语言相互学习、借鉴的生动图画。

> 湘西各县的苗汉教师为了系统地研究苗语的语法结构，进行苗汉语法对比教学，凤凰县的教师还编写了"苗语语法入门"等小册子，对各校教师在课堂运用上有一定帮助。多数学校的教师还组织

---

① ［美］戴维·波普诺：《社会学》（第十版），李强等译，中国人民大学出版社1999年版，第439页。

② 湖南省志编纂委员会民族志编辑组：《湖南省民族志》，1959年印，第五章"根据民族特点进行教学"部分。

③ 同上。

了苗语学习班……在进行教学实践时，先把课文中难懂难解的词语，找苗族学生中汉语水平较高的学生两三人，先用汉语讲给他们听，再叫他们用意义相当的本民族语翻译出来。教师上课，在讲到课文中那些难懂的词语时，便结合苗语解释。这样，便可以使所有听讲的苗族学生都够懂透这些词语的意义，收效很大。

　　……如语文课本中的"河渠横亘，山岗高耸"一语，苗族学生是很难领会其意义的，但把苗语搬到教学上来就有现成的词语好用了。苗语"搞五搞斗，腊文几楼；被勾被戎，亚闪亚冲"刚好译出上面的意义，学生一听就能深刻体会。

　　……如"肥肥胖胖"一词，苗族的习惯说法是"壮汝根"，这样直译出来太简单了，不能确切表达"肥肥胖胖"的全部含义，经过教师们的反复推敲，后译为"娃过娃略"，就比较正确完善，可使学生理解。由此促进了语言的交流，对少数民族语言起到了丰富语藻的作用。

　　民族教师帮助汉族教师把课文中的生字、新词译成少数民族语言；汉族教师帮助民族教师把不易读准的汉字读正确，如苗族教师将"点灯"读成"剪灯"之类，汉族教师就帮助他们纠正。这样，既发挥了互相学习的效果，又增进了民族间的团结。①

　　"随着使用不同语言的群体之间的相互接触与交流，它们各自的观念与文化也必然通过这些交流而对彼此发生影响，所以从一个社会对其他社会、其他群体语言文字的吸收情况，就可以帮助我们了解不同族群、不同文化之间的交流态势与融合程度……外来语词汇的使用，反映了各族群对外来文化的吸收和不同语言的某种'融汇'现象。"② 同样，这种苗汉语言的互动过程，无疑提高了苗族的知识素质，促进了苗汉文化的交流。它不仅可以使苗族学生较为顺利地学习与接受汉文化，提高了苗族年轻一代适应主流文化社会的能力，而且这种语言互动也使得苗族文化吸收到了汉族文化因子，苗族文化因此而得到了丰富与发展。

---

　　① 湖南省志编纂委员会民族志编辑组：《湖南省民族志》，1959 年印，第五章"根据民族特点进行教学"部分。
　　② 马戎：《民族社会学导论》，北京大学出版社 2005 年版，第 151 页。

第四，教学方式与苗族文化特点相结合，促使苗族文化的传承与创新。20世纪50年代，为了使教学更为生动有趣，调动苗族学生学习的积极性，提高教学质量，教育方式更加注重与苗族文化特点相结合。主要采取了以下两种方式：

其一，补充乡土教材。如在历史课教学中，教师最初是根据国家通用的历史教材进行讲授，学生们虽然能够理解这些内容，但还是觉得离他们太远，学习兴趣不是很高，如吉首民族中学的苗族学生就反映说："老师是讲得好，只是讲到我们苗族历史时，就马马虎虎过去了。"为了改变这种状况，教师们在历史课程中补充了一些苗族历史，为苗族学生讲述了乾嘉苗民起义，使同学们对起义的经过、起义的领导者石柳邓、石三保、吴八月等有了较为清楚的了解。教师们还在课堂上朗诵起义军的宣传口号："桐油树上砍三刀，此地嗅有生人臊，穷苦兄弟跟我走，大富果贵（苗语，官僚之意）我不饶。"此外，为了加深对苗族历史的印象，他们还带领学生们参观清代遗留下来的各种碑文和当时清政府镇压起义的武器。①

其二，在教学中安排苗族文化内容。湘西苗族能歌善舞，民间文艺丰富多彩。针对这一特点，教师们在教学课程中适当地增加了一些苗族传统文化的内容。如在美术方面教学中，湘西州的中小学在教学中增加了对苗族衣襟、花带、刺绣等图案与技艺的学习，提倡女生刺绣、织花边与织花带。1953年第一民族师范成立了民族美术组，收集整理和研究民族艺术，每周定期开展活动，包括剪纸、刺绣、织花带、绘花带、刻花板以及扎花、扎灯笼等；每逢纪念日，还编印民族艺术专刊。在音乐教学中，利用苗歌传统曲调，编写新歌，对各种形式的鼓舞进行整理、编排，并在一些活动中安排苗族歌舞表演。在体育教学中，对苗族和其他少数民族传统体育进行借鉴，创造了一些新的体育健身项目，如湘西第一民族师范改进了舞狮、舞龙的形式，还创造了60人的集体拳。②

教学与苗族文化特点相结合，不仅可以使教学更加生动，激发学生

---

① 湖南省志编纂委员会民族志编辑组：《湖南省民族志》，1959年印，第五章"根据民族特点进行教学"部分。

② 同上。

们的学习热情，而且它使得苗族学生对自己的历史进行了重温，也为苗族工艺、歌舞、技艺等传统文化，在那个政治严肃的时代中曾一度争取到了一片合法操演、传承与创新的天地。但是，如前所述，20世纪50年代后期至60年代，频繁的政治运动使得湘西苗族地区的学校教育受到严重损害，除了社会主义意识形态还在苗族文化中继续保持强势传播与扩张外，苗汉文化互动、苗族传统文化的传承却都逐渐失去了学校这一重要的场所。

2. 改革开放后

20世纪80年代以后，随着国家民族教育政策的全面恢复，学校教育又开始在苗族地区推广。这一时期与20世纪50年代相比，民族教育思路并没有出现明显的变化。因此，在很大程度上，学校教育对苗族文化的影响层面在很多方面与20世纪50年代保持着一致性与持续性，也就是说，上述对苗族文化的影响方面仍然在持续，但由于加入了时代的特征，因此更具深度。这一时期学校对苗族文化的最大影响就是，它极大地推进了苗族文化的现代性建构。

现代化是自工业革命以来，人类由传统农业社会向现代工业社会转变的过程。由于现代化是对那些有利于人类文明进步的要素与特性的概括、提炼与张扬，在很大程度上标示了人类社会的前进方向，体现了社会发展的共性和规律性，代表了人类追求的高度文明状态，因此，它已经无可置疑地成为了世界性的发展潮流，并将在未来的很长时期内保持着强劲吸引力。世界各国无论是自觉自愿，还是受迫被逼，都卷进了现代化的洪流之中。是否实现了现代化，选择何种道路、模式迈进现代化，与现代化距离多远，是衡量一个国家或社会发展状态的权威标准。中国也不例外。中国的现代化起步于鸦片战争，在经历了1840—1949年的初步尝试、1950—1978年的艰难启动和连连挫折后，在1978年改革开放国策的推动下才进入了全面推进期。自此以后，发展现代化便成为中国的宏大叙事和主流话语。在这一主流话语的引导下，无论城市还是农村，汉族还是少数民族，都被纳入国家的现代化目标之中。

在湘西苗族地区，以往为了强化民族边界、固守民族文化，拒绝接收外来文化，其文化多是祖辈传承下来的经验积淀。学校教育则通过全国统一的课程、教材，向苗民传播了外界的现代文化科学知识，丰富了苗民的文化视野，极大改变了苗民传统的知识体系。随着现代科学知识在生产、生活中的应用，苗民的生产力、生活水平也有了明显的改善，苗族文化的现代性进程不断加快。而现代性的建构具有两面性的特征：一方面，它是传统文化实现创新的结果，当学校教育为湘西苗族输入外界知识，苗族文化接触到外来文化时，外来文化的本土化就必然添加进苗族文化传统之流中，成为苗族文化创新的重要内容；学校教育在课程设置、学科体系、教学内容、教学方式等方面吸收了西方教育和汉族教育的成熟经验，具有科学性。更重要的是，学校教育所传播的知识更能适应现代社会发展的需要，是现代人安身立命必不可少的工具。因为"在现代工业社会，正规教育、职业和地位之间，存在着不可分割的联系。在彼此相联系的纽带的一端是接受过高级训练的人所掌握的技术，另一端是标志社会地位的报酬与福利待遇。在二者之间正是学校教育，学校教育是将二者联系起来的手段与方法"[1]。

　　另一方面，学校教育又对一些苗族传统文化的传承形成冲击。这在年轻人身上表现得最为明显，他们至少要接受"九年义务教育"，学校教育便成为他们社会化的主要途径。由于从小就开始接受以汉族文化为主体的现代教育，在现代文化的熏陶与影响之下，苗族的传统文化也逐渐淡出他们的文化视野，他们不仅对自己的文化知之甚少，而且还常常表现出对自己文化传统的厌倦，不愿穿苗族服饰、不愿唱苗族山歌、不愿使用苗语，苗族曲艺、传说等逐渐失传，一些精湛的苗族民族工艺开始走向衰落。在调查中，许多人都反映，现在村里的老人讲神话故事没有小孩听了，因为小孩上学受教育之后，都认为这些故事是迷信，是假的；老司们的作法仪式也面临着后继无人的境地，因为年轻人普遍认为这是封建迷信，与科学相对立，也与现代时尚格格不入，学这一行当，容易受同辈们讥讽嘲笑，更谈不上在现代社会中以此来养家糊口。因此，都不太愿意学这一行当。于是，它的传承也就出现了严重危机。

五　改革开放后国家的民族文化策略

　　十一届三中全会结束了"以阶级斗争为纲"的紧张政治环境和长期

---

① 庄孔韶主编：《人类学通论》，山西教育出版社 2003 年版，第 434 页。

的混乱局面，确立了改革开放和以经济建设为中心的发展战略。如果说20世纪50至70年代，国家对民间社会的影响主要是通过意识形态话语权、政治运动与社会制度的改造来实现的话，那么，20世纪80年代以后，国家对民间社会的影响就主要是通过经济改革、商品意识的培育来实现的。其干预策略的特点主要有：第一，在人们的日常生活、文学艺术和科学研究等方面，国家控制的范围逐渐缩小，人们的自主性明显增强；第二，在仍然保持控制的领域中，控制的力度在减弱，控制的方式在变化，即由一种"实在的"对实际过程的控制，转变为一种"虚的"原则性的控制；第三，控制手段的规范化在加强，由于法制建设的加强以及政府行为逐步走向规范化，原先任意的控制开始向一种较为规则的控制转变。① 总之，国家力量有意识地从民间社会中撤退与弱化，而与此相应的是，"原来受国家行政指挥的单位人和社员组成了相对自主的社会。国家与人民的关系出现了新的模式，其基本原则是国家与社会通过交换来界定相互的关系"②。宽松的社会环境为文化的繁荣提供了肥沃的土壤，"百花齐放、百家争鸣"③ 真正成为社会主义文化发展的方针。在这一方针的指导下，国家提倡在坚持马克思主义的主导地位的前提下，发展多元文化。少数民族文化作为多元文化之一元，自然也获得了前所未有的生存空间，再加上《民族区域自治制度》明确规定了对少数民族文化的尊重和保护，因此，国家积极调整了对待民族文化的态度，一改往日的严控为鼓励、支持民族文化的发展与创新。

（一）国家征用苗族文化的意义

国家是民族文化兴盛与衰弱的决定性力量。它既可以运用暴力工具捣毁民间仪式的场所和道具，或通过特定知识和规范的灌输促使民众自动放弃这些仪式，也可能出于经济目的或政治治理（governance）的考

---

① 罗兴佐：《中国国家与社会研究述评》，《学术界》2006年第4期。
② 高丙中：《民间的仪式与国家的在场》，《北京大学学报》2001年第1期。。
③ 1956年4月，毛泽东在中共中央政治局扩大会议上提出"百花齐放、百家争鸣"的文化方针，但1957年他就否定了；1979年10月，邓小平在中国文学艺术工作者第四次代表大会上再次提出，并将其作为社会主义文化发展的方针。

虑而征用民间仪式及其象征符号。① 在改革开放的时代背景下，国家选择后一种方式来对待民族传统文化，自然更为理性，因为它有利于促进经济发展与社会和谐，实现现代化的宏伟目标。

高丙中曾对民间仪式与国家意志的互惠关系进行过详细的探讨："民间仪式被国家或国家部门及其代表所征用，主要取决于它们潜在的政治意义、经济价值。国家在节日活动、重要庆典中让民间花会表演，最直接的功能在于借助它们制造热闹场面。但是这种热闹场面的政治意义很丰富。首先，民间仪式固有的象征意义如'喜庆'、'祥和'被凸显出来，可以作为'安定、团结的政治局面'的印证。其次，民间仪式在历史上制造'普天同庆'、'与民同乐'的盛世气氛的功能在今天实际上被用来表达对政府成就的肯定。最后，政府需要民众通过仪式参与国家活动。在当今的国家政治生活中，民众的积极参与是必需的，而实际程度又是不够的。……民间仪式具有潜在的经济价值，这一点在近些年逐渐被认识、被开发利用。从小的方面说，地方政府部门在工程剪彩、欢送新兵入伍之类的活动中叫（甚至不用'请'）花会来表演，只需花费很少的钱，有时甚至不用花钱，即使不考虑花会表演的政治收益，仅仅'经济'一项就是值得的。从大的方面说，地方政府为了发展经济，网罗民间仪式资源举办形形色色的地方节庆活动，例如海南的椰子节、广东的荔枝节、广西的民歌节。"② 民族文化对于国家也具有类似的价值。

在湘西苗族地区，地方政府对苗族文化的征用，除了具有以上意义外，还有一个重要的目的：通过民族文化表达国家的主导思想与价值规范。当国家成为形塑苗族文化的巨大力量，试图利用苗族文化贯彻某些政策、思想、计划时，苗族文化也在政府的借用中，得到了文化展演的机会与空间，这其实是一个双向互动的过程。

1. 借用民族文化实现治理谋略

20 世纪 90 年代，国际学术界提出新的管理模式——"治理"论，

① 黄剑波：《乡村社区的国家在场——以一个西北村庄为例》，《西北民族研究》2005 年第 1 期。

② 高丙中：《民间的仪式与国家的在场》，《北京大学学报》2001 年第 1 期。

其基本观点就是国家与民间的相互合作，政府与非政府组织的共同协商。治理意味着统治的含义有了新的变化，意味着一种新的统治过程。它与传统的自上而下的统治方式不同，治理模式在过程中体现为上下左右好说好商量，在结果上则达成互惠或双赢。① 也就是说，在这种治理模式中，国家与社会之间彼此对立或"你死我活"的关系定式开始瓦解，并日渐形成合作互补、相互尊重、相互依存、彼此监督的新型关系。而国家与社会的互动与合作，更有利于经济社会发展目标的顺利实现。

在湘西苗族地区，国家同样采用了这种治理理念。国家与湘西苗族社会合作与互动的主要方式之一，是通过征用苗族传统文化以及参与、组织苗族文化活动，向苗族人民灌输国家的意识形态，传播主导的价值观念，维护社会秩序，推动经济发展。

（1）利用乡村治理方式，调整社会关系

如前所述，杜赞奇认为中国传统社会像一张"权力的文化网络"，即人们生活在由各种组织、规范、礼仪、信仰等因素所构成的文化网络之中。这是一个天衣无缝的网络。它可以严格约束人们的言行，有效控制着乡村的社会秩序。② 然而，"进行现代化的国家往往通过取缔地方组织并清除民间社会的仪式传统来实行有新秩序的统治。毋庸赘言，这种统治方式在取得效率的同时也造成了一些问题"③。自从中国在西方帝国主义势力的逼迫下，被动卷入现代化的历史宿命之后，中华帝国逐渐向现代民族—国家转变，国家政权企图在乡村建立一种官僚化的、系统化的行政体系，对乡村实行直接管制，曾试图斩断乡村社会中的文化网络。可是这种努力，没有取得相应的成效。例如，民国时期，出现了"国家政权的内卷化"的情形，乡村秩序出现混乱；而在 1949 年至 1978 年期间，国家的权力虽然深入到了社会的最底层，取得的管理效率也十分突出，但是对乡村的治理方式却过于严厉与僵硬，乡村社会又缺失了活力与个性。这说明，企图抛弃"文化网络"来管理乡村社会的模式是不成功的。

---

① 高丙中：《民间的仪式与国家的在场》，《北京大学学报》2001 年第 1 期。

② ［美］杜赞奇：《文化、权力与国家：1900—1942 年的华北农村》，王福明译，江苏人民出版社 2004 年版，第 3、10 页。

③ 高丙中：《民间的仪式与国家的在场》，《北京大学学报》2001 年第 1 期。

自改革开放特别是市场经济体制建立以来，随着市场主体的多元化和利益的分化，湘西苗族人民之间的关系错综复杂，社会矛盾也有所增加。为了促进民间社会健康和谐的发展，国家开始调整治理方式，采用现代治理模式。国家在运用自身的能量时，也开始征用民间社会中传统的治理资源，其中最具效力的治理资源之一就是乡村中"权力的文化网络"。在湘西苗族地区，也存在许多治理乡村的民间制度，如理老制、寨老制或宗族制等，并蕴藏着不可忽略的力量。在社会基层问题的控制和管理过程中，中低层次国家部门为了实现自身基础权力的扩展往往会借助社会组织的力量。① 为了更好地维护苗区和谐的发展环境，国家除了采取现代法治外，又开始重新尝试通过与社区传统和乡村精英互动、协调或妥协的方式，充分借助于湘西苗族社会中传统的文化网络，发挥乡规民约、宗族制度等的功能，来维护乡村的公序良俗，处理乡村社会的人际关系，化解村民之间的矛盾，从而达到有效控制乡村社会秩序的目的。

在调查中，通过对村干部和村民的深度访谈，了解到苗寨里的大多数村干部在处理村务时，几乎都借用了村寨的文化传统，形成了一种独特的权力运作方式，即"正式行政权力的非正式行使"。在正式权力的非正式行使过程中，正式权力本来不包括的非正式因素介入进来了，如人情、面子、常理等本土性资源和民间观念被引入了权力行使过程中。于是，由于正式权力的非正式运作，它获得了一种正式权力所没有的资源。换言之，这样一种权力行使过程导致的结果增加了国家权力资源，从而强化了国家权力。② 不仅如此，由于这种权力运行方式"穿上了"村民们所熟悉的"文化外衣"，实现了权力与文化的有机结合，使得权力在实施过程中，不仅具有很强的正当性和权威性，而且也变得更加符合情理，不至于过于生硬与无情，让村民们更容易接受与信服。因此，这种方式有助于基层干部对乡村利益冲突、纠纷进行及时、有效的处理。例如，凤凰县山江镇老家寨村 1996 年发生民事案件 8 起，1997 年发生 3 起，通过当地调解委员与理师调解，都得到了妥善解决，当事人

---

① 王巍：《国家、社会互动结构中的社区治理——一个描述性案例研究》，《武汉大学学报》2008 年第 2 期。

② 孙立平：《实践社会学与市场转型过程分析》，《中国社会科学》2002 年第 5 期。

都基本满意，没有一起上交。① 在调查中，许多村寨中的村干部在处理村民矛盾时，也经常与族长或寨长合作，取得了比较理想的效果。例如，花垣县板栗村支书 WZB（男，49 岁）就谈到了他的工作经验：

> 现在还有族长，他起到管理族内事务的作用，对我们村子治理也有很大的帮助，比如说族内出现什么纠纷，他们出面解决，效果很好。若不好调解，再由我们村干部来，我们也可以请族长出面，采取"土方式"，利用血缘亲情来做工作，说一声"咱们都是兄弟，是一家人"，首先从心理上唤起他的认同感，这样，问题就成功了一大半。光利用政策法律，是很难解决问题的。

在万溶江村，WYH（男，70 岁）也谈到了村里的干部经常找村里的"头人"帮助处理问题：

> 现在仍然有头人，他就是以前称的寨长，我们村子就有敢出来讲话的人，他的讲话有时比村长、支书的威力还大，我们村里发生民间纠纷的时候，像婆媳间、邻居间因为一些小事发生争吵、打架，一般还是先请村干部来调解。但是村干部有时解决不了，也主动喊头人出面帮忙说两句。头人的两句，那就比干部的话管用，90%的问题都能解决。所以，干部他们还要和头人搞好关系。他们要做什么事的话，还要跟头人商量。
>
> 万溶江村民发生矛盾后，一般由村长来调节，如果村长调解不了就来找我，婚姻家庭矛盾、婆媳不和等，我去以后，如果还是调和不好的话，他们就会去打官司，不过一般我去以后事情都摆平了。到目前为止，我去的成功率为100%。我去之后，就要双方实实在在地把事情说清楚，然后由我来分辨是非。我没有私心杂念，客观分析，如果有什么矛盾都转移到我头上来，责任由我来承担。

由上可见，这些"族长"、"寨主"、"头人"等体制外精英，由于

---

① 凤凰县民族志编写组：《凤凰县民族志》，中国城市出版社 1997 年版，第 51 页。

他们掌握村寨的文化资源，深谙乡村处事规则与习俗，在苗寨中享有极高的威望，在维护乡村秩序、传达国家意志等工作上"比那些不为村民接受、单单由上级指派的体制精英来得更容易，也更有效率"①。当地政府正是利用了这种传统民间力量来管理苗族地区，取得了良好的治理效果。

（2）宣传国家政策和主导价值观

国家与社会的合作关系可以形成互补性（complementarity），即国家提供私人不能提供的公共物品来培育人们的合作，这些产品可以是无形的，比如法治、公开性、技术改进等；也可以是有形的，例如交通、基础设施、技术推广等。这些无形或有形的物品可以提高人们的合作能力。② 为了将"国家文化"或公共知识迅速有效地传递给广大民众，并为他们所认可，国家通常会采用这种互补性的传播方式，即以借用民间的文化形式与文化场景来提供或传递"国家的内容"，这些内容包括国家的政策、法规、主导价值理念等。于是，苗族社会的节日、仪式等承载了国家意识与地方社会观念的对接，成为国家动员社会参与的本土性资源。

例如，20世纪80年代以来，凤凰县"苗区的地方政府经常结合中心工作组织歌师、歌手编唱苗歌宣传党的路线、方针、政策，浅显易懂，对推动工作产生良好效果"③。不仅如此，当地政府还利用苗歌倡导当时认为适合的价值观念。例如，"1984年山江有一男青年失足入狱，其妻多次闹公堂请求离婚，后来一干部编苗歌一首唱给她听，她无言以对，从此安心生产不再提离婚了"④。在2007年，泸溪县计生委为了宣传计划生育知识，就在当地苗族传统节日中，采取舞蹈与山歌等形式，来宣传计生知识，传播"先进生育文化"。当地报纸刊登了这则消息，报道如下：

---

① 仝志辉、贺雪峰：《村庄权力结构的三层分析：兼论选举后村级权力的合法性》，《中国社会科学》2002年第1期。

② Peter B. Evans ed., *State-Society Synergy: Government and Social Capital in Development*, Berkeley: University of California, 1997.

③ 凤凰县民族志编写组：《凤凰县民族志》，中国城市出版社1997年版，第127页。

④ 同上。

土家苗寨"六月六"生育关爱多

阴历六月初六，是泸溪土家苗寨人民最隆重的日子——跳香节。每年的这一天，在土家苗寨聚居地良家潭乡，土家族、苗族人民以唱苗歌、跳香舞、民俗表演等多种形式进行狂欢，纪念他们的祖先秦后王。今年的跳香节更是举办得有声有色，县人口计生干部在节日里以舞蹈、山歌对唱、有奖猜谜、发放宣传资料和避孕药具、法律法规和生育政策咨询、开展生殖道感染健康普查和治疗等多种形式，向广大育龄群众宣传中央《决定》，人口计生协认真组织、积极倡导大家关爱女孩、男女平等、优生优育等先进生育文化。活动中共发放宣传资料1万余份，发放避孕药具800盒，接受育龄群众法律法规和生育政策咨询200余人次，为育龄群众500余人进行了生殖感染健康检查和治疗。①

（3）宣传民族政策

国家与社会合作的模式除了上述"互补性"外，还有另一种更重要的"嵌入性"（embeddedness）模式，指政府官员参与社区的日常生活，通过塑造自己的社区成员身份，获得社区成员的信任和认同。② 国家的代言人通过参与民族节庆活动，将国家权力的申明与政策意向的宣扬转化为一种具体的仪式化的实践活动得以展现，这种方式有利于广大群众与国家进行有效沟通与合作：国家可以最大化地"动员民众的情感以支持其合法性，并激发起群众对其政策的热情"③；民众也更易于理解与接受国家的政治主张，因为"对于务实而虔诚的中国农民来说，崇高理想的灌输、意识形态说教和重大理论的解释，都比不上实践来得重要，而最为有效的恐怕是仪式化的行动这一权力实践的方式，配合以象征与形象建构的过程"④。国家正是通过各种实践活动，形象地、简洁地将各种国家意愿传递给了广大民众。

---

① 《团结报》2007年7月29日。

② Peter B. Evans ed., *State-Society Synergy: Government and Social Capital in Development*, Berkeley: University of California, 1997.

③ 郭于华：《民间社会与仪式国家：一种权力实践的解释——陕北骥村的仪式与社会变迁研究》，载郭于华主编《仪式与社会变迁》，社会科学文献出版社2000年版，第343页。

④ 同上书，第344页。

例如，1983 年 5 月 20 日（农历四月初八），凤凰县和贵州省松桃苗族自治县苗族人民在凤凰县落潮井公社塘河大队椿木坳欢度了传统节日"四月八"。这次活动由松桃县大兴、正大、瓦窑等公社和凤凰县落潮井公社联合主办，主题是"加强交流，促进友谊"，来自北京、上海、湖南、贵州等 9 省、市和松桃、铜仁、凤凰、花垣、吉首等地的 6 万多人参加了活动。湖南省人大常委会、省民委、湘西州委、州人大、州政府、州民委、吉首大学等单位的负责人以及松桃、凤凰两县党政领导也来到椿木坳与苗族人民一起欢度此节。① 作为国家意志和国家力量的代表者，党政干部的参与，表达了国家借此加强两省边界苗族人民和各族人民的文化交流与民族团结的愿望。

1986 年，花垣县举办了名为"湘黔边区花垣苗族人民纪念'四月八'的活动"，从出席活动的领导讲话中，明显透露出国家借机进行民族政策宣传的动机。时任全国人大民委副主任委员吴向必致辞道：

> ……我们苗族是勤劳勇敢、忠实朴实、聪明智慧的民族，在历史上和其他民族一道共同开发了祖国的疆土，共同创造了祖国灿烂的历史文化，共同抵抗外来侵略者，作出了应有的贡献。党的十一届三中全会以后，党的民族政策得到了贯彻落实，尤其是对少数民族地区的经济建设、文化教育给予足够的重视、极大的帮助和支持，少数民族习惯、风俗民情受到尊重。我们在党的领导下要加强各民族的团结，互相学习，共同进步，全国五十六个民族像五十六朵鲜花开放在祖国大地上，齐心努力为四化作出贡献。……②

这段讲话首先赞美了苗族的历史文化传统，接着对十一届三中全会以来中国共产党的民族政策进行了宣传，并明确了国家尊重少数民族的风俗习惯的态度。湖南省人大常委会副主任石邦智致辞为：

> ……这个节日，是全国的苗族同胞共同商议确定的，也是中央

---

① 凤凰县民族志编写组：《凤凰县民族志》，中国城市出版社 1997 年版，第 252 页。

② 花垣县民委：《湘黔边区花垣纪念苗族传统节日"四月八"资料汇编》，1986 年印，第 18—19 页。

提倡和赞同的。全国的苗族有了这样一个统一的节日，就能更好地联络民族感情，促进苗族同胞内部的团结以及苗族与各民族的了解和团结……解放前，苗族同胞由于受阶级的压迫剥削和民族的歧视，加之，居住分散，自然条件差，成年累月过着"野菜当粮，野果当餐"的贫困生活。解放后，苗族人民在党的民族政策光辉照耀下，政治上翻了身，经济上起了变化，生活上有了改善。各方面才享受到民族平等的权利。这是党的民族政策的具体体现，也是党和国家对苗族人民的深切关怀。……①

"四月八"是"全国的苗族同胞共同商议确定的"，肯定了苗族人民在民族历史上表现出的主体性；"也是中央提倡和赞同的"，再次明确国家对民族历史文化的尊重；新中国成立前后苗族人民生活状况的对比，表达了党的民族政策的优越性。花垣县县长石昌凡致辞道：

> ……我们湘黔边区苗族人民隆重纪念自己的传统节日"四月八"，就是要继承和发扬苗族人民的光荣传统，增进湘黔边区各族人民相互了解和相互联系，挖掘和交流民族文化，巩固和加强民族团结，加速振兴民族经济。……②

这段讲话具体说明了此次活动的目的，在于继承苗族的历史文化传统，增进各民族的交流，加强民族团结。

以上国家、湖南省及县领导的讲话中，借苗族传统节日"四月八"活动，宣传国家尊重少数民族历史文化和风俗习惯的民族政策，倡导各民族加强交流，增进团结，为国家的现代化建设做出贡献的意图表现得十分明显。

2007年农历八月初八，花垣县排碧乡岩锣村举办"赶秋"活动。其主题之一，就是宣传科学发展观和建设社会主义新农村。活动中的若干信息反映了这一主题，如会场上的标语为："携手建设社会主义岩锣

---

① 花垣县民委：《湘黔边区花垣纪念苗族传统节日"四月八"资料汇编》，1986年印，第14—15页。

② 同上书，第12页。

新村"、"生产发展，生活富裕，乡风文明，村容整洁，管理民主"。在乡政府有关这一活动的文件中，将这一活动的宗旨概括为：要"全面展示排碧、推介排碧、宣传排碧，提升排碧形象，推进社会主义新农村建设和社会各项事业快速发展"，要建设"魅力排碧，和谐新村"。参会的领导讲话也无不紧扣这一主题："……本次西瓜节是在进入实施十一五规划第二年的重要时刻举行，举办这次活动的重要目的，就是提高岩锣村的知名度，全面展示排碧，推进排碧，全面推进社会主义新农村建设，促进各项事业向产业化发展……我相信，这次活动的顺利举行，必将成为我乡人民群众文化生活中的催化剂，必将大力推动全乡的经济发展和社会进步，鼓励和激励全乡人民团结奋发，开拓创新，共建繁荣昌盛、充满活力的社会主义新农村。"这些标语和讲话虽然是党政部门工作行为的产物，是国家直接利用行政资源的结果，但它具有较强的规训力量，通过这种方式不仅要向民族社会传达和贯彻国家意志，而且也体现出国家希望"在场"的强烈意愿，要求民众接受国家这种"合法性"的叙事。

2. 推动民族经济的发展

少数民族是中华民族不可分割的组成部分，少数民族地区都是中央政权管辖下的一个行政区域，少数民族地区与国家是整体与部分、全局与局部的关系。而由于历史与自然原因，少数民族地区经济十分落后。少数民族地区的经济成了制约国家整体实力的一块短板，严重影响着国家现代化目标的实现。除了战争和维护秩序外，引导经济转型已经成为国家最重要的作用。因此，现在的问题不在于国家干预经济的多少，而是国家以何种方式干预经济。① 面对新的时代要求，国家制定了一系列倾斜性政策扶持少数民族经济发展，各地政府千方百计地谋民族经济的发展。

在湘西苗族地区，政府充分利用苗族文化资源，因地制宜地确定了以苗族文化推动经济发展的策略。20世纪80年代初期，经济改革的浪潮才刚刚开始，由于湘西苗族大多居住在偏远的山乡，交通不便，信息

---

① Peter B. Evans, *Embedded Autonomy: States and Industrial Transformation*, Princeton, New Jersey: Princeton University Press, 1995.

闭塞，商品经济的意识还很淡薄，人们还没有将民族文化与经济利益联系起来，将其作为一种具有特殊经济价值的"商品"来对外宣传与"出售"。因此，当时湘西苗族文化回复的自发性十分明显，属于自导自演，自娱自乐，所恢复的文化事象与传统基本上也是同质的，从某种意义上讲，它更像是人们文化意识、身份认同受到长期压抑或忽略之后的一种情绪释放，表达出人们对文化权利回归的喜悦与兴奋。而这种回归得到了官方的默许，官方的态度给民间一种暗示：国家将从以往的一元文化控制中撤退至"台后"，成为宏观督察者，苗族文化的自主权将由国家归还到苗族人民，苗族文化将迎来一个新的春天。

然而，若缺少国家的"在场"与参与，传统的民族文化和互助网络并不会转换成现代的具有生产性和效率性的社会资本。因此，国家可以通过建立机制和市场化运作，使传统的生计方式向现代性理念转换。从20世纪80年代中后期起，湘西苗族地区政府就有意识地通过展演苗族文化来推动经济发展。通常的做法是通过举办苗族节日，提升苗区知名度，以此达到招商引资、发展经济的目的，即"文化搭台，经济唱戏"。在这种情况下，民族节日成为湘西苗族地区开展经贸活动的广告和招牌，国家符号对苗族文化的形塑也十分明显。其方式主要有两种：

（1）在民族节日中添加经济活动。在1986年花垣县的"四月八"活动中，时任湖南省人大常委会副主任石邦智发言如下：

> ……目前，全国的形势一派大好，全国人民在党中央的领导下，正在描绘着"七五"计划的蓝图。全国的形势这样好，我们苗族地区的人民应该怎么办？我们不能拉全国的后腿，一定要因势利导，推动和发展这个大好形势。要从本地的实际出发，制订好自己的"七五"计划，下大力气，抓好经济建设和精神文明建设，采取有效措施尽快改变山区的落后面貌。同时，要加强民族团结和各族人民一道为加速四化的实现而努力奋斗。

讲话的基调是花垣要利用良好的国家形势加快发展经济，改变落后面貌，加入追赶"四化"的队伍中。

花垣县"赶秋"活动举办过多次，但几乎每一次都与当地经济发展联系起来。如1993年8月,"1993年中国湖南花垣苗族赶秋节暨经贸洽谈会"在县城城北广场举行,会议邀请了国家民委、湖南省委、湘西自治州委的领导,吸引了来自美、日、法、韩等国的游客与经商者100多人,本地及来自全国各地的观众达10万余人,活动共签订意向合同23个,成交金额2.38亿元;1995年举办"湖南花垣苗族赶秋节",主题为花垣扶贫攻坚成果及理论研讨会。1993年至2000年间,花垣县委、县政府先后在县城、排碧乡、麻栗场镇、龙潭镇等连续组织了八届规模较大的"赶秋"活动。① 政府之所以热衷于举办此项活动,其主要目的就是为了借用苗族文化资源来发展经济。2007年花垣县排碧乡岩锣村的"赶秋"活动更能说明这一意图。

排碧乡岩锣村将这一节日打造成"西瓜艺术节",其主要目的之一就是要向外界推介本地特产,发展民族经济(见图3—1)。活动方案宣称:"充分利用我乡岩锣村西瓜的品牌优势和资源优势,做足做强做大西瓜文章","叫响'岩锣西瓜'的品牌,努力树立和展示'岩锣西瓜'的良好形象";活动的

图3—1 "赶秋"海报——西瓜艺术节

标语是:"以瓜为媒,广交朋友,合作共赢,共谋发展"。很明显,这是借用苗族传统节日来宣传、推广其西瓜品牌,发展西瓜产业,促进民族经济发展。

(2)发展民族旅游业。随着中国旅游业的兴起,在湘西的经济结构调整中,旅游业也成为新的经济增长点,甚至成为支柱产业。1999年,湘西州政府就提出"旅游强州"的目标,将"旅游带动战略作为

_____

① 花垣县政协文史资料研究委员会编:《神奇的花垣·风情篇》,2007年印,第143—144页。

全州经济和社会发展六大战略之一，将旅游业作为全州三大重点产业之一来抓"，并确立"建设文化旅游大州"的战略目标。

文化是旅游的灵魂。20世纪90年代以来，湘西苗族开始利用民族文化资源来发展旅游业。于是，新的一轮文化回复又开始了。湘西州在旅游规划中推出凤凰古城、凤凰勾良苗寨、吉首德夯苗寨、山江苗族博物馆等，所反映的就是当地政府发展旅游业，充分挖掘、利用苗族文化的典型。

此轮苗族文化的兴起带有强烈的发展意识与创新意识，其主要特点便是文化的商业化与表演化。例如，为了招徕更多的游客，湘西苗族主动地将他们的习俗、仪式、歌舞等文化形式向广大游客进行展演，并且大胆地对其文化场域进行改换或搬移，以便随时随地都可以出现在游客的面前，使游客获得一种虚幻的文化体验；湘西苗族还有意识地突出、强化或夸张苗族中的某些民俗，有时还会将其他民族的某些文化因子吸收过来，将其转化为本民族的文化特质，然后予以表现，希望以此来创建一种独特的文化氛围，增加地方性的文化魅力，从而赢得广大游客的好奇心。例如，围绕着"神秘的湘西"这一旅游主题，某些绝技或巫术，如放蛊、"赶尸"、"落花洞女"、"化水"、摸油锅、上刀梯等，都被认为是湘西苗族的文化符号，对外大肆宣传，成为吸引游客的主要资源。

发展民族工艺业，如刺绣、蜡染、银饰或劳动工具等，都打造成为旅游商品，向游客出售。另外，一些传统节日的文化功能也得到了添加。如今，湘西苗族举办节日活动的目的，不再只是单纯为民间互动或是为自娱自乐提供机会与场所，而是与发展经济这一主题结合得愈加紧密，成为对外宣传的重要窗口。为了引起外界的关注，往往在一个节日中，尽量将苗族的各种文化形式进行集中展示。因此，一个节日便是一场精彩纷呈的文化盛会。

一些学者对于苗族文化商业化、表演化的趋向提出批评，认为当某一文化被当作一种商品化的东西而频繁演出时，它就失去了其原有的文化价值，变成了一个只具有形式而没有任何意义的东西。据此，他们希望当地苗族文化能够保持原生态，拒绝文化发生任何形式的变迁。这种看法有其极大的局限性，持有这种观点的人，经常是站在强势文化的立场上，为了满足自己的欣赏欲望，要求其他文化保持原样，而没有考虑文化主体的意愿和社会发展的客观趋向。在开放、流动的现代社会，各民族都不可能再与世隔绝，当我们在各种文化中分享快乐或是在体验感悟时，却强求其他民族固守自己的传统，面对外界无动于衷，不让他们分享外界的文明成果，这显然是忽略了他们的文化权利。况且，一个具有开放品质的文化类型，总会在与外界的交往中，主动地学习、借鉴其他民族的文化，学习借鉴不是在放弃自己的传统，进行简单的文化复制，而是在扬弃中不断地进行文化的调适与重塑，更新与丰富自己的文化内容，增添其生命力与竞争力。从湘西苗族文化的变迁中，也可以看出湘西苗族就具有这样的文化品质。

政府对苗族文化经济价值的挖掘与苗族社会寻求脱贫致富的愿望不谋而合，因此这些活动得到了苗族民众的热烈响应：一方面，国家的"在场"可以使苗族节日起到"点石成金"的效果，有助于改善当地经济状况；另一方面，民族文化在国家布置的文化场景中可以得到尽情的展示，意味着民族文化得到国家的认同与关切。在此过程中，湘西苗族文化发生着深刻的变迁，主要表现为文化的主体顺应时代的要求，对本民族文化进行重新解释与重新建构，从而使之获得新的生命活力和时代内涵。

3. 弘扬苗族文化

文化是民族的核心特征，是维系一个民族生存、延续的灵魂，是民族发展繁荣的动力与活力的源泉。保护和发展少数民族文化，对于提高少数民族的科学文化素质，增强少数民族经济社会发展后劲，加快民族地区全面建设并建成小康社会，促进民族团结和社会稳定，具有重大而深远的意义。民族文化保护的重要性在国际社会得到广泛认同，联合国教科文组织认为非物质文化遗产是确定文化特性、激发创造力和保护文化多样性的重要因素，在不同文化相互宽容、协调中起着至关重要的作用，因而从1998年起设立了非物质文化遗产评选。在其推动下，中国于2003年启动了中国民族民间文化遗产保护工程。

湘西州政府对此迅速做出反应，对民族文化的保护采取了一系列措施。经过积极争取，2004年4月，湘西自治州被文化部列为全国第二批民族民间文化保护工程试点名单，成为全国少数民族自治州中唯一进入该保护工程综合试点的自治州。此后，民族文化保护成为湘西州政府的工作重点，在政府的系统规划中，一个重要举措就是建立民族文化生态保护区。2007 年 8 月，湘西州文化局制订了《湘西自治州土家族苗族文化生态保护基地实施方案》，对建立民族文化生态基地的方针原则与保护的范围、对象、目标等方面，都进行了详细的规定与说明。这为构建苗族文化生态区，弘扬苗族传统文化，提高保护意识，具有极其重要的意义。更为重要的是，它充分表明国家已成为弘扬、保护苗族文化的主要倡导者和决定力量。

（二）国家征用苗族文化的方式

1. 利用

政府直接沿用了苗族文化形式为当代生活服务。在苗族传统社会的秩序维持中，一些办事公道、人品正直、讲话令人信服的民间精英人物被推举为款首或理师，评判苗族民间的民事纠纷。20 世纪 80 年代后，款首或理师的称谓在大部分地区已消失，但政府利用族中有威望的长老或民间精英在当地的影响力来解决民事纠纷的事情仍时有发生。其实质便是国家借用苗族传统的乡间治理形式，实现对苗族乡村的社会控制。

2. 改造

国家通过对苗族文化进行改造，将其形塑为带有国家意志的文化样式。在现代社会中，苗族文化要保持旺盛生命力，必然要吸收、借用外来文化因子。这既符合苗族文化发展的要求，又符合苗族人民追求现代化的理想。

（1）简化

有些传统的苗族文化活动十分繁杂，如前所述，传统的椎牛仪式需几天几夜，但现在的椎牛仪式已舞台化，只需一两个小时，其中大量的环节被省略简化。

> 我爷爷那个年代，椎牛要准备好多天。去年"四月八"我们这里有椎牛活动，但这一堂椎牛仪式，只是表演一下，供电视台或者游客拍个照，不是以前的那些形式；现在椎牛的前一天也没有举行什么活动，我们坐了两天，只是等，没有什么事情可以做；以前椎牛要准备好多天，当老司的忙不过来；附近寨子的人都来看热闹，

这次像做游戏一样，很容易，算不上以前的椎牛。（WWS，男，69岁，万溶江村）

80年代，开始有椎牛，在我手里主持的就有8次，现在旅游区喜欢搞，只需要几个小时，以前要几天几夜；今年农历七月一日，在德夯旅游区就要举行椎牛，我要为他们去买牛，准备一些其他的事务。现在主要是让观众看一下，观赏观赏。以前晚上才有"独乐"活动，只要谁家做椎牛，附近村寨的男男女女都会赶来，跳舞唱歌；现在白天也有，演员占了多数，完全是做作的，不真实。（SHS，男，76岁，板栗村）

现在的椎牛省略好多，我小的时候看到一次椎牛，要几天几夜，主人家要有钱有米才行，因为周围寨子的人都要来参加，安排的活动也多得不得了；现在个把小时都搞得完，一般都是政府开会、旅游区发展旅游搞的，好让游客来看稀奇。（MSY，男，89岁，花垣县吉卫镇腊乙村）

仪式的舞台化和简化不是苗族文化衰落的表现，而是一种新的文化传播策略的运用。一方面，简短的表演形式将苗族文化以浓缩的方式表现，删减的只是烦琐的套路，不影响民族文化的传承；另一方面，舞台化的表演形式有强烈的可操作性和低成本性，便于在不同的场合展开。通过多场次的表演，受众在短时间内就领略了苗族文化的精华，能扩展苗族文化的影响面。另外，仪式的简化也符合现代人的时间观念，在日益紧张的生活、工作节奏下，人们没有也不可能花几天时间来观看一个活动。因此，仪式的简化是政府在新的历史条件下继承和弘扬苗族文化的策略。

（2）添加

政府在筹办活动时，为了体现国家意志，也为了实现效用的最大化，往往在活动中增添一些环节。

第一，政府出面组织为活动增加了若干程序和内容。由于活动由政府组织和筹划，克服了民间自组织缺经费、少人力和无严格规划的局限，活动各个方面从头至尾都进行了细致的安排，增添了许多以往没有的程序。这些程序，明显带着官方化色彩，且只有在"国家"的布置中才能完成。花垣县 1986 年举办的"四月八"仪式就是由当地政府组织的，官方的出面使得原本民间的仪式变为正式的活动，增加了许多体现政府身份的程序。其活动程序如下（见表 3—1）：

表 3—1   "四月八"庆典程序

时间	活动项目
夏令时 上午 11：30 下午 4：00	1. 庆典活动开始
	2. 鸣炮：三连铳、火枪、爆竹齐鸣
	3. 奏乐：牛角、唢呐、长号、锣鼓齐鸣
	4. 县长××同志讲话
	5. 省人大常委会副主任××同志讲话
	6. 原武警总部政委××同志讲话
	7. 全国人民委员会副主任委员××同志讲话
	8. 中共中央顾委委员××同志讲话
	9. 献旗、宣读贺电、贺信（部分）
	10. 文娱活动开始 （1）"接龙" （2）"独乐" （3）"椎牛" （4）"背腿"
	11. 庆典结束

其中五位领导讲话及宣读贺电、贺信的程序就是"四月八"活动原本没有而新添加进去的，都是体现"国家在场"的标志性程序。2007年岩锣的"赶秋"也是如此（见图 3—2、3—3、3—4、3—5）：

首届岩锣西瓜节活动方案

为充分利用我乡岩锣村西瓜的品牌优势和资源优势，通过做足做强做大西瓜文章，全面展示排碧、推介排碧、宣传排碧，提升排碧形象，推进社会主义新农村建设和社会各项事业快速发展，经县委、县政府研究，拟举办首届排碧西瓜节。特制订实施方案如下：

一、理念和主题

西瓜节要面向全州、面向未来，促进排碧经济社会发展，围绕"以瓜为媒，广交朋友，合作共赢，共谋发展"的办节宗旨，按照"魅力排碧，和谐新村"这一主题，叫响"岩锣西瓜"的品牌，努力树立和展示"岩锣西瓜"的良好形象，使之成为排碧扩大开放的窗口，展示形象的平台，内外合作的桥梁，构建和谐社会的载体。

二、原则与方式

为切实办好首届岩锣西瓜节，要实施统一策划、统一指挥、分工负责、协调一致的原则；以人为本、安全第一的原则；量力而行、勤俭办节的原则；政府主导、村委承办和社会联办的原则。主办单位：排碧乡岩锣村委会。

三、举办时间与地点

时间：2007 年 8 月 8 日；地点：排碧乡岩锣村。

四、邀请人员

州、县有关领导、科研单位、院校专家、西瓜经销商、种子经销商和州、县新闻媒体记者等。

五、活动宣传

节前，在县城主要街道设立以西瓜为主题的喷绘大型宣传牌和小型永久公益牌，并悬挂过街横幅、张贴标语。

六、活动内容与安排

（一）来宾接待签到

（二）首届岩锣西瓜节开幕式

（三）相关领导讲话

（四）文体活动内容

1. 瓜王擂台赛

2. 吃瓜大比拼

3. 篮球赛

4. 百狮齐贺

5. 拔河比赛

6. 文艺表演

7. 苗歌、苗鼓

图3—2　时代主题：建设社会主义新农村　　　图3—3　"接龙"舞表演
　　　　科学普及进苗家

图3—4　主席台上就座的官员　　　　图3—5　保安在维持秩序

　　在活动方案中，党委、政府是整个活动的主角，从活动的策划、参加人员、领导讲话等细节，处处可见其身影。可见，无论是1986年花垣县的"四月八"节，还是2007年岩锣的"赶秋"节，比起民间传统仪式，显然添加了很多程序和内容，如增加了迎宾、领导讲话、献旗、宣读贺电等环节。

　　第二，借某一节庆安排众多苗族传统项目和现代方式节目，即在节庆主题之外添加若干其他仪式表演。例如，"四月八"节本只有单一的仪式内容，石启贵描述道：

　　　　四月八，苗乡节日，一班男女群喜看之。此为苗乡集会之一种。乾城中黄乡所属之家庭例行此举。是日毫无其他设备，仅是爱唱歌之人，相约该处，比赛唱歌之优劣，有吹喇叭以角胜负者。在旁观听之人亦多，赞声掌声较为欢腾。老少踏青游乐，或坐或立，或蹲或卧，任其自便。凡有新装异服，均穿示众以炫富豪。有男女青年，每藉此日，约为佳期。近年此风已废。①

可见，湘西苗族的"四月八"，只是一个普通的社交活动，规模较小，其节目主要就是唱苗歌。但是，自从国家承办"四月八"之后，节目内容大量增加，从前所述1986年的节目安排来看，它荟萃了苗族的多种传统文化，如"独乐"、椎牛、"接龙"、上刀梯、"八人秋"、跳鼓舞、吹唢呐、龙灯、狮子灯等，成了苗族文化集中展演的大舞台。

民间的"赶秋"活动节目数量也很有限。民国时期的学者记述了他所考察到的湘西苗族"赶秋"的场面：

> 立秋日，乡村好事者张贴广告，约集民众在某村场会合，青年男女着鲜丽衣服，甚于婚嫁时。到场，讴歌舞唱，各赶秋社场首士，则自他方聘善歌舞者应客。男曰歌郎，女曰歌娘。又饰老人二，曰秋公秋婆。引吭度曲，互争胜负，胜者鸣爆赐果食；负则群相讪笑，无地容身。秋高气爽，赶秋辄逾万人，小贩麇集，歌声震山谷，长袖舞蹁跹，固一幅绝妙跳舞图也。②

此外，论文第二章也介绍过石启贵与凌纯声、芮逸夫对"打秋千"活动的描述。他们的记述，特别是石启贵的记述，真实反映了"赶秋"的场景。从中，我们可以看出，民国时期，"赶秋"的节目数量较为有限，主要节目有打秋千、唱苗歌、吹奏乐器等，且都是自发的娱乐。但近些年来，"赶秋"的节目内容不断得到增添：一方面，苗族传统文艺项目不断增加，除了苗族歌舞、打秋千外，还安排了舞龙、舞狮、接龙舞、绝技表演等，可以说是苗族传统文艺的大汇演；另一方面，活动还安排了许多现代文化娱乐项目，例如，2007年花垣县"赶秋"节庆活动中，就安排了吃瓜比赛、瓜王擂台赛、篮球赛、电影晚会、拔河比赛

---

① 石启贵：《湘西苗族实地调查报告》，湖南人民出版社1986年版，第155页。
② 盛襄子：《湖南之苗瑶》，载贵州省民族研究所编《民国年间苗族论文集》，1983年印，第82—83页。

以及现代歌舞表演等（见图3—6、3—7）。

调查期间，我们收集到一份"赶秋"节的节目单如下：

排碧"赶秋"文艺节目

1. 排碧村：《麦霸》；2. 排料村：《美丽的春天》；3. 董马库乡丙池村：《拉丁舞》；4. 董马库村：《掀起你的盖头来》；5. 董马库排达连村：《幸福山歌》、《神奇女侠》；6. 董马库排当吾：《谁不乖》；7. 四新村：《向排碧村大学习》、《牛背上的孩子》；8. 岩锣村：《走进新时代》、《野里游戏》；9. 板栗村：《绿光》；10. 卧龙坪村：《给我几秒钟》；11. 飞虫村：《希望》、《彩虹的微笑》；12. 美腊村：《蝴蝶》；13. 龙卧力村：《东南西北风》；14. 毛坪村：《love love love》；15. 板栗村九组：《最美丽》；16. 炳池村：《我最乖》；17. 马安：《我是苗家小天才》；18. 让渣：《十送红军》；19. 黄岩：《honey》；20. 新寨：《妈妈的吻》；21. 板栗村五组：《小松树》；22. 让泪：《铜钱棒》；23. 卧大招学校：《阿瓦人民唱新歌》；24. 卧大招小寨：《瑶族舞曲》；25. 竹山村：王心玲独唱；26. 小板力：《想象力》；27. 武湘：《达坂城的姑娘》；28. 吉首（老年宫）：《爱我中华》；29. 夯户寨：《种太阳》；30. 岩锣村：《酒干倘卖无》；31. 夯荡村：《跳动的节拍》；32. 金叶村：《看我七十二变》；33. 阳孟村：《踏浪》；34. 小区桥：《好日子》；35. 排料村：《情哥去南方》；36. 小庄村：《好运来》；37. 运盘：《喜乐年华》；38. 夯寨：《好日子》；39. 沙科寨：《蓝精灵》；40. 让乍村：《好日子》；41. 登惯寨：《采蘑菇的小姑娘》；42. 卧大招：《最美丽》；43. 大水井一村：《东南西北风》；44. 小洞冲村：《春天在哪里》；45. 美腊：《东南西北风》；46. 岩锣村：《快乐摇板》；47. 沙科村：《延边人民热爱毛主席》、《感恩的心》；48. 高筹：《不怕不怕》、《叮铃铃》；49. 排吾荡：《不如跳舞》；50. 董马库村：《眉飞色舞》；51. 八派：《舞娘》；52. 卧大招：《小猫钓鱼》；53. 排碧：《眉飞色舞》；54. 排吾荡：《好日子》；55. 排大意十组：《猜猜我是谁》；56. 夯寨：《好日子》；57. 岩门：《茉莉花》；58. 排达连：《大中国》；59. 大水井：《眉飞色舞》；60. 阳光：

《迎接建设新农村》；61.雷公村：《妈妈的吻》；62.卧大招：《不怕不怕》；63.岩门：《茉莉花》；64.排达连：《大中国》；65.红英：《走进新时代》；66.桃花：《遇上你是我的缘》；67.坝卡：《古丈茶歌》；68.毛坪：《采蘑菇的小姑娘》；69.黄岩：《快乐的女孩》；70.夯寨村：《我是山里小歌手》、《爱的奉献》；71.腊儿：《蹦蹦跳跳》；72.桐木：《小河淌水》。

图3—6 舞台表演　　　　　图3—7 瓜王比赛规则

可见，在现在的"赶秋"节中，传统的与现代的节目竞相上演，内容越来越丰富。之所以发生这种变迁，一是国家希望利用有限时机汇展苗族传统项目，让更多人了解和欣赏苗族文化，从而最大限度地宣扬、继承苗族文化；二是政府的参与为活动提供了雄厚的资金保障，有人力、财力组织众多的民族表演形式；三是满足了现代人渴望吃文化大餐、快餐的需求，即让他们能在较短的时间内了解较多的文化信息；四是适应苗族文化自身需要汲取现代因素以不断创新的要求。

第三，传统的民族节日获得了新的文化意义。1986年花垣的"四月八"活动举行时，不少当地的文化人看完节目后写诗感怀：

花垣境内满春花，
盛庆佳节"四月八"。

"接龙"起舞为奋进，
"椎牛"祭祀望兴发。

夜郎风情超古艳，
亚宜精神数今佳。
发扬传统为"四化"，
五（武）陵锦绣映中华（吴佩）。

"四月八"传统年年传，
团结之花代代开。
两个文明一起抓，
苗家建设花园山（雷安平）①。

诗中所表达的情感已超过了传统"四月八"的象征意义，而是寄托了作者对民族文化的热爱、对苗族美好未来的展望，以及对民族政策、社会形势的歌颂等。这说明苗族节日在意义上也有了新的拓展。

3. 改变

一般而言，苗族文化生成于一个固定的场景之中，发挥着特有的文化功能。而当国家介入之后，为了某种目标的实现，国家将其移置到另一个文化空间，有意识地丢弃其原本的文化意义，赋予其新的文化内涵，实现文化创新。

（1）改变仪式或节庆的文化意义。如椎牛仪式原本的文化功能在于消灾祛祸，祈求福祉。国家征用这种仪式之后，便果断地改变了其文化意义，使之成为一个只具有娱乐功能的表演项目。如椎牛仪式中的"独乐"活动中，年轻男女可以放纵嬉戏。可是，在国家指定的场景中，它仅是一个娱乐活动，男女之间必须保持言行的分寸。对于这种变化，花垣县板栗村支书WZB（男，49岁）说：

---

① 花垣县民委：《湘黔边区花垣纪念苗族传统节日"四月八"资料汇编》，1986年印，第63页。

　　听老人说，"独乐"以前只出现在椎牛的活动中。在椎牛前的一个晚上，年轻男女排队围成圈，绕着鼓，相互唱歌、取闹，言行也较为放纵。现在的"独乐"只是牵手、唱歌，言行文雅，最多相互之间用泥抹一下对方的脸，只是为了娱乐。

　　其他的仪式或活动也存在类似情况，如傩戏出自于还傩愿，接龙舞是祭祀时的舞蹈，绺巾舞是在大巫师传艺、安坛或为坛潭大巫师举行丧葬礼时启用，但国家力量的插手就要求它们服从国家的主导文化，摒弃其与主导价值观不合之意，纳取其传承民族文化、娱乐大众的功能。在这个过程中，节庆活动的意义也发生了改变。例如，"赶秋"的来历有多种说法，但较为盛行的说法是这样的：

　　　　有一位名叫巴贵达惹的苗族青年，聪明勇敢、为人正直，受众人仰慕。有一天，他上山打猎，看见一只老鹰从高空掠过，他随手搭弓，一箭便将老鹰射下，同时也坠下一只绣花鞋。他见这只绣花鞋做工精美，心想它一定出自于一位漂亮姑娘之手。于是，他到处寻找这位姑娘，但始终没有找到。后来，在乡亲们的指点下，他设计出了一种能同时坐八个人的秋千，取名为"八人秋"。在立秋那天，他邀请了远近村寨的青年男女都来打秋千对歌。在秋场上，他终于找到了那只鞋子的主人——美丽的姑娘乜朗。自此，每年的立秋，年轻男女都相约而来，唱歌觅偶，久而久之，沿袭成俗。①

　　可见，"赶秋"的主题应当是为青年男女谈情说爱提供场所与机会，而且"东道主一方，首先还要选两位德高望重的老人扮演秋公秋婆。据说，这秋公秋婆就是当年马贵当戎（巴贵达惹）和他老伴的化身，一切活动都要听从这两个老人的安排……"② 秋公秋婆是以夫妻名义出现，这从侧面也证实了这一主题。但如今的"赶秋"活动中，整个仪式由官方筹划与主持，主题事先已经确定，"秋公秋婆"已由乡或

————————

① 张应和等编：《湘西民族风情》，岳麓书社 1999 年版，第 184—185 页。
② 同上书，第 186 页。

村干部所取代，大部分节目是由事先排练好的人来进行表演，观众自由歌舞时空被大量挤占，男女结交的象征意义也被边缘化，实现了文化功能的转变。

（2）将仪式随意移置。在湘西苗族文化传统中，许多仪式存在于特定的文化场景中，如今这些民间仪式从它特定的文化场景中被抽离出来，随意移置于任何节庆活动中，或作为苗族文化的载体纷纷呈现，或作为娱乐项目大量复制。例如，打秋千、接龙舞、舞狮、绺巾舞、傩戏、上刀梯、椎牛等仪式在任何节庆场合都能够表演。

4. 保护

保护可视为征用苗族文化的一种特殊方式。如前所述，近些年来，国家十分重视少数民族传统文化的保护工作。2003 年，中国民族民间文化保护工程正式启动，这是一项政府主导、社会参与的文化工程。湘西土家族苗族自治州各县积极响应国家号召，分别制订了工程方案，从民族民间文化保护的指导思想、总体目标、组织机构和职责、县直职能部门主要职责、保护对象和重点项目、建设任务、时间安排和阶段工作目标、工作措施八方面做出了全面、系统的规定，可见政府对苗族文化保护工作的高度重视和积极举措。

六　民族团结政策与外来文化的传播

民族区域自治制度明确提出各民族一律平等，并要求加强各民族的团结。民族平等和民族团结的制度安排无异于为苗族赋予了一个新天地。在这个新天地里，他们不但获得了民族尊严，还能够分享他民族历经千年积累的文明成果，推进自身的发展。

（一）国家积极宣传、贯彻民族团结政策

民族团结政策奠定了其他民族与苗族关系的基调，也是传承和保护苗族文化的制度保障。

1. 长期开展宣传教育活动

20 世纪五六十年代，湘西州主要是通过学习与宣传民族政策，推动民族区域自治的实施，其目的是为了建立平等、团结的民族关系，促

进湘西民族地区社会主义事业的开展。1951 年 1 月，中央派出中南少数民族访问团来湘西访问，先后到达永绥、乾城、凤凰、古丈等县，传达中央的民族政策，宣传《共同纲领》。1952 年 1 月，湘西苗族自治区编印《民族区域自治学习文件》，组织全区干部进行学习；1953 年 1 月，自治区人民政府发出《关于检查民族政策执行的批示》；6 月，召开区直属机关干部大会，着重讨论学习与执行民族政策的问题；9 月，湘西苗族自治区地委发出《关于再次开展民族政策学习的指示》，号召全区干部再次学习民族政策。

"文革"中，民族政策的学习被迫停止了。"文革"结束之后，民族政策的宣传工作又得到恢复与发展。1979 年 6 月，湘西州开展了"民族政策再教育"的活动；1984 年《团结报》开设了"民族团结"专栏，长期进行民族团结宣传活动。湘西州还利用民族节日、广播电视传媒，举办民族知识竞赛等手段，来广泛宣传民族政策与民族团结的先进事迹。1991 年元月，湘西州举办了首届民族知识电视大奖赛，各县市民委和部分州直单位纷纷组织参加。在此前后，永顺、龙山、古丈、花垣等县及部分乡镇也相继举行了民族知识竞赛。

湘西州民委从 20 世纪 80 年代以来，编印了许多学习资料，如 1987 年的《民族团结学习资料摘编》、1990 年的《民族政策学习资料》、《民族知识百题问答》、1991 年的《马克思主义民族观与民族政策宣传提纲》、1998 年年初编辑印发的《民族政策文件选编》等。此外，湘西州还经常在各地校园开展民族团结政策的宣传活动，向青少年传播民族知识，增强民族团结的自觉意识。例如，1991 年以来，花垣县民族中学、民族小学均增设了民族理论与民族政策课程，县民委领导还多次来校授课，并开展评选民族团结进步班级和个人的活动。1999 年 5 月，湖南省教委、省民委联合下发了《关于在全省中小学校开展民族教育活动试点的通知》，确定全省 14 个市、州 28 所中小学作为试点学校，学校里的民族政策宣传正在逐渐扩大。

2. 组织对苗区的访问

1950 年至 1951 年期间，中南军政委员会访问团 1600 人来到湘西少数民族地区，访问了永绥、乾城、凤凰、保靖、古丈、泸溪等地区，访问团共召开了 48 次座谈会，参会人数达 2813 人，进行了 6 个少数民族典型村和 242 个典型户的调查，对民族政策做了专门报告。访问团的文工团演出文化节目 47 场，观众达 18.5 万余人次；电影队放映电影 40 场，观众 11.265 万人次；卫生组为各族人民治疗 9312 次，给 7206 人种痘，并在各地训练少数民族种痘员 220 人。访问团同时向各民族赠送了礼品，包括锦旗 11 面、毛主席画像 9420 张、朱德副主席画像 1870 张、毛主席瓷像 18393 枚、毛主席等题字 13538 份、各种年画 78862 张、各种宣传画 4403 张、《中国人民政治协商会议共同纲领》1851 本、国旗 210 面、西药 8 箱、图书杂志 1628 册，发放《中南军政委员会告湘西各民族同胞书》56611 份。

　　访问团所到之处，受到了各族人民的热烈欢迎，少数民族人民回赠访问团礼品 269 件，有丝带、绣花衣、绣花裙、大边衣、围裙、尖脚鞋、项圈、银饰、芦笙等。1951 年 1 月 12 日，访问团到达乾城县二区所里镇七、八、九村时，这里的苗胞 70 多人，燃放鞭炮，抬着鸡、鱼、蛋和土特产向访问团全体人员拜年。1951 年 2 月，访问团来到凤凰县山江、腊尔山和禾库等乡镇，走访农户，发放《中南军政委员会告湘西民族同胞书》。随行的电影队、文工团、卫生组，为各族人民放电影、演出节目、治疗疾病，还为苗族群众送来布匹、食盐、粮食、药品等。新寨苗族人民听说访问团要来，主动复修道路，欢迎远道来客；访问团离开时，他们把自己的民族服装、花带、皮子药、"神仙木"回赠访问团。此外，访问团还调查了各少数民族的社会历史、民风民俗，写出了大量的调查报告，还出版了《中南少数民族山歌选》等书籍。① 此次访问既体现了国家对苗族的重视，也是一次苗汉文化交流与互动的过程。

　　3. 针对苗汉关系中存在的问题，提出对策

　　1950 年至 1951 年期间中南军政委员会对湘西民族地区访问的过程，也是中央调查了解湘西民族关系的过程。在调查中，访问团发现了苗汉之间的文化隔阂还没有消除。如乾城开办苗民训练班，苗族同胞都不敢来，他们一面派人试探，一面上山做抵抗准备。在反霸减租清算的

---

　　① 李昌俊、彭继宽主编：《湖南民族关系史》（下卷），民族出版社 2006 年版，第 35—36 页。

斗争会上，"斗死的不斗活的，斗扣的不斗没押的，斗汉霸不斗苗霸"。如乾城某苗族富农斗前，有人替他说话：不要忘记了他是苗族，结果没有斗成。乾城苗族地主也说："不要上汉人的当，我们是同族，应该团结一起"；若一个农会小组长是汉人，苗民便会说："又是汉人来管我们。"乾三区的某杂居村每次开群众大会，苗民必先开小组会商量，不上当，不受骗，言行一致，来去同行。部队给房东挑水，苗民暗地倾倒净缸，退还铺草亦予烧掉而怕中毒。乾一区纯苗寨在清算诉苦会上，全场流涕哭诉汉族压迫的苦情。凤凰四区苗汉以河为界，除交易外，不许往来，汉区地好价低，不卖苗民，而苗区地坏价高，亦不卖汉人。另外苗民信仰苗族干部，乾城苗干下乡开会，苗民多自动集合听讲，热烈招待；汉族干部下乡，苗民关门。永绥征粮中汉族干部20天无结果，而苗干7天完成任务，看来苗汉隔阂还相当严重地存在。① 访问团承认历来汉族对苗族存在文化歧视，称永绥由苗区流来的泉白河为"苗河"，粗碗为"苗碗"，坏菜为"苗菜"，称笨人为"苗头苗脑"，部队和汉族干部中当时仍有对待苗民表现粗野的现象。②

访问团还发现了国家在湘西苗族地区工作中存在失误，主要表现在：

第一，违背民族政策，搞汉族中心主义。最普遍的观点就是认为苗族业已汉化，民族间的差别只是一个语言问题，其余的均与汉族无异。一些干部认为只要继续将苗族"汉化"就行了，甚至认为国民党的同化政策不错。基层干部则认为苗族落后、愚昧、野蛮、危险，对苗区工作存在着厌恶和害怕的心理，去苗区甚至不敢吃苗民的饭，怕"放蛊"、怕暗杀，提心吊胆，夜不安眠，见苗民开会手执砍柴镰刀而恐惧等。也有人对苗民极为轻视，认为苗民服从性强，征工亦多派苗民，理由是苗胞惯于服从与劳动。每次开会，苗民代表视同列席旁听，甚至认为反正苗族没有汉族好，苗区工作不能不慢一步。工作思路出现偏差，一部分人认为汉族是领导者，苗汉工作有先汉区后苗区之分，即所谓"用汉区推动苗区"或"做完汉区再做苗区"的思想由上而下相当牢

① 凤凰县民族志编写组：《凤凰县民族志》，中国城市出版社1997年版，第340—341页。
② 同上书，第341页。

固，实际上就是重视汉区忽视苗区的表现；而在苗区工作的干部，则又表现为苗汉不分，一视同仁，照样搬用，甚至认为征粮优待也只是因为苗族落后危险，不得不照顾。①

第二，苗区工作过于急躁。过早宣传土地改革，以致在永绥等地几个月来即发生雇工失业及荒废土地的现象。过早进行反霸减租清算斗争，例如，永绥五区 1 月 7 日始成立区政府，9 日即开始了反霸清算运动，工作干部 18 名同时进行 5 个点，每个点只有一个新干部和两个战士在主持工作，并且限定旧历年前结束，结果收效甚微，开会时，"腊一坪 3000 人，到会的不满 6%，隆潭人口 800，到会不及百人，男人站在后面，女人东张西望，被斗争者下台时说：'你们想发我洋财'"。过早宣布和实行某些法令，例如在推行婚姻法过程中，由于处理不当，造成大量民众离婚。以永绥乾城为例，离婚案件占民事案件的 80%。②

第三，在新中国成立初期的系列运动中，苗区受到不公正待遇。例如，在剿匪过程中，胁从群众，以至有些立功者甚至被迫参加城乡战争，"三二事变"者亦被扣押或受训，造成群众不安；在反霸过程中，中富农亦被清算，工商者亦受侵犯，吊打、变相肉刑相当普遍，乾城被逼死 11 人之多；在斗争中，不注意团结多数，只孤立地发动贫雇中农上山搜匪，贫雇农在家斗争，斗争果实只分贫雇农农会员；对知识分子，认为均系地富出身，不能吸收，苗族知识分子本极稀少，但苗区小学教员仍用汉人，苗族知识分子失业苦闷。……在收缴枪支问题上，则发生苗汉不分、民匪不分的现象，且部队政府缺乏统一，手续又烦琐，增加群众麻烦，且易为坏分子乘隙。③

为了贯彻落实民族政策，缓解苗汉矛盾，加强苗汉团结，针对以上存在的问题，访问团提出了初步意见，其中包括：其一，要普遍深入宣传民族政策，促进民族团结，包括对苗族的各个阶层，以及苗汉杂居区的汉人，特别是汉族商人的教育，干部尤须认真研究民族政策，纠正大民族主义思想。县以上领导机关应做苗族历史、经济构成、阶级关系、

① 凤凰县民族志编写组：《凤凰县民族志》，中国城市出版社 1997 年版，第 343—344 页。

② 同上书，第 344—345 页。

③ 同上书，第 345—346 页。

民族特点等方面的典型调查，并据此考虑与决定苗区工作方针步骤策略工作方法，纠正沿用汉区经验的狭隘经验主义的偏向。其二，要认真培养苗族干部。不少干部认为，要培养苗族干部，贫雇农不懂汉话不能培养，知识分子多为地富出身，不敢吸收，这些思想应当纠正。尤其须向知识分子"开门"，加以训练并在实际工作中帮助提高。汉族干部与苗族干部必须团结，并耐心帮助大胆使用，纠正任何不团结现象者，也应当首先或主要由汉族干部负责。在苗干中发展团的组织，条件不宜过苛。其三，苗区学校尽可能吸收苗族知识分子参加，视条件尽力恢复。对苗族之风俗习惯必须遵照民族政策之精神，予以尊重，停止过早过急的改革，尤其是强迫改革。应适当对苗区工作干部规定以具体的工作纪律与守则。[①]

4. 表彰先进

20世纪80年代以后，为了进一步贯彻落实民族政策，改善民族关系，加强民族团结，国家通过一系列评比和表彰活动，以激励先进，鞭策落后。1982年12月，湘西州委发出《关于在全州进行一次民族政策和民族团结教育的通知》，表彰民族团结先进集体97个，先进个人202名；1984年12月，湘西州委、州政府在吉首市召开全州民族团结"双先"表彰大会，表彰了先进集体88个、个人216人；1988年4月，全国民族团结进步"双先"表彰大会在北京召开，湘西州先进代表7人参会，受表彰的先进集体8个、个人代表5人，湖南省代为表彰的先进集体和个人6个；同年5月，湘西州委、州政府表彰全州民族团结进步先进集体与个人142个。1991年，为迎接湖南省民族团结进步第二次表彰大会的召开，湘西州推荐上报了"双先"代表80个，经审定，属国家民委表彰的"双先"代表25个，其中先进集体11个，先进个人14个；属省表彰的"双先"代表57个，其中先进集体28个，先进个人29人。1994年9月第二次全国民族团结进步表彰大会在北京召开，表彰了湘西州先进集体4个，先进个人6个；同年12月，湘西州举行全州第二次民族团结进步表彰大会，共表彰先进集体63个，先进个人88名。

---

① 凤凰县民族志编写组：《凤凰县民族志》，中国城市出版社1997年版，第347—348页。

在民族团结政策的倡导下，湘西各民族关系有了明显的改善，民族团结的典型事件在各个时期都不断涌现。例如，凤凰县与吉首县的万溶江两岸的苗汉关系历代以来相当紧张。新中国成立以后，经过民族团结政策的宣传与教育，两岸的民族关系开始出现好转。在剿匪过程中，他们相互配合搜山，将龙云飞击毙；在土改中，这一带苗、汉人民联合成立农会，组织民兵。1951 年，凤凰阿拉营苗族农民麻老海主动串联了 3 户苗家、3 户汉族组成了凤凰县第一个苗汉团结互助组。古丈县革新、民主和新解三个村共饮一条溪水，上游与下游居住的是土家族，中游是苗族。由于上下游自然条件好，中游自然条件差，苗族、土家族人民经常为了资源争夺积怨很深。土改中，工作队统一组织领导，反复宣传"天下农民是一家"、"民族团结闹翻身"和"联合斗垮地主恶霸"的思想，在分配土地时，上下游的土家村主动将没收的一部分地主土地划分给苗族，民族隔阂从此消除。1952 年 5 月 27 日至 6 月 8 日，湖南"兄弟民族生活文物展览"在长沙举行，展览向民众展示了湖南省少数民族的人口分布、劳动生产、服饰、文娱、风俗习惯、宗教信仰，历代统治者对少数民族的政策以及各民族的起义反抗活动等知识，有 3.1 万人参观，通过展览，增进了各民族的理解，促进了民族团结。1953 年 7 月 1 日，湘西苗族自治区首届第二次各界人民代表会议在吉首召开，会议传达了永顺、大庸、桑植、龙山 4 县土家族聚居区发生山洪、损失惨重的信息。主席团立即组织以自治区人民政府副主席龙再宇（苗族）为首的苗、汉人民代表慰问团，全团代表共 32 人，其中苗族为 17 人，前去慰问受灾群众。代表们用歌声来表达两族关系的转变及对灾区的关爱："过去苗汉仇恨深，各有灾难不关心；如今有了毛主席，苗汉才成一家人。各族人民托我们，深入灾区问灾情，同甘同苦共患难，定与灾难作斗争。"永顺等地的群众也回应说："山洪能冲毁我们的田园，却冲不散我们这伟大的民族友爱。"

改革开放以后，国家通过联谊活动加强和巩固民族团结。例如，1990 年 10 月，凤凰县在落潮井乡召开湘黔边区民族团结联谊会，会议主题为"民族平等，民族团结，民族进步，相互支持，合作共事，振兴经济，共同繁荣"。1991 年 1 月，在花垣县茶洞镇召开了边区民族团结联谊会，秀山县、松桃县的代表前来参加，代表们重温了加强民族团结这一主题；此外，花垣县民乐镇与松桃县的木树乡通过举办春节山歌大奖赛、苗歌苗舞表演赛、篮球友谊赛等文体活动，改善了曾经紧张的双边关系。这些事实证明，国家的民族团结政策对于结束民族隔阂状态、塑造良好的民族关系是卓有成效的。

（二）外来文化的传播与涵化

民族团结政策的意义不仅在于缓和民族矛盾，消除民族壁垒，创造一个和谐的人文环境和社会环境，还在于通过民族的交流，实现生存智慧的共享和生存空间的拓展，推进民族地区的发展。在湘西苗族地区，长期的民族隔离和自我封闭，使得它明显地落后于汉族地区。而随着民族团结观念的传播和深入，苗汉间的交往日益频繁，处于弱势端的苗族文化表现出了对强势端汉族文化的强烈需求，主动地吸纳、借鉴汉族文化因子。苗族对汉族文化的学习和借鉴反映在生活的各方面。

1. 饮食方面

> 我们从汉族那里学得最多的是请客、办事。以前苗族办事的时候都是大碗的菜，不讲卫生，乱七八糟，菜品非常简单，比较好的菜就是肉和水豆腐，油炸豆腐都算是比较上档次的了，八几年都是这样。现在学会了摆桌子，八个人一桌，摆了酒，模仿汉族做菜，一次性的杯子，一次性的筷子，比较卫生。以前的桌子大约长八米，宽约一米，上面放些土钵子，每一个钵子里面都是一个菜——黄豆炒肉，要吃的时候就是这个人一瓢，那个人一瓢。这是60年代的事情。80年代稍微有了改进，把汉族的东西慢慢搬过来了，以前苗族人不会做扣肉，做扣肉是向汉族学的。（LSG，男，77岁，万溶江村）

> 过去，苗族和外面打交道很少，做得都不好吃，但我们当时也还习惯，因为我们没有吃到更好吃的东西；现在逐渐汉化，做菜跟汉族一样，学会用酱油、味精，炒出的菜比以往好吃多了。（WGY，男，79岁，万溶江村）

> 以前苗族不仅不会做扣肉，而且不会炒菜，菜都是用水煮熟的；后来经常与汉族交往，就逐渐学会了炒菜。我住在山江街上，

早就汉化了，我妈以前炒菜就比较好，拿现在的标准来比的话，在吉首也算是二级厨师了。（WZR，男，67 岁，山江黄茅坪村）

2. 服饰方面

服装也开始变化，男装变化得更为明显，穿着纯属地地道道的汉装了，苗族女装也不太时兴了，比较麻烦，汉族的服装比较简单，过年、过节、请客时女性才穿苗装，不穿也可以，现在没有强行规定了；女的到汉区去做客就穿汉族服装，现在的女孩子都不会做苗服了，都是去山江买，她们都不学这门手艺了。（YXK，男，65 岁，吉龙村）

为什么穿汉服多呢？肯定是因为汉族先进些，我们苗族落后些；苗服比较宽大，穿起来劳动时不方便，特别是天热的时候。天热的时候，汉族只穿个背心都可以了，以前苗族穿背心的话就觉得露体了，苗族在这方面比较封建。现在都不管了，年轻的女娃儿讲时髦，穿吊带的多得是。（SY，男，77 岁，板栗村）

3. 婚姻方面

办喜事也是照搬汉族的，以前苗族不兴要彩礼，要也只是项圈、手镯，但没有也可以，我结婚的时候就没有办这些，我六一年结婚的时候就没有什么东西，她（指妻子）也没有要。现在女方向男方要酒要肉，我孩子结婚的时候就要得比较多了，跟汉族一模一样，要金项链、金戒指，还要皮鞋。（LSG，男，77 岁，万溶江村）

现在，结婚都跟上了时代的潮流，女方家要求苛刻，要"三金"，有的甚至还要"四金"，一场婚事下来要花几万块钱，请客也比从前铺张。如果没有那么多钱，还结不成婚，虽是自由恋爱，结婚还是得转向这里。以前送一点就可以了，我跟我老伴结婚只请了客，什么都没送。我觉得这方面汉族应该向苗族学习，要精简一些。（WYQ，男，69 岁，万溶江村）

1956年我和我老婆结婚的时候，家里很穷，我自己从山上扛木头修屋，家里就几把椅子，3个碗，我老婆过来的时候，没有提要求，自己带来一床铺盖和一个木脚盆。现在不一样了，年轻人结婚时什么东西都要讲排场，要拍婚纱照，要给女方买金银首饰；当家长的负担重。(LQJ，男，81岁，吉龙村)

4. 商品意识

现在苗族的商品意识也在增强，以前不好的田也耕种，现在他们连好田都不要了，出去打工。种田不划算，年轻人不愿种，留下来的都是些老弱病残在种田，年轻人都在外面打工、做生意，收入要高得多，年轻人认为在农村干活的都是些傻瓜，不开窍。(LPN，男，79岁，吉龙村)

原来苗族不经商，就是自己生产的东西到市场上去交换，现在苗族人到吉首、广东、北京做老板的都很多，山江苗族某某在广东做了米老板，上过《人民日报》，他还一口的广东话，凡是湘西苗族过去找他，他都无偿地招待。苗族人只要思想一解放，同样可以取得成功。(WYH，男，70岁，万溶江村)

现在改革开放了，苗族人也学会了做生意，以前我们到市场上去卖一点东西，遇到了亲戚都不好意思要钱；即使要，也是很便宜，只是象征性地收点钱，还要多多地送一点东西给亲戚。现在即使是熟人，也一样做。(WZR，男，89岁，板栗村)

5. 其他方面

汉族比我们进步，我们苗族向汉族学习了很多东西，像语言、文化、读书都是向汉族学习的；以前我们都不会开车，连看都很少看到，现在我们学会了开车；以前我们也不会修砖瓦房和水泥房，现在我们可以修了；高科技的东西，以前我们都不会，是他们教我们的；我们的观念也变了，和汉族通婚了，以前我们是不太赞成的，当时有"苗族是亲，汉族是仇"的讲法。苗族的年轻人思想观念比我们强，他们现在可以上网，唱卡拉 OK，也不种田了，他们会算账……苗话他们也不讲了，说汉话，还讲普通话，因为要与外面人交往，学习知识，你讲苗话，别人听不懂。（LZJ，男，69 岁，万溶江村）

家里的摆设也是向汉族学习的，过去的家具就是一个四方桌子，钱柜、银柜和衣柜，90 年代以后开始出现沙发、现代组合家具。苗族向汉族学会了点电灯，修楼房，我们以前只会修木房子、土房子，土木结构，现在会修水泥房、小洋楼了。（YSD，男，80 岁，吉龙村）

综合以上这些上了年纪的老人的零星叙述，传达了以下信息：

第一，苗族文化受到了汉族文化多方面的影响，其中最突出的有饮食、服饰、婚俗、商品意识等方面。

第二，苗族人民是自觉自愿地向汉族学取生存经验。他们声称"汉族比我们先进"，将汉族标举为优秀文化的代表，表现出了对汉族文化的推崇与仰慕。为了改善本民族的生存状况，主动地迎进了汉族文化。这与民国时期的文化同化截然不同，后者是在汉族比少数民族优越的理念下，为了实现全国在文化上的一统，以汉族文化为蓝本，凭借汉族的特殊优势强行要求少数民族丢弃本民族文化，接受汉族文化，浑然不顾少数民族的民族感情和民族尊严，忽略了文化的主体性，因而导致了少数民族的抵触和反抗。

第三，他们所讲的"向汉族学习"、"汉化"，实质上是指苗族追逐外来先进文化的一个过程，而非仅向汉族学习。在"总体性社会"时期，由于中国对资本主义文化的抗拒和抵制，从国内的民族身份来分析，汉族确可视为优秀文化的代表，成为苗族学习仿效的样本，因而那个时期苗族的发展过程是一个"汉化"的过程。但改革开放以后，情形发生了变化，中国以开放的姿态融入世界，加入到世界现代化的潮流中，湘西苗族作为一个区域，也被卷进追赶现代化的浪潮中。此时苗族所面对的文化，与其说是汉族文化，不如说是外来文化，是汇聚了人类文明进步成果的、以现代化为目标的文化。

民族团结政策导向下苗族文化发生的变化，再次显示了国家力量在苗族文化变迁中的张力：它改变了汉族与其他民族间的等级关系，强调各民族的平等，使得苗族的尊严和感情得到了前所未有的认可和尊重；它强调各民族团结，终结了几千年来苗族与其他民族互动、交流较少的状态，重建了苗族与其他民族的友好关系，为苗族的发展提供了稳定、和谐的环境，使苗族有机会与其他民族交换生存智慧，从而促进了苗族文化的创新。

通过对国家在湘西苗族文化百年变迁中的"在场"方式及表现，可见在"国家在场"与湘西苗族文化变迁的关系链中，"国家在场"是自变量，苗族文化的变迁是因变量。在此过程中，国家既是政治共同体，又是社会意识共同体；既是知识、规范的生产者和维护者，又是合理性和合法性的根源。① 握有至高权力的国家，自上而下地以主导的价值理念来形塑国民，达成民间文化样式与国家意识形态的一致，湘西苗族文化便是在国家的形塑下发生了巨大变迁的。

---

① 高丙中：《民间的仪式与国家的在场》，《北京大学学报》2001年第1期。

第四章 民间社会对"国家在场"的回应

在统一的多民族国家，国家与少数民族社会的互动是民族社会秩序供给和运行的基本形态。无论是洛克的"社会先于、高于国家"架构，还是黑格尔的"国家先于、高于社会"的架构，都反映了国家统治机构与地方社会系统的疏离与制衡关系：一方面，以各种形式出现的国家体制性权力不断地向民族社会渗透和延伸，以实现对民族社会权威和秩序的再造；另一方面，民族社会通过多样化的调适策略，回应国家力量的干预与推进。因此，国家与民族社会的关系既是国家威权性的反映，也是少数民族社会主体性的折射。

百年来，湘西苗族社会围绕着权力、资源、利益、方式和话语权等方面有着自身的愿望与诉求，与国家的要求具有一定的冲突性或重合性，形成了既合作又竞争的复杂关系。面对"国家在场"对苗族文化的影响，湘西苗族民间社会采取了多样的回应策略。

一 排拒

文化的排拒，是指由于文化变迁过于迅速，以至于许多人不能接受这种变迁，而出现的一种文化反抗现象。特别是当两个相接触的群体，其中居于优势的群体单向授予位居劣势的群体新的文化因素，将自己的生活方式、价值观强加于人，这种不平等就很容易产生劣势群体的反抗。[1] 民国时期，湘西苗族地区也出现过文化排拒现象。

在现代民族—国家的建构过程中，国民政府的政治势力不断地向乡

---

① 徐杰舜主编：《人类学教程》，上海文艺出版社 2005 年版，第 138 页。

村扩张与渗透，大肆掠夺地方资源，严重侵害民众利益，民间社会与国民政权形成了一种对立状态。与此同时，强制的文化同化策略，具有明显的单向涵化倾向，使得苗族人民很难适应。然而，如果一个国家的制度、机构和行为与社会中主体阶级的经济利益，与该民族的特性、历史传统、宗教信仰的冲突太过明显，或者与社会中每一个人（至少是大多数人的）利益相违背，那么一个无论看起来多么强大的国家终究也会被社会所抛弃。①"国家权力"的高压与横行，以及外来文化模式的强加，给湘西苗族带来了深重的灾难，也激起了湘西苗民的排拒意向。但由于苗民没有与国民政府相抗衡的实力，因而他们采取了以文字来记录暴政的反抗策略，写下了不少控诉政府恶行的诗篇：

苗民抗屯有感

痛迫根深激抗屯，千呼万和动乡村。
联盟壮士椎牛马，捕杀伪军似犬豚。
烽火连天惊破胆，流离失所哭丧魂。
而今达到翻身日，得保乾坤世业存。②

对国民党反动政府痛恨歌

反动政府统治下，国民党的大军阀。
倡谈民族尤著假，欺骗苗胞是生涯。
可恨伪劣威风大，抓来丁役乱鞭打。
不讲理由分高下，处罚绚拷乱拘押。
强奸妇女作戏耍，轮行生死不管她。
把我苗人当牛马，刀下无情任宰杀。
鼓睛暴眼令人怕，军纪坏透太偏差。
大人都是凶恶霸，瞒心昧己肚歪斜。
民有肥狗捉来打，饱餐不断鱼鸡鸭。
成群三五游乡下，摘人果实偷豆瓜。

---

① 宋惠芳：《非零非博弈：国家与社会———一种合作主义的理论视野》，《云南师范大学学报》2006年第1期。

② 石启贵：《湘西苗族实地调查报告》，湖南人民出版社1986年版，第438页。

……

剥削鱼肉横敲诈，视同化外非一家。

要钱恨把人心剐，恣意贪赃大枉法。

乱将苗人刑吊打，陷入火热满身疤。

……

五族共和招牌假，独把苗人抛水涯。

愚民政策谋分化，好来驾驭顺从他。

……①

　　这种申诉与吟唱，虽然没有起义暴动那样的波澜壮阔和声势浩大，但是其背后同样潜藏着强大的力量，有时也足以让一个政权威信扫地，身败名裂。"正如成千上万的珊瑚虫杂乱无章地形成珊瑚礁一样，成千上万的以个体形式出现的不服从与逃避行为构建了其自身的政治或经济屏障。这些反抗没有戏剧性的公开对抗，也不具备显著的新闻价值。如果使用比喻的说法，当国家的航船搁浅在这些礁石上时，人们的注意力被典型地吸引到船只失事本身，而不会看到正是这些微不足道的行动的大量聚集才是造成失事的原因。"② 这类诗歌控诉了国民政府在苗区的斑斑劣迹，倾吐了苗民们遭际的苦难与愤懑，"既是地方文化反抗国家文化取得胜利的骄傲的见证，又是国家权力掠夺性下沉遭到失败的耻辱的见证"③，它将作为一段不愉快的集体记忆载入苗族史册，诉说着这个民族的磨难往昔。

二　顺应与合作

　　在社会与文化的互动中，冲突在少数情况下会以一方消灭另一方而结束互动，但大多数情况下，冲突的一方或双方部分改变其思想、态度

---

① 石启贵：《湘西苗族实地调查报告》，湖南人民出版社 1986 年版，第 447—448 页。

② ［美］詹姆斯·C. 斯科特：《弱者的武器》，译林出版社 2007 年版，第 43 页。

③ 朱炳祥：《张力的度量——以"朝珠花的传说"为例对国家与民族关系的研究》，《武汉大学学报》2004 年第 1 期。

和习惯来适应对方，以避免、减少或消除冲突。后一种情况被称之为顺应。① 新中国成立后，国家将民族区域自治作为处理中国民族问题的基本国策，民族尊严和民族文化得到了制度保障。在此前提下，面对国家在全社会宣扬社会主义主导价值观的文化取向，湘西苗族的回应态度是顺应国家的意愿，将主导文化符号"请进"社会中，与国家的文化意愿形成合作关系。根据湘西苗族对国家文化的顺应特点，可将顺应方式分为主动合作与消极合作。

（一）主动合作

1. 移风易俗

良风美俗对社会生活发挥着规范导向的作用，陈规陋习则阻碍社会的进步与发展。1957 年，党的八届三中全会提出"移风易俗，改造国家"，随后开展了一系列"自上而下"的运动，要求改变旧的风俗习惯，对基层社会进行全方位的动员和改造，"要灌输一套思想体系，推行一套行为方式，教会一套革命话语，造就一代社会主义新人"②。苗族的一些风俗习惯与国家的主导价值观不符。在国家力量的感召下，苗民们开始检视自己的文化，并按照国家的意愿来削改流传千百年的传统，以表达对国家的合作态度。例如，在婚丧习俗方面，国家提倡崇俭节约，反对大操大办，奢侈浪费，而苗族的婚丧习俗较烦琐，不符合国家的主张。面对两种习俗的差异，苗族以舍弃传统习俗为代价，主动地适应了国家主张。当时的报道如下：

移风易俗办喜事

益阳县邓石桥公社石桥大队下中农社员　夏美才

我满崽结婚时，许多亲友劝我办酒席，有的说："你收大媳妇没有请客，收满崽媳妇硬要热闹才好。"还有的说："你家里有钱有粮，栏里有肥猪，办喜酒好比驼子作揖——起首不难。"我听了

----

① 郑杭生主编：《社会学概论新修》，中国人民大学出版社 2003 年版，第 133 页。

② 郭于华：《民间社会与仪式国家：一种权力实践的解释——陕北骥村的仪式与社会变迁研究》，载郭于华主编《仪式与社会变迁》，社会科学文献出版社 2000 年版，第 377 页。

党的话，没有同意这样做。因为办喜事讲排场，大吃大喝，那是旧社会剥削阶级的做法，我们劳动人民应该发扬勤俭朴实的作风，不能学那些坏样子，而且办喜事摆酒席，不仅自己破费钱财，还要惊动亲戚朋友来送礼，造成浪费，对生产、生活都不利。这样盘算以后，我决定不办酒席，不请客送礼了。当满崽结婚的那一天，亲家母打发儿子挑了脚盆、衣服和日常用品，她自己陪着女儿像走人家一样，步行来到我家里，我也只替儿子、媳妇各做了一套士林布衣，买了一双鞋子和袜子。另外，买了一点鱼、肉，请亲家母吃了一餐饭。当天晚上，在大队俱乐部的热情帮忙下，举行了一个新的结婚仪式，队里的干部和社员都参加了婚礼，大家合唱了些革命歌曲，还表演了些小节目。这堂喜事没有花多少钱，可是办得既大方又热闹，我很满意。

破除迷信　丧事新办
湘阴躲风亭公社青泥大队贫农　寻天宝

我母亲病逝时，有人劝我借钱做道场，说这样热闹一下，才像个样子；也有人反对做道场，说办丧事不应铺张浪费，更不应该搞迷信活动。我虽认为后一种说法有道理，但总觉得冷冷清清地安葬老人家，也不大好。究竟怎么办？还是拿不定主意。后来，驻队工作组同志建议开追悼会，并和我们一起讨论移风易俗的道理，这才使我认识到，做道场是剥削阶级搞的鬼把戏，既是迷信，又很浪费，我们劳动人民不能那样搞。于是决定开追悼会。开追悼会的那天，几乎全队的人都来到我家里，有人还送来花圈和挽联。追悼会上通过念悼词和一些同志的讲话，介绍我母亲的生前事迹。大家对我母亲在旧社会所受的压迫和剥削，一贯勤劳俭朴的生活作风，都非常感动。上山安葬母亲时，陪送的人也很多，长长的队伍既庄严又热闹。后来，群众总结开追悼会有五大好处：一是能避免铺张浪费；二是能破除迷信，移风易俗；三是在会上进行回忆对比的阶级教育，使大家翻身不忘本；四是通过追悼受过苦的贫下中农，树立了贫下中农的威信；五是有力地打击了剥削阶级思想和封建迷信思想。①

上述报道，虽然是湖南省其他地方的事例，但由于当时国家政策具有普适性，因此也足以反映出湘西苗族地区的相关情形。一些苗族干部率先清除旧思想，积极宣传、主动维护国家话语的威严。

> ……五六十年代，国家主张新事新办，我们响应国家政策，宣传这种思想。当时我在麻冲乡，是村里的干部。麻冲公社的干部、积极分子都宣传新事新办，制止大操大办。有一家结婚想大操大办，我们就走很远的路去制止他们。结婚不准送礼，出嫁时只能带一件蓑衣、一把锄头，自己到男方家，不带客人；办丧事也只有关系很密切的亲人朋友才去，一切从简。（MZC，男，89岁，凤凰县麻冲乡吉枪村）

> 我当时是村里的干部，我们村里有人结婚想按老思想来，想请客，办酒席。我听到后，就跑去了，好好地教训了他们一顿，我对他们讲："国家不准浪费铺张，你们这样是不行的，是要犯错误坐牢的。"我坚决不准，我不怕得罪他们，因为是国家的政策，我们当干部的得执行好，不能走过场。（LSF，男，85岁，板栗村）

贯彻国家的意识形态和政策方针是乡村干部权力合法性的主要来源。他们通过对国家话语的拥戴，变成了国家在乡村的"代理人"，以此获得权力与身份的自豪感。这种权力分配模式激励着乡村干部将国家话语贯彻到乡村社会政治文化生活的热情。

对于国家的这一号召，部分苗寨的普通民众也表示赞同并做出响应：

> 60年代，国家移风易俗，我们寨子里的大多数社员都表示欢迎，因为当时我们都不富裕，吃饭困难，对于红白喜事，国家不准

---

① 《一九六六年新历书》，湖南人民出版社1965年版，第26—27页。

大操大办，我们一下子就接受了国家号召。那几年我们寨子有人结婚，都没有大的请客，节约好多呀。要是以前，请客开支大，有的要几天几夜。（LSS，男，82 岁，板栗村）

　　1968 年我结婚的时候，没有送过彩礼，国家提倡新事新办，不请客吃饭，当时结婚要向公社提出结婚申请，请客不能多了，只请最要好的几个亲戚朋友吃顿饭就行了，最多只能 15 人参加，也不给女方送礼，女方就带了三床铺盖。（WCL，男，81 岁，板栗村）

可见，除受村干部的影响外，村民们的选择其实也有自己的现实盘算：由于当时物质财富极度匮乏，在基本的生存之资都难以保证的环境下，繁杂的仪式和巨大耗费已经没有了物质条件的支撑，民众从心底里呼唤简化节俭的新风俗。移风易俗的新风尚正好切合了民众的心声，因而得到民众的拥戴。

　　除了破除旧的婚丧习俗外，在其他习俗改造方面，国家也争取到了大量的支持者，这些支持者以实际行动来主动配合、响应国家号召。

　　"破四旧"时，我是积极分子，我参加了打倒"牛鬼蛇神"的活动，就连我们这里吃粽子的习俗也禁止了。以往我们杨家吃粽子是很严肃的。每年四月三十日要去山上摘粽粑叶，不能告诉小孩子到哪里去。五月四日晚上，亲戚、族间、姑娘都要来，带个十多斤米、菜，一起绹粽子，晚上就煮粽子。拿粽子的时候烫到了也不能吹手，实在太烫就把手放进冷水里浸泡片刻，再去拿粽子。五月五日早上，全家妇女小孩都还没起床的时候，就开始祭祀，避免小孩起来后多嘴多舌不吉利。一般都要请苗老司帮忙做。"破四旧"的时候，国家说这是封建迷信，于是我们就把这个禁止了。以前我们家有很多书，老师送给我《东周列国》、《资治通鉴》等书，还有很多古书，我都烧了，烧了好多东西，做法事的东西也烧了一些，都是工作组的组长发动我烧。我听国家的教导，跟他们一起去打砸古碑、土地堂。我父亲想把书藏起来，但我是积极分子，我积极响应国家政策，于是跟父亲发生了矛盾。（YHB，男，69 岁，吉龙村）

在短短的几年间，一些湘西苗族村寨沿袭流传千百年的民间信仰一度销声匿迹，崇尚科学、反对迷信开始成为一种生活新风尚。

> 五六十年代的时候，村里到处贴标语，宣传科学文化，如果还是按照老风俗、老黄历来，那就是落伍了，要遭批判的。村里还办班上课，我们也参加了，知道了"鬼神是假的"。我们村寨的村民被组织动员将寨神庙、土地庙、三王庙都砸掉了。（WCL，男，81岁，板栗村）

在国家话语的倡导下，村民们渐渐形成了传统习俗为"老风俗"、因袭传统"落伍"的价值判断，再加上违背"新风尚"会"遭批判"的威权高压，湘西苗族的民间信仰做出了顺应国家话语的策略。

2. 文艺的改造

首先，在诗文或苗歌中添加了国家意识形态的内容。1949 年以后，石启贵写过许多反映时政的诗词，以此来歌颂新生政权、民族团结和人们生活的改善，如《革命成功有感》、《全国解放有感》、《世界升平有感》、《美帝侵犯朝鲜有感》、《反动派国民党垮台有感》、《参军有感》、《土改贫农翻身有感》、《对国民党反动政府痛恨歌》、《时事新词》、《四季民歌词》、《兄弟民族三字歌》、《时新莲花闹》等。[1] 其中，《时事新词》基本上是对共产党的革命历程与历史功绩进行简要的回顾与总结：

> 我毛主席，朱总司令，二人高见。倡革命就成功，叛党推翻。肃清了跳梁小丑，打开了光明路线。组织好，人民政府，掌握了中枢大权。像个红日照普遍，建国雄立宇宙间。四面英雄，携械从戎人无算；八方人士，相率来归竞争前。集中大将，参战青年，人数不下千万万。领导出发，攻徐州，打蚌埠，争夺激烈有几天。消灭了国民党反动各派，击溃了百余万，狗屁战将黄兵团。我解放军，来到地，秋毫无犯。我们群众，大欢迎，列队联翩。踊上前，快进

---

① 石启贵：《湘西苗族实地调查报告》，湖南人民出版社 1986 年版，第 428—460 页。

兵，继续追赶。才渡江，把叛贼，驱走干完，天意同情，革命功成
如反掌；人民归向，统一中华大河山。我毛主席，声扬中外；朱总
司令，名满人寰。中苏友好成一片，团各民族共起来。人人亲爱、
个个欣欢。国运来了，唐虞盛世升平日；中邦奠定，天地长春亿
万年。①

20 世纪 50 年代流传的一首反映农业合作化的苗歌写道：

> 山歌不唱心不开，
> 大路不走长青苔；
> 互助合作不开展，
> 幸福日子哪里来？
> 单干农民力量单，
> 天灾人祸两为难，
> 好比寒冬孤单树，
> 难抵风雨来摧残；
> 合作力量如磐石，
> 团结起来胜过天。②

"三面红旗"实施之初，人们信心百倍，对实现奋斗目标寄予了很
大的希望：

> 东方升起红太阳，
> 总路线呀放光芒；
> 照得人人心花放，
> 照得苗家亮堂堂。
> 公鸡叫，天破晓，
> 积肥大队上山冈；

---

① 石启贵：《湘西苗族实地调查报告》，湖南人民出版社 1986 年版，第 448 页。
② 中国科学院民族研究所、贵州少数民族社会历史调查组：《苗族简史简志合编》，1963
年印，第 249—250 页。

歌声起，红旗飘，

锄头镰刀闪金光！

堆落叶，烧草灰，

满山火光迎太阳。

共产主义是天堂，

人民公社是桥梁；

苗家跟着共产党，

要上天堂路不长。

谷子长得粗又高，

砍节谷秸做洞箫；

哥吹洞箫妹来唱，

先唱人民公社好。[1]

　　反映时政的诗词或苗歌在湘西苗族地区的每一个发展阶段都有。如
20世纪80年代，湘西苗歌由过去单纯唱人、情、农事等，变为歌颂
党、歌颂社会主义，宣传党的方针、政策，宣传"两个文明"建设。[2]
直至如今，这样的诗词或苗歌还很盛行，其基本内容是对社会主义现代
化建设成就的颂扬。简要列举几首：

全县"村村通"电

电网延伸至僻乡，村民互告诉衷肠。

工程数码含关照，电视荧屏射彩光。

开发山洼新眼界，拓宽产业小农场。

小康不忘扶贫困，大局升华共富强。（滕赳夫）

庆自治州建立五十周年

昔日湘西路梗阻，填写苗汉苦劳愁。

　　① 中国科学院民族研究所、贵州少数民族社会历史调查组：《苗族简史简志合编》，1963
年印，第250—251页。

　　② 聂祖海：《湘西苗族习俗与苗区精神文明建设》，载伍新福主编《苗族文化论丛》，湖
南大学出版社1989年版，第152—163页。

千年僻地开新宇，万里春风迎建州。

山欢水笑城楼美，物换星移人物优。

盛世和谐呈异彩，腾飞伟业起宏图。（傅森）

如今，湘西苗族地区的知识分子作诗吟赋的爱好依然很浓厚，一部分诗歌的主题就是对现代生活的描述，例如，2005 年花垣吉卫镇腊乙村三组池塘完工时，龙呈瑞老人就编了这样一首山歌。

　　　　　腊乙村歌

说腊乙来唱腊乙，旧的腊乙人苦心，

上身衣服穿破乱，脚下裤子针补针。

吃的不见白米饭，一年四季靠别人，

住的全是毛草枧，屋上盖草根连根。

雨天想走无去路，泥巴洞口三尺深，

冬季寒冷无火向，老母脚踩冷火坑。

前朝受尽千般苦，不知害死多少人，

新的腊乙新又新，新的朝代出新人。

幸福谢谢党领导，拨开云雾见天明，

一年更比一年好，天天向上日日升。

腊乙换好新天地，永远记住党的恩。

其次，舞蹈戏剧形式中也顺应国家意愿进行了创新。新中国成立后，鼓舞中加入了"开拖拉机"、"踩打谷机"、"运送公粮"、"手推板车"、"习武练枪"等新的表演动作。① 1954 年，花垣麻栗场村的石成业、石成鉴等创作了现代苗剧《团结灭妖》；1955 年又创编了《翻江山》。20 世纪 70 年代，苗区成立了专业剧团，先后演出了《追渔秧》、《夺车》、《拿贼》、《摆渡》、《果皮箱边》等，还用苗剧移植京剧《智取威虎山》的片段"深山问苦"。

————————

① 湘西自治州民委编：《湘西土家族苗族自治州·民族志》，湖南人民出版社 1999 年版，第 248—249 页。

　　苗族人民在生活习俗上根据国家的召唤进行革新，在苗族诗歌或舞蹈戏剧中与国家意识形态主动跟进，一方面表明苗族人民对国家主导文化的认可与配合，另一方面，由于时代精神的注入，苗族文化自身也获得了新的文化元素，从而实现了文化的创新。

（二）消极合作

　　当国家话语冲击了苗族传统的生活方式或文化理念时，迫于国家权力的威慑，苗族人民无奈地改变或放弃自己的传统，依从国家话语，表现出与国家话语的消极合作态度。

　　1. "总体性社会"时期生活方式的顺应

　　新中国成立后，中央政府按照当时对社会主义模式的设想，自上而下以运动的形式在全国推行一体化制度，如"一大二公"的人民公社体制，生产生活上的"行动军事化"、"劳动战斗化"、"生活集体化"。虽然这些运动与苗族相沿成习的生活方式极不协调，但他们还是被迫服从了国家话语的规制，无可奈何地与国家话语保持一致。

　　合作社实施之初，由于要将自己所属的或刚土改分得的土地交给集体，许多苗民怀着对土地的深情眷恋，对合作化运动持抵触情绪。1954年，吉首三岔坪建立合作社时，一位60多岁的老人农田入社前，在田边度过了三个夜晚，哭泣着说："阿普（爷爷）、爸咪（父母）啊，你们苦挣苦扒遗留下来的田地，今天在不肖子孙手上入社了。"后来，他捧回一块泥巴，用红纸包着放到了神龛上。另一位农民家里养了一头母牛，五年内生产了六头小牛犊，当合作化运动要将耕牛全交给集体时，他心中十分痛苦，半夜起来，抱着牛哭诉说："达尤、达尤（牛）你来我家，吃的是草，睡的是土，流的是汗是血，为我挣起这个家，苦到头了，我真对不起你啊！"[1]

　　在经济形态上，湘西苗族和其他地区的农村一样，一直是自给自足的小农经济。在"总体性社会"时期，由于土地、生产工具和生活资料都收归集体所有，劳动和生活由集体统一安排，苗民们对这种"集体安排"的生产、生活方式极不适应，集体劳动变成了一种被动

---

[1]　刘黎光编：《传说的湘西》，1999年印，第298页。

的、不情愿的，但却不能不继续的活动，原有的农村生活逻辑和乡土社会的文化景观被完全改变。在调查中，大家对这一段艰难岁月仍记忆犹新：

　　大集体的时候，过得很苦，天一亮就要上工，九十点钟才回来吃早饭。吃早饭以后，就是六月天气也要上工。那时候管得严，我们住在河边，捞点虾米去卖，都是资本主义尾巴，都要被割掉。当时吃红薯、包谷、荞子。1958 年至 1960 年日子最难熬，天旱没有收成，糠都吃过。当时要早请示，晚汇报，路边都修有忠字墙，生产队的全队社员都在那里集合，向毛主席请示，早上出工时，汇报今天我要做什么事，谨祝我们心中最红最红的红太阳，最最敬爱的伟大领袖毛主席万寿无疆；晚上回来又要汇报，汇报之前还要祝愿领袖，然后再向老人家汇报今天做了哪些事情。每天天麻麻亮就起来，每家每户每天早上都要升忠字旗，忠字旗用红布做成，上面绘有毛主席像和一个"忠"字，晚上就把旗帜收起来，有人检查。当时喊口号用汉语，做了什么事就用苗语，有人检查，一个星期要开一次群众大会，若有人犯了什么事就批斗他一天，有些人因为破坏集体，不拥护毛主席，搞资本主义而被揪斗。当时有人开一下荒，多种几棵红薯，就说你是搞资本主义，都说是集体的，要统一。有一个老人很勤快，在路上捡粪，浇到自己的自留地里就受到批斗，认为他捡了集体的粪。从自己厕所挑粪浇自己的自留地也是资本主义，自己厕所里的粪也是集体的粪，那时候划成分，地主、富农、中农、贫农，富农属于四类分子，经常被批斗，当时贫下中农很吃香，有点田地的、成分不好的根本不敢抬头。（WYD，男，71 岁，万溶江村）

　　60 年代，屋里的灶都砸烂了，因为一个寨子只能一个地方煮饭，不准各家各户开小灶，屋也没人住，由生产队安排做工，睡觉有集体的工棚。我在山江做工、积肥，全部在坡上，没有人在家里，到吃饭的时候就吹牛角……以前搞集体时，都不准乱走，走了就要受到批斗。（LZY，男，83 岁，万溶江村）

　　我当过生产战斗员，早出晚归，生产军事化，当时我每月有二十七斤米。我当大队书记的时候,我要教他们读语录,我背诵后翻译成苗语教他们读,那时候早上起得很早,起晚了还要受批评,每天都要评工分……中午休息的时候,队长睡着了,其他的社员就商量不要叫醒他,让他睡,大家都好好休息一下,免得队长醒了又要大家去干活。冬天的时候,许多人去田里扯荞麦吃,生产队队长骂,我们也不管了,田里都结冰了,我们拣到就吃。(WYP,男,78 岁,板栗村)

集体时要交公粮,一个生产队要交七八千斤,和不自治的地方差不多。五八年本来是一个丰收年,但田里的庄稼没有人收,大家都要大炼钢铁,树全部砍光,建小高炉。全部食堂化,一个村子一个食堂,房子都腾出来关牛、关猪。(SYG,男,85 岁,吉龙村)

"文革"时,我们赶场时,进入集镇都必须背毛主席语录,背不出还不能赶场。当时实行军事化管理,全村每天早上喇叭一响,全村男女老少都要起床集合,有的妇女还来不及给孩子穿衣服,就把孩子抱来了。每家每户门口还要竖旗杆,升红旗,以示忠于毛主席。文化活动基本上排编"三句半",表扬国家提倡的先进行为、好人好事,排演反映阶级斗争的戏。(LSQ,65 岁,吉龙村)

2."破旧立新"中的消极反应

在"破四旧"运动中,苗族的民间信仰被贴上了"封建迷信"、"落后习俗"的文化标签,成为被批判和捣毁的对象。湘西苗寨中的一些活动积极分子要求村民将民间信仰的载体,如"科本"、"兵马"、傩公傩母像、"师刀"、衣冠等道具,要么上交,要么自行销毁。一些村民极不情愿地表现出对国家话语的服从:

当时形势有点紧张,我们不得不将自己的东西交出来,我作法的"师刀"、牛角、"科本"、长衣褂都给了工作组,免得挨整,戴高帽子。(SYT,男,76 岁,吉龙村)

我当时不太愿意交我的东西,心里有想法,但是国家要这样,我也没有办法,我全部都交上去,免得受迫害,"好汉不吃眼前亏",我当时想:东西交出去也可以,以后还可以做出来,我装在

脑袋里的东西，他们收不去的。（SXJ，男，87岁，万溶江村）

　　工作队要我们把东西交出来，我们也都交了，但是心里不服气，公社书记请工作人员叫我去公社，他问我还在搞没有，我反感地说："没有搞了，傩公傩母都烧掉了，'科本'也上交了。"（MJK，男，89岁，花垣县吉卫镇腊乙村）

在这场群众运动中，文化载体与仪式场所包括土地堂、三王庙、神龛、书籍、道具被大规模地破坏。当国家话语触及苗族的民间信仰，特别是危及民间信仰的存废时，尽管村民们表现出了明显的心理抗拒，但慑于国家话语的权威，他们选择了表面服从、内心坚守的消极顺应策略。

当移风易俗迎合了民众的需求，未对苗族文化产生极大冲击时，在社会精英的引导下，湘西苗族选择了积极顺应和跟从，表明了苗族人民对国家主导文化的认可与配合；而在"破四旧"运动中，上交仪式道具直接影响到了苗族文化核心的存亡，在强大的国家话语面前，湘西苗族只能选择消极顺应，表达了苗族人民在苗族文化与国家话语相冲突时的一种价值倾向，即苗族文化向国家话语的妥协与合作，尽管对苗族文化有几分难舍，对国家话语有些许抵触，但无论选择何种顺应之策，都可以看出湘西苗族文化重构的端倪：湘西苗族的生活结构、生活轨迹和时空领域开始尝试按着国家理论与话语的"蓝图"去重新拼接，"重新按着国家的'大文化'视域的要求去塑造自身的形象"[1]。

三　调适中捍卫

没有嵌入社会的"强"国家事实上是脆弱的，不能经受社会变迁的考验。[2] 如前所述，1949年以后，国家一系列疾风骤雨式的政治运动，

---

　　[1]　吴毅：《从革命到后革命：一个村庄政治运动的历史轨迹——兼论阶级话语对于历史的建构》，载詹启智主编《转型社会的乡村政治》，中国农业出版社2006年版，第21页。

　　[2]　Vivienne Shue，"State Power and SocialOrganization in China"，in Joel S. Migda，l Atul Kohli and Vivienne Shue eds.，State Power and Social Forces：Domination and Transformation in the Third World，CambridgeUniversity Press，1994，pp. 65-88.

其目的均在于对民间社会进行意识形态的渗透和价值观的重塑，使国家存在于民众"集体的无意识"当中，促进民间社会对国家共同体的认同。然而，政治运动所设置的社会文化变迁，往往不够尊重乡土传统存在的合理性，当某些合理的文化和社会习俗被全盘否定，会造成变迁过程中人们心理及社会承受过重，产生不适应和不信任。① 面对国家话语对民间信仰的僭越，苗族民间社会以表面放弃、内心坚守的低调抗拒策略，来化解国家权力的效度，捍卫自己的精神家园。这一现象在改革开放以前的苗族民间社会中表现得尤为明显，他们所采取的主要方式如下。

（一）藏匿物品

为了应付"破四旧"、"文革"运动，部分苗族村民将道具上交，另一部分村民则选择了藏匿的方式来应对形势的逼迫。

> 那时候，好多苗老司都将竹筒藏起来了，有的保存到现在，颜色都成金黄色的了，像古物一样；其实竹筒收缴了也不要紧，因为做起来比较方便；客老司"行头"多些，他们和苗老司一样，也是将傩公傩母、铃铛、笭等，要么埋在地下，要么收到床下。（WNH，男，79岁，万溶江村）

> 有一天晚上，我偷偷地将我的那些"宝贝"藏到我屋后山上的一个洞里头，我想他们工作组就是把我屋翻个底朝天，他们也莫想把我的东西搜出来。别的寨子里，和我一样，他们有的藏到屋梁顶上，有的藏到屋里墙壁缝里，还有的找个位置，深埋到地下，在埋的地方做个记号。（SZY，男，84岁，万溶江村）

> 60年代至70年代国家不允许搞封建迷信，要求所有做法事的东西都要上交，由国家销毁。不过，"上有政策，下有对策"，我后来听寨里的人讲，当时有些人家准备新旧两套东西，将旧的主动上交，让人感觉很配合国家的工作，但其实，他们将新的那一套都

---

① 王铭铭：《溪村家族——社区史、仪式与地方政治》，贵州人民出版社2004年版，第114页。

藏起来了，有的埋在床下，有的埋在屋前地里。（LHZ，男，87 岁，
吉龙村）

从将道具深埋地下、藏入山洞、藏到屋梁顶、藏进墙壁缝隙，或准
备新旧两套以掩人耳目等花样繁多、方法隐蔽的藏匿手段，足见村民们
保护道具的苦心，以及对道具所承载的民间信仰的虔诚与坚守。运动来
时藏匿起来，风声过后再拿出来，是村民们面对国家话语的强势进攻时
守护本民族文化的迂回策略。

（二）隐蔽活动

苗族的民间信仰是苗族祖先历经岁月沧桑积淀的生存智慧的一部
分，是他们安身立命的一剂药方。即便在"破四旧"、"文革"时期，
当苗民在现实中遭遇困境时，仍会求助于民间信仰这剂药方。为逃避国
家力量的干预和惩治，他们选择了隐蔽秘密的方式开展活动。例如，吉
龙村的 YLQ（男，87 岁）老人当时就是因为坚持"旧风俗"而受到了
整治，但是一次偶然事件的发生，却又让他重操旧业，并成功地躲过了
严厉的惩罚。

60 年代，作鬼作神是很危险的，若是被寨子里的积极分子发
现了，跟工作队的人一说，那第二天就要来抓人，揪斗你，政治压
力大呀。1963 年搞"社教"，我们这个寨子有 11 个工作队，下面
那个寨子有 12 个工作队，都是花垣分派的。农历五月初五端午节，
我们这里杨姓人有个习俗，就是要包粽子，吃粽子之前必须做一堂
法事"敬家先"。我要先给自己家做了，才能到别人家里去做，当
时有一个工作队就住在我们家里，我边做，他边骂我："明天我就
要抓你去揪斗。"但我还是坚持做完，只是有些环节我还是省了。
那天早上，我把我家的做完了，寨子上的有些人喊我到他们家去
做。我到哪家，他就跟我到哪家，他一直骂我。晚上就把我揪斗
了，叫我站在台上，低头不准动，后来我站不起了，差点晕倒在
地。我以后就好长时间不敢做。但有一次，寨上有一个小娃儿生病
了，他父亲求我为他娃儿做一堂法事，我开始没有答应。但后来他

跪在我面前，边讲边哭，我见他"造孽"（可怜），就对他说，明天晚上等工作队开会散会回去都睡了以后，我再来跟你做。到次日凌晨 1 点多钟，我就去他家做了。从那时候起，我们也就偷偷地做，晚上深夜等工作队的人和全寨的人都睡了才敢搞。

　　五六十年代国家不准搞这些作鬼作神，有好多人都游街了，我们寨子有一个人 60 年代做过一次"打棒棒猪"法事，当时是晚上悄悄地将猪打死，不让它叫，连夜将猪煮熟，做了法事，由于他们做得比较隐蔽，所以没有被发现。（YQB，男，78 岁，吉龙村）

这种现象在当时的湘西苗族地区带有普遍性，虽然国家三令五申严禁封建迷信活动，村民早上上工时，经常会在路边看到敬神时烧过的香纸，从这一迹象就可以断定晚上村寨里有人家偷偷摸摸地开展了祭祀活动。

（三）相互掩护

　　民间信仰是苗族人民共同的精神支柱。当村民在生活中亟须借助神灵庇佑排忧解难时，村民们便会团结一致，以抱团合力结成一张坚实的网，防卫着外部力量的侵犯，让神灵发挥作用。其具体策略是，当村寨中有人准备"作神作鬼"时，村民们便会相互掩护。

　　"打棒棒猪"，那个年代也有悄悄办的，但是我们都不说，工作队的人如果知道了，晚上开会的时候就要骂人，一般有人要办的时候，都跟周围的邻居打声招呼，请他们能够保密。（WJN，男，80岁，板栗村）

　　"文革"期间，有人家里遇到什么难事后，还是会偷偷摸摸地做一堂"鬼神"，为了尽量不让别人知道，时间一般都会选择在深夜，但作"鬼神"总有声响，因此，哪一家做了"鬼神"，其实我们心里都知道，但是苗族内部还是比较团结，都不会给外人讲，对于告密的人我们都会讨厌他，会遭白眼，所以寨子里没有人敢去告密。（SDY，男，83 岁，吉龙村）

　　"破旧立新"时，有人还在偷偷摸摸搞"还傩愿"的活动。村里原来的一个支书，他的老婆病了，他买了两头猪、两只羊准备做一次还傩愿。但他家里住的有工作队，为了不与他们发生冲突，他对工作队的人说，我这两天出去有事，不在家，你们先回去一下。等工作队一走，他就开始做了。工作队的人也是本地方的人，他们也是心知肚明，睁一只眼闭一只眼就算了。（LSQ，男，65岁，吉龙村）

我们这个寨子的人都比较团结，有一次，有一家他的父亲得了肺病，一直不好，越来越严重，他就想请老司来做回神，事先他就跟我们讲了，我们都晓得。做了之后，干部听说了这件事就来查，可是他家不承认，干部又没有证据，他又来问我们，我们都说不晓得，他气得不得了，在开会的时候，发动全村的人检举，但是还是没有一个人出来或是偷偷跑去告状的，后来这件事就这么算了。（SHS，男，76岁，板栗村）

即便是在政治气氛极度紧张的局势下，村民们的掩护和配合为民间信仰提供了一个操演空间。在村民们神秘的信仰体系中，人生的不可知性决定了村民们需要一个共同的信仰来祈福祛祸。除了村民的相互掩护外，乡村干部也充当了苗族文化传承和价值观念的"保护伞"。

乡镇上的干部，都是熟人，都是苗族，"苗族不整苗族"。一方面对于国家布置的工作，他们不得不配合完成，另一方面，他们对我们的确也比较照顾，有什么重要事情、有什么运动，他们都会提前给我们"通风报信"，我们事先就可以想好怎样应付。这样，他们的检查工作也可以顺利进行，我们寨子也能平安无事，避免一些不必要的麻烦，两全其美。（YMQ，男，84岁，吉龙村）

我当时是村里的干部，我还是比较照顾村里的人的。我晓得他们经常偷偷摸摸地搞迷信活动，但我还装着没看见，"睁一只眼，闭一只眼"算了。我不想做得太过火，管得太多。不然的话，他们肯定会很恨我，讨厌我。我想过的：我总有一天会不干（干部）的，我又不可能离开这个地方。如果得罪太多的人，我以后走到哪里都要遭到白眼，在村里就没办法待下去了，划不来。（WSH，男，

86 岁，万溶江村）

乡村干部"处于行政管理系统（官系统）和村民自治系统（民系统）的边际位置"①，他们最佳的介入策略就是"两头讨好"和"两头不得罪"，尽量避免出现"姥姥不疼，舅舅不爱"的境遇，但若是两个"系统"对他们的要求发生矛盾时，他们大多都会向"民系统"一方回归。② 因为他们深知，自己无论如何都无法离开所生活的乡村社区，也不可能完全摆脱乡土社会中的关系网络。若对"本乡本土"的乡亲过于"铁面无私"，那么在未来的社区生活中，他们将失去许多扶助资源，承担过高的个人成本。当苗族民间的共同信仰受到国家话语的压制时，有着双重身份的村干部在利益权衡之后，最终还是充当了乡村秩序的守望者，为社区免受国家的侵害，与村民一道结成了坚固的统一战线，以相互掩护为策略，为农民抵抗国家权力的侵蚀提供了一道"防护层"③，守护了民间信仰的生存空间。

（四）变通

湘西苗族的民间信仰种类繁多，仪式程序甚为复杂，且持续的时间较长。在"破四旧"的特殊时期，要完整地按照传统来进行仪式活动，不具有可操作性。为了规避国家的查禁，减少冒犯国家政策的风险，村民们对一些仪式进行了变通处理。

一些法事若按着老规矩来的话，要设置香案和神坛，场面比较大，时间也较长，有的要一天，有的要好几天，还要吹牛角，敲锣鼓。但在当时国家管得凶，不准搞这些迷信活动，我们是不可能按着以前的规格来。我们只好想办法，尽量简化。以前要四五个人，我们只要一两个人就可完成；怕吹牛角有声音，就在嘴边比划一下；时间也只要个把钟头。（YLQ，男，87 岁，吉龙村）

---

① 王思斌：《村干部的边际地位与行为分析》，《社会学研究》1991 年第 4 期。

② 同上。

③ Vivienne Shue, *The Reach of the State*: *Sketches of the Chinese Body Politic*, Stanford University Press, 1988, pp. 76-79.

在程序上，省略仪式的某些内容，选取最主要的环节；在时间上，尽量安排在深夜；在规模上，尽可能地减少仪式的参与者；在某些环节上，以象征性的动作取代作法器具的使用。这种变通策略为仪式的操演赢得了一定的生存空间。另外，对于有些仪式，他们则通过"时间错位"的变通方式，保护民族传统的沿袭。

> 杨姓过端午节，五月初一起至初五有许多禁忌：糯米做的东西不能吃，出门若遇见蛇或其他血光之事，回来以后一定要洗脸；初四晚上包粽子，煮熟，初五早上"作神"，先请"家先"吃，然后家里的人才能吃。1963年国家搞社会主义教育，不准搞封建迷信，过端午节时，不允许我们讲究那么多规矩，不准搞祭祀活动。从那时起，初一至初五我们杨家干脆就不包粽子了，国家也管不到我们；等过了这几天，到了初六我们才开始包粽子。这样，我们的端午节既可以补起来，又不必讲究过多的禁忌，同时也不违反国家的政策。（YGM，男，80岁，吉龙村；YLQ，男，87岁，吉龙村）

经过变通，民间信仰的部分内容被删减，完整性被破坏，神秘性也有所降低，表面看来，似乎是苗族人民在国家话语的高压下对本民族文化的一种主动遗弃，但实质上却是苗族人民为逃避国家话语的规制而选择的不得已行为，是一种以妥协求保全的机智策略。

（五）并用

村民们在接受国家话语的同时，对于遭遇国家话语抵制但在苗民生活中表现出了神奇甚至不可思议的力量的某些民间信仰，却并未按国家话语的要求予以放弃，而是采用国家话语与民间信仰一道并用的策略。这种策略在消除病患时尤其突出。当苗民遭遇病痛时，他们首先是借助于现代医治手段，求医问药；若现代医学不生效，他们便转而向"神"求助，用苗族巫术来驱鬼祛魔，苗民将这种医治方式形象地称为"神药两管"。

> "药"是指到医院去看病，让医生诊断开处方拿药；"神"是

指鬼神让人生病，通过做法事，去驱赶鬼神，鬼神赶跑了，病人的精神面貌和病情才会出现好转。两方面一起使用，做了神以后，吃药才有效。（YYS，男，75岁，吉龙村；YLQ，男，87岁，吉龙村）

从他的解释中，可以看出"神"与"药"并不总是表现为水火不容的关系，在一定的文化场景中，它们是可以相互配合的。特别是巫术对于调节患者情绪、改变患者精神面貌的认识，是有一定道理的。

村民们将巫术的效能描述得神乎其神：

> 我对鬼神信仰很模糊，有些事情用科学的观念是解释不清楚的，我十七岁的时候生过一场大病，胃很难受，吃下的食物全部呕吐，持续了一个星期，不能上课，吃药吃了四个月都无效，我后来喝了苗老司和客老司的"神水"，我的病情就开始好转了。我解释不清楚，反正我没死。（LSG，男，77岁，万溶江村）

> 我的朋友会化"雪山水"，再严重的病，他可以调动雪山的水把病冲掉。我向他学过几招；后来，我另外一个朋友胃出血，我就化了一碗水给他喝了，他的病也就慢慢好了。（LCX，男，61岁，万溶江村）

> 有没有鬼神，我说不清，因为看不见摸不着，但是又无时无处不在。1986年我十八九岁，有一次我去修土地堂，被马蜂吓了一下，回来后我就卧床不起了。我爷爷知道了，认为我的魂魄被鬼抓走了，于是他们就弄来一条鱼做了一堂鬼神，第二天我就好了。（WZB，男，49岁，板栗村）

类似以上神奇的故事在湘西苗乡俯拾即是。这类故事表明，在苗民的生活理念中，巫术能解决现代医学解决不了的问题，民间巫术在与科学话语的较量中显示出了超验的力量，将人们生活中的异常事件，如死亡、疾病、生活的坎坷等纳入至少有可能解释清楚的范围之内，以应付、化解他们所遭遇到的恐慌、困惑、痛苦和道德悖论，正是这种超验铸就了苗民对它的虔诚与笃爱。

自新文化运动起，科学就成为国家高扬的主导话语，成为现代化的核心理念。在湘西苗族的生命智慧中，作为国家话语的现代医学与作为民间信仰的巫术相交运用，这既反映了苗民对国家话语的适应，也反映了苗民对传统经验的依赖。湘西苗民这种既追逐现代又紧握传统的生活态度，并不意味着他们在现代与传统间产生了矛盾心态，而是反映了他们追求实用的生活准则：当现代科学话语能解决问题时，就信仰科学；当科学话语失效时，就向民间信仰寻求帮助。总之，无论是国家话语还是民间巫术，只要对他们的生活有所助益，都会成为他们信仰的对象，成为为他们服务的工具。

（六）冲突

当社会生活中两种相互对立的价值规范和行为方式并存，人们的适从发生困难时，文化冲突便容易发生。① 新的国家话语在湘西苗族乡村的建立与渗透，不能体现其社会效力、不能解决老百姓的生存之需时，很容易让老百姓对其失去认同和信任。

因而，当国家话语与民间信仰发生冲突，苗民又亟须民间信仰救护的特殊时刻，苗民们宁愿冒着遭批挨斗的巨大危险，也要表达对神灵的敬畏与尊崇。例如，在三年自然灾害时期，天气持续干旱，庄稼大量减产甚至绝收。尽管"求雨"属国家明令禁止的封建迷信，但面对饥饿和死亡，苗民们还是举行了求雨仪式：

> 我十五六岁时，看见好多人去德夯的一个井里投放毒药求雨。他们向那个井里投了好多敌敌畏，目的是为了让井里的龙王害怕，然后降雨。当时国家是不准搞封建迷信的，但是天干实在是没办法，日子过不下去了，也不管国家是否禁止了。（YSM，女，74岁，吉首市矮寨镇吉龙村）

苗族村民公然以民间信仰来对抗国家话语，并不意味着对国家话语的敌意和反叛，而是生存困惑而诱发的躁动，是生存危机下的冒险一

---

① 郑杭生主编：《社会学概论新修》，中国人民大学出版社 2003 年版，第 363 页。

搏,也是"两害相权取其轻"的理性决策,反映出民间信仰在他们的意义世界中举足轻重的地位,以及外来制度设计与湘西苗族乡村社会生存逻辑的矛盾与冲突。

由此可见,国家力量虽能迅速覆盖民间社会,但是若这种认同和信任转型抽象且不符合村民利益和习惯时,它对传统的改造只能触及社会表层,隐埋于苗族文化心理结构最深处的信仰习俗并没有得到彻底根除。当国家权力真正触及民间文化的核心样式时,湘西苗族村民总会想方设法地去化解国家权力的效度,以表面放弃、内心坚守的低调抗拒策略去捍卫内化于他们集体无意识之中的传统,让苗族文化在国家话语与民间应对的缝隙中得以延续。

四 借用

国家主流文化和湘西苗族文化是两种异质的文化,在信仰、价值观、思维方式、生活方式上都存在着巨大的差异,这决定了两者的交流过程必然是一个不断碰撞和磨合的过程:一方面,国家在尊重苗族文化的前提下,试图以主流文化去引导苗族文化;另一方面,苗族在应付国家话语的过程中,力争传承民族生存智慧。因此就有了苗族对国家话语的反抗、顺随与合作、调适中捍卫等策略。但是,国家话语并不处处冲击苗族文化,在某些方面,甚至有助于苗族文化的传承。如通过建立有序关联的制度安排,国家和社会之间可以实现较为稳定的良性互动,同时,社会力量也可以借助建制化的沟通渠道与国家政权进行利益、意志和资源的沟通。[①] 根据《宪法》和《民族区域自治法》的规定,民族自治机关的自治权包括:使用和发展本民族语言文字,尊重和保障少数民族宗教信仰自由,保持或者改革本民族风俗习惯,自主发展教育、科技、文化等社会事业等,这些规定为苗族文化的保留和创新提供了制度保障;再如,2003 年 1 月,中国启动了由政府推动的民族民间文化遗产保护工程。这些国家政策或法规为苗族文化的保留和发展开拓了广阔

---

① 王巍:《国家、社会互动结构中的社区治理——一个描述性案例研究》,《武汉大学学报》2008 年第 2 期。

的空间和前景，符合苗族意愿，对于这些国家力量，苗族的应对策略是最大限度地挖掘其政策利惠点，去敏锐发现国家为民间社会留出的空间，"把国家作为一种发展的资源"①，以特别的形式来获得合法性，主动将国家符号或国家话语引入，以利于其参与国家公共决策，来为保存和弘扬苗族文化、发展苗族地区经济所用。且"有时候越是能够成功地利用国家的力量，就越是容易发展"②。

（一）借国家话语保护民族文化

民族文化的发展与繁荣，有赖于制度保障。2003 年，中国启动了民族民间文化遗产保护工程，民族民间文化的价值得到国家话语的确认，湘西自治州被列入保护工程试点。湘西苗族意识到这是一个保护和弘扬本民族文化的绝好时机，从政府至民间，通过各种渠道推动民族文化的保护工作。湘西州制定了《湘西土家族苗族自治州民族民间文化遗产保护条例》，这是全国首个地市级的地方性保护法规；在《条例》的基础上，还出台了《湘西自治州民族民间文化遗产传承人保护管理暂行办法》；2006 年，在黄永玉的指导下举办了"湘西文化名人民族民间文化遗产保护学术研讨会"；为尝试推广民族民间文化乡土教材进课堂，教育部门编印了《湘西民族民间文化》中小学版的课外辅导读物，下发全州近百所中小学校，在音乐、美术课上试教，效果良好。近几年各县市还举办了一系列民族民间文化节会。保靖大型原生态文化展示"走进酉水"、吉首苗族"四月八"、凤凰山江"苗族传承世家"评奖、"天下凤凰聚凤凰——中国苗族银饰文化节"、花垣"赶秋"节、"太阳会"、泸溪良家潭苗族"跳香"等充分展现了苗族悠久的文化。这些民族民间专题文化活动的成功举办，是对民族民间文化活态的有力保护。

《条例》、《办法》等国家权威原则和法律规则的出台与实施，也意味着国家将文化的自主权部分地让渡于民族社会，标志着社会与国家开始走向分离。这为民族社会公开、合法地进行活动，追求自己的目标提

---

① 高丙中：《民间的仪式与国家的在场》，载郭于华主编《仪式与社会变迁》，社会科学文献出版社 2000 年版。

② 同上。

供了制度保障和语话权力。"社会一旦从国家分离出来,就会有自己的文化表现。现在,各地可以自成舞台,各地在国家意识形态之外可以保持自己的价值观、仪式、表达方式,在民族地区则可以按照民族政策堂而皇之地恢复本地的传统。"① 因此,在湘西苗族地区,有了国家力量的支持,湘西苗族也开始名正言顺地开展一些文化活动,且文化形式也从过去简单的"样板戏"与"红宝书"走向多样化,并有意凸显苗族文化的独特性。湘西苗族除了恢复一些节庆仪式外,更主要的是将民族歌舞表演生活化。2003 年,吉龙村村支书 LSQ 自发组织村民唱苗歌、跳苗舞,没想到大家一呼百应:"谁要是没被点到还会有想法","大家白天忙农活,晚上忙排练。随喊随到。排练紧的时候,大家还要自带粮食到支书家,统一开餐统一排练。九十多岁的老太太也加入了表演队伍。年纪大了跳不动,就唱苗歌来伴奏。一百多人挤在村前坪场上又唱又跳是常有的事"。"道士带来了绺巾,弹匠挎来了弹弓,银匠拿来了锤;李家的犁耙,石家的锄头,杨家的箩筐,就连龙家的织布机都成了道具。"在全民出动、经常排演的方式的鼓舞下,唱苗歌、跳苗舞成为吉龙村的一种时尚、一种习惯、一种既熟悉又有些陌生的生活方式。功夫不负有心人,吉龙村对苗族民间文化遗产的保护也得到了政府的认可,在每次政府举办的比赛或评比活动中,吉龙村都获得了优异的成绩,如在"首届民族民间艺术大赛"上,吉龙村的《穿花舞》、《舞牛》、《绺巾舞》分别获银奖、铜奖;在"第二届民博会"上获"原始文化保护奖";吉首大学也将把吉龙村确定为民族文化研究基地;2006年湘西州春节联欢晚会上,《农家乐》舞蹈还被选上了,用他们的话说,是"一双双走惯了乡间小路的泥脚,踏上了电视台演播厅的红地毯",村民们至今对那次经历还记忆犹新,村民 YZH 说"那是第一次登台,心里发慌,感觉脚不听使唤,舞蹈动作也忘光了,大家你碰我,我碰你,不知所措。不过我们很快就调整过来了,表演得非常好、非常投入,道具把电视台的地板玻璃都敲坏了"。当苗民们返乡时,已是第二天凌晨了。但让他们没有想到的是,往日早就进入梦乡的苗疆,这回却

---

① 高丙中:《民间的仪式与国家的在场》,载郭于华主编《仪式与社会变迁》,社会科学文献出版社 2000 年版。

还没有人睡。沿途，各村都给予他们英雄凯旋般的礼遇。LSQ 说："我们路过大兴（村），那里有人放爆竹，路过夯那（村），那里也有人放。我们回到村寨已 12 点多钟了，但全村的人都还没有睡，他们放了好多爆竹来欢迎我们。村民们还自发地组织起来，一个人 5 块钱一斤米。买菜买肉买酒，隆重招待我们。大家坐到坪场上唱的唱笑的笑，嘻嘻哈哈的，气氛非常融洽。"① 很显然，苗民们对本民族文化得到了主流社会的承认感到无比骄傲。

在国家话语的召唤下，苗民们对本民族文化的深情得到了尽情展现，被淡忘的歌舞从苗民们记忆或书本中重新捡拾起来，其他形式的苗族文化被唤起，被称为"遗产"的民族民间文化再次获得了跃动不息的生命活力。

（二）借国家话语争取资金支持

湘西苗族社会为了扩展自己的活动空间及获取国家的政治支持和物质投资，也会主动迎合国家政策。除了借国家对民族民间文化的重视自觉保护民族文化外，湘西苗族还向国家申请经费来发展和弘扬民族文化。例如在板栗村，村里的一个民间艺术协会为弘扬苗族传统文化曾向有关单位写过这样的一份报告，全文如下：

关于要求支持板栗苗族传统文化事业的报告

板栗寨（村）地处湘西自治州花垣县排碧乡东北面，平均海拔 670 米，离 319 国道不到一公里，即将修建的"吉茶"高速公路就从寨边经过。它的东面是"勾元勾首"山脉，形成一大弧环抱，中间几百座山峦，而板栗寨就坐落在这一山区中央，坐落呈梅花形，南面是自然风景区小龙洞、夜郎十八洞、十里仙街；西南面是莲台山自然生态保护区。那里有峥嵘的悬崖、直泻千尺的瀑布、滩凼无数、溪流纵横，大自然的鬼工神斧造就了这里的奇山秀水，古老的民族风情和民间传说更增添了这里的神秘文化色彩。

---

① 部分资料来源于湘西吉首频道：《吉龙之春》节目，2006 年 12 月 1 日。

值得提起的是，根据国际地质层学家的考古论证，排碧的板栗村、四兴村地段的地质露头层面还保留着五亿年前的"寒武系"统界线的地质结构，2002年通过国际地质委员会的投票选定被确认为"寒武系"统界线排碧阶"金钉子"，被统称为国家地质公园。这是国家的崇高荣誉，也是排碧乡板栗人的荣耀。

据有关史料考证，湘西自春秋战国时期就已经有了苗民居住，西汉—东晋这一时期板栗寨就已经有祖先在这里开发了，到唐宋已经有了相当的人口与生产规模，到元明时期已开始出现一些富户人家。

由于板栗村的历史源远流长，其民族传统文化也积淀厚重，幽奥神秘。

这些年来，板栗村有一支二三百人的文化队伍随要随到、随用随有，曾先后参加州、县、乡和一些旅游景区的大型文化活动，尤其是2004年冬举办的大型原生态文化"太阳会"更是反响很大、评价很高，受到社会的广泛关注，累计观众达80万人次以上。中央、省市、海外的来宾和百姓观众、新闻媒体都给予高度的赞赏和评价。板栗村的传统文化节目曾经在中央电视台、省市地方电视台播放，各大报纸杂志也时有报道。上万张板栗文化活动的专题片光碟在民间传播。

这20多年来，这支队伍所去之处，次次晴天好日，所接受之事次次胜利，从来没有出现任何事故，次次圆满。老百姓私下议论说："他们真有戏，好运气！"有些人竟提出"板栗文化"的概念，如德夯旅游区有一场晚会节目就称为"板栗文化"。还有人说："板栗传统文化是苗族传统文化的一个缩影。"

为了传承、抢救、挖掘和弘扬这些珍贵的民族遗产，以海生同志为代表的一批有识之士组织了一个苗族民间传统文化艺术协会，并正筹备建设一支素质较高的专业队伍——"寒武系"板栗苗族传统文化艺术团，全面、系统、专业地从事抢救、整理、编排和演出一些有意义、有价值的传统文化节目，包括苗傩文化、民俗文化、神话故事、建筑文化、工艺文化、纺织和服饰文化、诗歌字画等，并写成文字和录成录像留给后世。

除此之外，协会还计划以苗族古老神话传说、口述史、傩文化等为基础撰写一部神话长篇小说，把苗族民间广泛流传的神话故事有机地结合起来，我们认为这是一个很有意义的工程。虽然这项工程困难很大，但我们认为不能让这个没有自己文字的伟大民族的文化因此消失。我们还要挖掘一些已经失传或将要失传的传统文化种类，如大型祭祀活动："太阳会"、"许松"、"布青"、"杠竹"、"谷喜卡"、"打仙风"等；丧葬文化："度法"、"大道场"、"喊礼"、"召亡"、"开天门"等。这些文化类型都蕴含着丰富的苗族传统文化特色。

我们苗族是一个古老的民族，为躲避战争和灾害，从黄河流域迁徙到了大西南边地。尽管如此，她对华夏民族是做过巨大贡献的。板栗文化就是苗族文化中的一块翡翠。她能得以存在、得以传承、得以弘扬，将是苗族的一件幸事，也是板栗人民的光荣，对那些关心民族事业的人来说也是一场圆梦。

今天我们处在一个伟大的时代，中国共产党是一个宽厚、对少数民族施以德政的执政党，半个世纪以来苗族终于得到了自我发展的机会。被折腾了几千年的一个优秀古老的民族终于重见天日，可算是柳暗花明了。

新的世纪将给边区民族带来大好契机，西部大开发将给痛苦几千年的民族带来幸福，带来美好的时代。州委州政府提出湘西要发展旅游业，作为一项重要产业来抓，是我们的发展战略，这是一项富民的工程，而湘西旅游业主要有三大强项：一、山水文化；二、历史文化；三、民族文化。而民族文化开发潜力很大、很广泛，我们认为，湘西旅游业的开发必须是民族文化的大开发，不管从政治意义或经济利益上来讲都是一件好事、一件善事。为此，我们协会将抓住这一大好契机，积极开展工作。

一、组织队伍领导和排练几个新的传统剧目，为今年第二届"太阳会"做好准备。

二、今后要把板栗文化向外推介展演，这将对社会产生很大的影响。

三、板栗的文化队伍目前最大的困难是资金。要建设好这支队伍，首先是要具备一部分扶助资金。

尊敬的领导，我们的队伍建设、文化活动需要一批道具和器材，这些装备需要一笔比较大的资金，比如：大号鼓我们就非常需要，因为我们光有苗鼓手一二百人，如搞活动最少就要20—40面，光这一项就需资金两三万元。其他如苗法师的道装，比如我们表演"绺巾舞"至少要四十人，而每个苗老司的道装就需250元左右，四十套就需资金一万元。所以我们希望上级部门给予考虑，给予大力支持。

借此机会，我们将我们的想法实话实说地向政府和有关部门领导汇报，希望您们审阅这份报告后能给予帮助和指示，让板栗的民族文化事业真正有一个更加让世人注目的成果，为振兴我们湘西、振兴我们花垣、振兴我们民族文化做出一份贡献。

花垣县排碧乡板栗苗族民间传统文化艺术协会

2006 年 5 月 12 日

从公文写作的角度来看，这份申请有着不少的缺陷。但透过冗长的篇幅，其意图却是显见的：首先，对板栗村特殊的自然地理环境、特别是悠久的苗族文化进行浓墨重彩地渲染，板栗村"被确认为'寒武系'统界线排碧阶'金钉子'，被统称为国家地质公园"，"西汉—东晋这一时期板栗寨就已经有祖先在这里开发"，"板栗传统文化是苗族传统文化的一个缩影"，"板栗文化就是苗族文化中的一块翡翠"。接着，陈述了对板栗苗族民间传统文化艺术协会在传承抢救、挖掘和弘扬苗族遗产方面做出的一些贡献，介绍了下一步准备开展的工作。再接着，歌颂了国家对苗族的好政策，歌颂"中国共产党是一个宽厚，对少数民族施以德政的执政党"，文中大量借用国家倡导的政策话语，如"西部大开发"、"湘西旅游业"，认为"湘西旅游业的开发必须是民族文化的大开发，不管从政治意义或经济利益都是一件好事、一件善事。为此，我们协会将抓住这一大好契机，积极开展工作"。在申请中，他们积极寻求板栗村传统文化保护与国家政策的契合点，希望表达出：弘扬板栗村传统文化，有利于国家，有利于经济发展，这是配合国家或政府发展目标的举动；有如此重要的意义，国家应当给予支持。在做出如此"厚重"

的铺垫之后，这才提出开展民族民间文化活动需要资金，请政府支持的要求。可见，该村大打"民族文化牌"，自始至终都围绕着当地的历史文化传统做文章，不断地"拉入"、利用与加强民族民间文化保护的国家话语，增加民族文化保护的合法性与正当性，以添置活动道具和服装的名义，寻求国家财力的支援。

五　引进

任何国家的主流文化的最重要使命之一就是增进人民对国家的认同感。从象征—仪式理论视角出发，国家被认为是一个想象的共同体，国家成其为国家并不是自然天成的，而是通过文化、心理的认同而构成的，而这种认同又是通过符号和仪式的运作所造就的。[①] 也即沃泽（Walze）所说："国家是不可见的，它必被人格化方可见到，必被象征化方能被热爱，必被想象才能被接受。"[②] 百年来，在国家力量向民间社会延伸的过程中，湘西苗族主动引进国家符号，机敏地将"国家"置于社会中，以表达对国家的理解与认同，拓展了自身的生存空间。

如前所述，在"除旧布新"的过程中，湘西苗族的民间文化被当作封建迷信予以禁止，但民间文化仍以隐秘变通的方式，在国家话语的边缘游走。不过，为争取自己的文化传统传延的正当性，人们开始尝试着在自己的生活世界和意义系统中主动地让"国家在场"，以迎合国家主流文化的价值取向。

（一）傩戏中国家角色的扮演

社区神祇与国家神祇、官方宗教间接相关，它是传播正统思想的一条重要途径。[③] 在 20 世纪六七十年代，湘西苗族为了让自己的文化表达

[①] 高丙中：《民间的仪式与国家的在场》，《北京大学学报》2001 年第 1 期。

[②] 转引自郭于华《民间社会与仪式国家：一种权力实践的解释——陕北骥村的仪式与社会变迁研究》，载郭于华主编《仪式与社会变迁》，社会科学文献出版社 2000 年版，第 343 页。

[③] ［美］杜赞奇：《文化、权力与国家：1900—1942 年的华北农村》，王福明译，江苏人民出版社 2004 年版，第 141 页。

获得国家的认可，他们对还傩愿仪式进行了改编，将仪式中的重要角色进行了重新定位和解释，强调其国家代理人的身份。

首先，神坛的布置加进了国家的符号。在还傩愿仪式中，神坛前要张贴对联。民国时期，对联内容包括"黄金殿上巍巍主，白玉阶前荡荡臣"、"洒扫礼门迎圣驾，展开仪路接君王"等内容[1]，其中"主"、"圣驾"、"君王"作为国家的象征，作为人间至高无上的权力代表，被苗族民间引入仪式中。如今，还傩愿仪式中的对联出现了这样的词句："风清月白四时新，调理阴阳造化匀，雨润社稷花献瑞，顺潮江海浪涛平。国基铸定千秋固，泰斗昭辉万代宁，民拥宪法行善道，安居乐业谢皇恩"；"风调雨顺，国泰民安"[2]。如果说此前还只是以"君王"等象征符号隐约地表达对国家的尊崇，现在则直接将国家请进了仪式中。

其次，仪式中各神仙降妖除怪的本领是对国家功能的模拟。在还傩愿仪式中，探子、先锋、开山、八郎、判官、和尚、土地等神仙通过独白与演唱，介绍自己的特殊能耐（见图4—1）。

例如探子登场时唱：

图4—1 傩戏面具

> 我是刘门耀祖子，爹娘落户住桃源。堪怜母子无缘分，分娩临盆命归天。幸得桐叶仙道救，风飘五岳把身安。神公赐我双头棍，艺熟功成解倒悬。

先锋登场时唱：

---

① 石启贵：《湘西苗族实地调查报告》，湖南人民出版社1986年版，第478页。

② 花垣县政协文史资料研究委员会编：《神奇的花垣》（风情篇），2007年印，第246页。

　　先锋我是洞庭人，住在君山竹树荫。怀胎十月娘辛苦，我母怀胎十二春；吾生下地哭三声，八十婆婆捡胎人。圣母娘娘来祝贺，玉牙起个先锋名；五岁六岁学针线，七八九岁读书文。先读一本百家姓，后读一本女儿经。岳王送我金腰带，娘娘送我衣配衿。并送白旗成双对，专为户主扫瘟神。

开山登场：

　　唱：开山莽汉大力神，只练武功不识丁。家住江苏溧县地，挥拳弄斧鲁粗人。张家后代马家母，老弟哥兄都有名。……开山仕怪粗又丑，丑年丑月丑日生。脸黑毛长丑八怪。门牙像对蚂蟥钉。三锅米饭一餐吃，一桶馒头当点心。八个男人抬我斧，开山耍斧手嫌轻。妖魔见了筛糠抖，牛鬼蛇神一口吞。

　　道白：此斧不是非凡斧，玉皇大帝送我斧。上不砍天，下不砍地，不砍儿魂女魂，不砍原生本命。砍断疫鬼瘟神头，魑魅魍魉乱纷纷。

　　唱：大斧神提走四方，呼呼耍动土尘扬。风雄闹市街中过，吓得伢儿哭喊娘。敢入深山杀虎豹，专游世上斩瘟瘴。东家有请追风到，看我开山本事强。牛瘟猪瘟砍出去，鸡瘟鸭瘟砍出门。大包烂药砍出去，小包烂草砍出门；官衙口咀砍出去，水火盗贼砍出门；三灾八难砍完了，长命宝贵刨进门；砍造大厦住父母，砍造摇篮育儿孙。开山大将工夫了，也得前神让后神。谢主辞神挥手去，扬鞭跃马转回程。

和尚登场：

　　道白：生下头无毛，像个猪尿泡。地道和尚相，装鬼混唐朝。和尚神来和尚神，说我无名我有名。父母家住辰州府，贫僧叫做符加灵。据说僧人到我家，苦口婆心善心发。爹娘托付僧人养，三岁孩童出了家。和尚癞光光，吃肉不吃汤。修心不修口，同样做道场。嗯，中愿道场禳星最合适，正与解除病灾对口，就这么做。

唱：药师佛来延寿王，大悲大愿降坛场。东家有请消灾病，惟愿我佛赐恩光。

道白：上来迎请南无中天星主消灾炽盛王佛，娑罗树光王佛，消灾延寿王佛。证盟功德，香花迎请，北斗七星，南斗六星，周天二十八宿星君，金木水火土星，十二太昊星君，星辰洞鉴，辉照法坛。僬天不夜号长春，耿耿银河浩渺横。月耀中天星斗亮，光重大地海江明。娑罗树大遮阴广，泰斗光宏普照明。且喜今宵蒙福处，沾思解厄是东君。南无云来集菩萨摩诃萨！上来礼请，已沐光临，虔备凡仪，稽首奉献，仰望洪兹纳受。三才既立，七曜环转，道在人弘，福由自作。得一善可得天地之化育，可消罗候计都之灾厄。奉请天官解疫，地官解疫，水官解疫，火官解疫，东家禳解一切疫。

唱：移星转斗到东方，木德星君降吉祥。户主从今禳解后，消灾免难寿延长。移星转斗到南方，火德星君降吉祥，户主从今禳解后，消灾免难寿延长。移星转斗到西方，金德星君降吉祥。户主从今禳解后，消灾免难寿延长。移星转斗到北方，水德星君降吉祥。户主从今禳解后，消灾免难寿延长。移星转斗到中央，土德星君降吉祥。户主从今禳解后，消灾免难寿延长。

道白：息了七星灯，灾难永不生；燃了七星牌，灾难永不来。

唱：南无消灾障（增福寿、登云路）菩萨摩诃萨！和尚禅杖两头叉，道场圆满扛斋粑，扛起斋粑张口笑，阿弥陀佛转回家。临别要拜神和主，感谢宽容我老衲。借动堂前锣和鼓，归程一路是风花。①

此外，土地及判官等神的出场亦是如此。在改造后的傩戏中，众神被视为国家或国家官员的投影，他们降妖除怪的特殊能耐便是对国家机构分工、运作的模拟与象征性的操演。

---

① 花垣县政协文史资料研究委员会编：《神奇的花垣》（风情篇），2007年印，第253—256、260—262页。

对于傩戏中的神与鬼，一些人类学者认为神代表国家，鬼则或是与己无关的陌生人或是可能对己造成危害的人。例如，武雅士等人就认为，"神身穿的是命官的官袍；他们住在庙宇之中，受神将的保卫；他们处罚社会中犯了罪的人，很容易被激怒、并喜欢受贿赂；他们向上级写报告、保守人事档案，并且与帝国的行政区划相联系。显然，神是帝国官僚的化身。鬼……他们被视为是危险甚至有害的东西；……人们公然把他们比作土匪、乞丐和强盗。很显然，鬼是人们不喜欢的危险的陌生人的超自然的代表"。他还认为，中国民间对神、祖先、鬼的崇拜根源于中国的社会现实。中国农民的生活世界中存在着三种人：一是常来向他们收税、规范他们的行为的官员；二是他们自己的家庭或宗族成员；三是村落外部的"外人"和危险的陌生人等。神、祖先、鬼表达的是农民对他们的社会世界的阶级划分。[1]依此说法，傩戏中的众神也可被视为是国家或国家官员的投影。虽然岁月变迁，但湘西苗族在傩戏中仍然上演着驱魔赶鬼的故事，这些故事或符号与以文字记载的国家意识形态关系极为密切，表达出人们对国家的持久依赖，希望能够借助于国家威力，来完成禳病祛鬼，增添福祉的心愿。

再次，还傩愿仪式是对国家机构分工、运作的模拟与象征性的操演。傩戏中的各位神仙均对应着国家的有关机构，并发挥着相应的功能，如探子、先锋、开山可比作暴力机关，八郎代表着经济部门或国家代表对经济市场的管治，和尚代表着慈善机构，土地、判官分别对应着农业部门与司法部门。这些角色的分工是对国家机构的运作的模拟，是国家形象在民间文化场域中的特殊表现。芮马丁曾指出，"中国民间仪式雷同于衙门的政治交流过程，是一种意识形态交流的手段，具有自己系统化的符号与程序。在宗教祭拜中，神即是官，祭拜者即是百姓或下级办事人员。仪式过程中的人神交流犹如百姓向衙门汇报案件。中国社会中的仪式，因此是上下等级的构成及等级信息交流的演习，反映了政治对宗教仪式的深刻影响，同时反映了民间对政治交流模式的创造"[2]。

---

① 转引自王铭铭《社会人类学与中国研究》，广西师范大学出版社 2005 年版，第147—148 页。

② 同上书，第149 页。

湘西苗族还傩愿仪式正是借用了仪式的意识形态功能，来实现其文化传承。

最后，对于"国家的建构"是以民间方式来实现的。即依照本民族喜闻乐见的俗文化形式来对国家机构的运作进行操演、展示，将国家"拉到"人们的生活当中，使人们对国家的想象更为生动、清晰与亲切，以便更多人体会到国家的存在。例如，在傩戏中，各位神仙的出场都十分精彩，故事情节充满了生活气息，道白与唱段均生动有趣。试以"判官"这出戏为例："判官"这出戏，共分三场，演出极具特色，他的出场与断案都充满生活情趣。

　　第一场，"动驾途中"。

　　唱："请出东方青判官，青帽青衣青皂鞋。赤鞍赤笔赤兔马，赤旗赤号出桃源；请出西方白判官。白帽白衣白皂鞋。白鞍白笔白龙马，白旗白号出桃源；请出北方黑判官，黑帽黑衣黑皂鞋。黑鞍黑笔黑风马，黑旗黑号出桃源；请出中央黄判官，黄帽黄衣黄皂鞋。黄鞍黄笔黄骠马，黄旗黄号出桃源。"

　　道白："本判路过辰州府内，有一个煤炭客和一个骑白马的秀才，拉拉扯扯，争吵不休，到我马头前讲理。我问怎么回事，煤炭客说，他的马吃了我的煤，我看秀才马咀是白的，是吃米粉，并非吃煤，就喝斥煤炭客：混账！马怎么会吃煤，吃煤为什么咀不黑？那秀才千恩万谢去了。

　　"本判路过泸溪峒，有三个人吵吵闹闹，到我马头前讲理，原来是一个屠户和两个鸡客，卖雄鸡的指控卖母鸡的啄了他公鸡。屠户指控卖公鸡的啄了他的秤砣。三角案情连环指控，我一听就明，就喝声道：混账东西！母鸡啄公鸡，你娘啄你爹。公鸡啄秤砣，你公吃蒸钵。卖公鸡的和那屠户灰溜溜去了。卖母鸡的大呼青天大老爷，磕了三个响头。

　　"本判扒了扒八字胡。继续扬鞭赶路，好不容易赶到所里，苗族叫做吉首。又碰到一男一女在吵架，见我是个法官过路，就拦住马头告状，女的指控男的：'他在那边山偷看我屙尿。'男的指控女的说：'她在吊脚楼偷看我屙尿。'公讲公有理，婆讲婆有理。

我发问：'你俩都是千里眼？'男女都摆头。'你俩屁股如灶大？'男女更摇头，我发怒喝声道：'混账男女，戏弄本判官！男女两人跑得屁滚尿流。'"

第二场，"判官出身"。

道白："本判来到傩堂内，有人告状是无人告状？无人答应，怀疑我是冒牌的，那我先介绍一下我的身世，你们就可识别真假了。"

唱："判官神来清官神，众人听我说分明。当官才坐桃源洞，无官不敢进傩庭。家庭住址全相告，原籍湖南省会人。我父朱门三太子，我娘张姓女罗衿。我娘养我三兄弟，三个兄弟都有名。老大权高总兵位，湖南省会管三军。二哥太贤花翎戴，河北省内当县丞。我是排三朱太王，桃源洞内判官神。岳王派我遵旨到，圣母傩公作证明。"

第三场，"判官勾愿"。

道白："信士户主是有酒勾愿还是无酒勾愿？"

答："有酒勾愿。"

问："信士户主是有肉勾愿还是无肉勾愿？"

答："有肉勾愿。"

道白："既有酒又有肉，本判要打开簿子看一看。啊，是的，信士户主，许愿在前，还愿在后，一样不少，两样不劝，荤猪两头，草羊二只；雄鸡鲤鱼，水花豆腐，黄缸美酒，琉璃杯盏，斋凡果供，香纸灯烛；糍粑三槽，大米三升，琳琅满目，一应俱全。还了还是不还？"

答："还了。"

唱："还了还了正还了，道场圆满万事好；本判笔勾良愿销；完隆完降正完隆，道场圆满万事通，不留良愿在家中。"

道白："有请东方青判官，南方赤判官，西方白判官，北方黑判官，中央黄判官，勾销圆满愿，本判好交差。"

唱："五方案桌摆堂前，有请五方五判官。五色毛毫橡笔举，五官压阵愿勾完。"

道白："三十六堂的鬼，七十二庙的神，良愿已经勾销，看本

判分别打发你们。"（打发鬼神略）

判官案上摆酒，摆豆腐，摆猪耳朵，判官打发众鬼众神说："一样不少两样不劝，人人有缘个个有份，千人动手，万人动口"；围观守颈的孩童们，每人发给一片猪耳朵。最后唱辞行："五方判官勾愿了，穿色衣，戴色帽，骑色马，坐色轿，把色旗，吹色号，抬旗吹号转去了"；"本判先来扫后归，金鞍上好马蹬蹄。瘟神疫鬼全勾去，宝贵荣华再转回"。①

湘西苗族民间通过诙谐幽默、通俗易懂的戏剧形式，朴质、亲切地将"国家"引入广大民众生活和社区文化之中，实现人们日常生活中的国家建构，既抒发了民间社会希望与国家在政治意识形态方面进行交流与沟通的意愿，也表达了民间社会希望将自己纳入国家的管辖之中，从而获得国家照应的期望。

（二）神龛的布置

神龛是湘西苗族民间信仰的物质载体之一，也是家庭祭祖仪式的核心内容。在湘西苗族地区，许多家庭都设有神龛。百年来，在神龛的布置上，体现出苗族人民不仅将"国家"请入家里，而且还与国家的意识形态和价值观念相随变化的特点。民国期间，神龛对联横批为"天地君亲师"或"天地国亲师"，"君"或"国"在苗民敬奉的对象中与天、地处于同等地位，天或地是大自然的最高主宰，"君"或"国"便是人间的最高象征，将"君"或"国"置于具有神圣意义的神龛，表达了"国家"在苗族民间的至高地位。湘西苗族民间社会对神位的写法有严格的规定，特别是"君"字，要求"君不开口"，即在写此字时，最后一笔一定要合拢，不能留出空隙，寓意君王威严端庄，至尊无上，表达出苗民对"君"或"国"崇敬、忠诚之情。

1949年以后，神龛作为封建迷信的载体被划入禁止之列，湘西苗族响应国家号召，迅速取消神位，在以前设神龛的位置改挂毛泽东等领

---

① 花垣县政协文史资料研究委员会编：《神奇的花垣》（风情篇），2007年印，第266—268页。

袖的巨幅像和毛主席语录，有些人家在供台上还摆放有毛泽东的石膏像。
这说明神龛的载体虽然消失了，但是神龛的功能却在延续，国家领袖成为
神龛上新的、比家先更为灵验、更有威力的神明。1978 年以后，随着政
治环境的宽松，湘西苗族又开始恢复神龛的设置，供奉的内容除"天地
君/国亲师位"的横牌外，还增添了大量"国家符号"，如"国泰民安"、
"国家子孙永兴隆"和国家政策标语、国家领导人图像等。如图 4—2、
4—3、4—4 所示：

花垣茶洞镇一张姓家中的神龛（见图 4—3）最为典型：

神龛的一边贴有张氏的来历（见图 4—4）："据记载：张姓是黄帝
的直系后裔，其始祖是黄帝的孙子——挥，生活在青阳（今河北冀州的
清水流域）。有一次他仿照天上孤星的模样做成了一支弓。天帝见之大
悦，就赐他姓张。这支源于挥的张姓，是张姓家族中最为古老的一支。"
主人家强调张姓是黄帝所赐送，表明了对国家正统的归服。

另一边贴有当代社会所提倡的道德修养标准"八荣八耻"，如图
4—5 所示：

图 4—2 凤凰县马鞍山村　　　　图 4—3 花垣茶洞镇张姓家中的
　　　　苗家神龛　　　　　　　　　　　　神龛（李然摄）

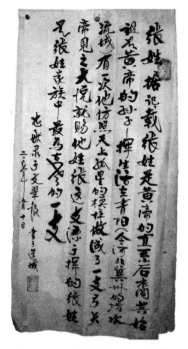

图 4—4　张姓来历（李然摄）　　　　图 4—5　"八荣八耻"（李然摄）

　　民族社会的巧妙设计，打通了国家意识形态系统与"表现于观念、仪式和信仰系统"即宗教的界限。① 仪式不仅从认识上影响人们对现实政治的定义，而且具有重大的情感影响力。湘西苗族通过这种巧妙设计，传统的神明与现代的国家话语在民间仪式中并存，鲜明地表达出自己的人生态度和家国情怀，即在保持慎终追远、不忘祖先本色的同时，还要与国家所倡导的价值取向保持一致。

　　权力必须通过象征形式而得以体现，仪式实践是传播这些政治神话的主要方式。象征作为神话的构成部分有助于人们对于政治世界和各种政治人物公开态度的理解。仪式不仅从认识上影响人们对现实政治的定义，而且具有重大的情感影响力。② 湘西苗民将国家符号或国家意识形

　　① ［英］菲奥纳·鲍伊：《宗教人类学导论》，金泽等译，中国人民大学出版社 2004 年版，第 20 页。
　　② 郭于华：《民间社会与仪式国家：一种权力实践的解释——陕北骥村的仪式与社会变迁研究》，载郭于华主编《仪式与社会变迁》，社会科学文献出版社 2000 年版，第 343 页。

态引进神龛，将"原本平行的国家与社会、世俗与宗教走向了对话与对接"①。其意义在于：第一，湘西苗族居处于穷乡僻壤，"天高皇帝远"，容易受到国家的冷落，但是他们作为国家的臣民，对国家却有着拳拳之情，虽然苗族与朝廷在历史上曾经发生过无数次的冲突，甚至中央朝廷对他们进行过惨绝人寰的屠杀，但是他们始终坚守着对国家的忠诚，从未背叛与分裂祖国，他们以神龛祭祀的形式，让国家时刻出现在人们的日常生活当中，以此来表达出国家从来就是他们最可信赖的精神依靠。第二，人们希望利用国家的威严，驱逐家里的一切邪恶。在人们的心中，国君或领袖代表着刚正与道义，将他们作为神明接进家门，是期望他们能够匡护正义，镇邪除恶，为人们的日子增添更多的福祉，在国家的护佑与照应之下，使自己能够过上安居乐业的生活。第三，神龛成为国家理念外化的文化载体。国家作为政治和文化的正统始终存在于民间社会的集体无意识中，影响着苗民的信仰空间，"在乡村社会生活中，'功利'层面上关于地方官府与基层社会的关系，与乡民们在文化价值层面上关于'国家'的理念，是分离的。对于日夜为生计操劳的百姓来说，'国家'既是一种无处不有，无处不在，又充满了遥远的、不可触摸的神秘感的神圣力量，常常是政治、社会与文化'正统'的主要来源。……这种理想化的'国家'的'原型'，始终存在于中国老百姓的集体无意识之中"②。民间社会在尊重传统时，也接纳了现代国家力量。对国家话语的迎进，一方面表明苗族对国家政策、理念的认同与遵循，对政治与文化正统性的追求；另一方面通过国家话语的民间化、信仰化，体现本民族对国家的服从。这一策略不仅为其民间信仰争取到了生存空间与发展机会，而且也使其增添了许多新的文化意义，实现了民间信仰的创新。

---

① 雷勇：《国家在场与民族社区宗教正功能的生成——以贵州青岩为例》，《广西民族研究》2010年第4期。

② 陈春声：《乡村神庙系统与社区历史的演变——以樟林为例》，载周积明、宋德金主编《中国社会史论》（下卷），湖北教育出版社2000年版，第761页。

第五章 "国家在场"与湘西苗族文化的现代性建构

现代化是中国百年来的宏大话语。所谓现代化，就是自工业革命以来，人类由传统农业社会向现代工业社会转变的过程，表现为在工业化及其所创造的现代生产力的巨大推动下，人类政治、经济、思想、文化等领域发生了深刻的变革，它是从前现代社会向现代社会的转变过程。虽然世界各国家、各地区实现现代化的条件、道路和时间各不相同，但现代化已经无可置疑地成为了世界性的发展潮流，并将在未来很长的时期内保持着它的强劲吸引力。

中国的现代化属于"外生后发型"。1840 年，鸦片战争爆发，中国的国门被西方列强用"坚船利炮"强行打开，从此，中国便卷进了现代化的波涛涌动之中。在现代化道路上，中国经过了艰辛而曲折的探索过程，从洋务运动、戊戌变法到辛亥革命，人们在经济、政治、军事上探寻国家出路的努力都落空了。于是，人们又将视角投入思想文化领域。民国初年，发动了新文化运动，高举"民主"、"科学"的大旗，传播西方的先进文化，希望以西方的现代文明为蓝本，来改造和取代中国传统文化，唤起民众的觉醒。新文化运动是中国自觉地追求现代化的开端，是中国历史分期"现代"的起点。

民国期间，国民的陋俗陈规与国家的落后体制成为民族—国家构建与现代化前行的羁绊。国民政府为了清除障碍，推动现代化的进程，采取了许多重大改革举措，其中，风俗改良运动与乡镇政权改造较为突出。如前所述，20 世纪 30 年代初，国民政府发起了风俗调查活动与"新生活运动"。这些风俗改良的举措，虽带有控制民众言行、维持社会稳定的政治目的，但"均显示了实现社会现代化的意向"①。

　　现代化在政治上的体现，就是国家政权对基层社会的渗透，实现行政监视大幅度延伸。"中国政治中'现代化'的理念，是新民族—国家对社会和社区的全权化监控的一种意识形态合法论，其所服务的对象是新权力结构的建设。"② 为此，国民政府除了移风易俗，力图使人们的生活方式现代化外，还在政治体制上进行改革，实行现代社会中统一的行政管理体制，强化对乡镇的统治力度。1939 年 9 月民国政府颁布的《县各级组织纲要》中规定实行"新县制"，对县以下的机构做了重新规定，在县的面积广大的地方，以一区管理 15 至 30 个乡（镇），在一般的县之下直接设乡镇。同时规定，区属于县政府督促各乡镇的派出机构，而乡镇才是县以下唯一的政权机构。这一制度完整体现了现代基层政权下移的状况，是现代性建构的重要手段。"新县制"中的乡镇设有乡务会议及乡公所，其下又分设民政、警卫、经济、文化管理以及国民兵队，其任务在于行政控制（健全机构、编查户口）、经济调控（整理财政、规定地价、实行造产、开辟交通）、文化改造（设立学校）、社会改良（推行合作）、政治控制（办理警卫、四权训练）、倡导新型国民精神（推进卫生、实行救恤）。这些任务与现代性的主要内容也是相一致的。③

　　可见，民国政府为实现现代化的宏伟目标而做出过努力，但由于当时日寇入侵，社会动荡，民国政府缺乏号召力，因此现代化的进程十分缓慢。严格地说，中国现代化的正式启动，是 1949 年中华人民共和国成立后才开始的。主权是一个国家得以进行现代化建设的先决条件。新中国的诞生，使得中国在现代化的道路上有了统一而坚强的领导核心，中国现代化的启动具备了可靠的政治保证。在现代化的实践初期，中国选择苏联作为行动的参照，硬性移植苏联的现代化模式，政治上高度集权，经济上实行计划经济，发展策略上以重工业为主。在最初的几年，

---

① 严昌洪：《晚清民国时期社会风俗的变迁》，载周积明、宋德金主编《中国社会史论》（下卷），湖北教育出版社 2000 年版。

② 王铭铭：《国家与社会关系史视野中的中国乡镇政府》，载马戎等编《中国乡镇组织变迁研究》，华夏出版社 2000 年版，第 33 页。

③ 同上书，第 60 页。

国民经济以常规速度发展，取得了明显的成就，显示了社会主义制度的优越性。但是随着社会主义建设的顺利铺开，中央政府的理性被豪情所淹没，盲目乐观情绪取代了科学分析，在"超英赶美"的信念鼓舞下，做出了"大跃进"的发展思路。由于违背了经济建设的客观规律，加上中苏关系的恶化，三年自然灾害的冲击，中国的现代化遭遇重创。特别是十年"文革"，整个中国社会处于政治动荡和混乱中，现代化建设被迫中断，整个国民经济陷于崩溃的边缘。1978年以后，国家将工作重点重新转移到经济建设上来，并确立了"改革开放"的基本国策，制定了切合实际的发展规划，再次将现代化建设引入正常发展的轨道。经过30多年的发展实践，中国取得了举世瞩目的成就，整个社会面貌焕然一新。

湘西苗族地区在国家力量的裹胁之下，也被卷入了现代化的浪潮中，并发生着巨大的变化。其现代化与主体民族（汉族）相比有着鲜明的独特性。作为中央政府统一管辖下的行政区域，中国民族地区的现代化与整个中国的现代化在发展目标、宏观思路、评价指数等方面都具有一致性。然而，由于国家所推行的现代化策略基本上是按照主体民族的需要和特性来设计的，而湘西苗族地区的特殊背景未必能契合全国的模式，因此，湘西苗族地区的现代化有着不容忽略的特性。具体表现为：（1）现代化起步时间较晚。准确地说，直到中华人民共和国成立后，湘西苗族地区才开始启动现代化进程，滞后于整个国家现代化步伐达一个世纪；（2）现代化的推行由政府主导。湘西苗族地区的现代化是在政府的强力干预下进行的，因为湘西苗族地区的现代化明显滞后，影响了国家的整体现代化进程和水平，干扰了整体现代化的正常进行，政府通过一系列的保护性、照顾性政策，积极支持民族地区的现代化。（3）现代化要素由外部供给。湘西苗族地区由于社会发育水平较低，现代化起点低，尚不具备自发地产生这些要素的实力，只能依靠外部的支援和帮助。这里的"外部"，指湘西苗族地区以外的所有方面，既包括中国国内，如中央政府、东部地区、中西部汉族地区，也包括海外。（4）政治现代化先行。民族区域自治制度既照顾到了民族地区的实际情况，又维护了国家政治统一；民族团结保障了各少数民族在国家生活中的基本权利，是区域自治和民族自治的结晶，从根本上消除了民族地

区现代化的政治障碍，为民族地区经济、文化、社会现代化提供了前提
条件，是民族地区政治现代化启动的中心内容和重要标志。（5）探求
现代化模式的自主性。湘西苗族地区的现代化发展，既存在着如何加快
促进民族地区融入国家现代化的发展进程的问题，又存在着如何形成具
有本民族特色的区域现代化问题。在此过程中，一定要因地制宜，寻求
体现自身资源优势的产业进行发展，发掘人无我有、人有我优，别人迫
切需要又不具备的因素，使自己成为现代化进程中的异质个体。

现代性是在现代化的社会背景下引发的问题，是对现代化运动进行
反思而兴起的话题。何谓现代性，学者们对它有着不同的理解与阐释。
如波德莱尔认为："现代性就是过渡、短暂、偶然；它是艺术的一半，
另一半则是永恒与不变。"① 吉登斯认为："现代性指社会生活或组织模
式，大约 17 世纪出现在欧洲，并且在后来的岁月里，程度不同地在世
界范围内产生影响。"② "在外延方面，它们确立了跨越全球的社会联系
方式；在内涵方面，它们正在改变我们日常生活中最熟悉的和最带个人
色彩的领域。"③ 鲍曼提出，现代性实际在西方历史上体现为两种规划，
一种是伴随启蒙运动一起成长的文化规划，另一种是伴随着工业（资本
主义和社会主义）社会一起发展的生活的社会形式。在他看来，这两种
规划就其本质而言，实际上是在追求一种统一、一致、绝对和确定性，
也即现代性就是对一种秩序的追求，它排斥混乱、差异和矛盾。但是现
代性对统一秩序的追求，又必然会带来秩序的混乱与相互排斥。正是两
者存有这样的关系，现代性的两个规划便出现了断裂。现代性的内在矛
盾，就是现代存在（即社会生活形式）和现代文化（在相当程度上反
映现代主义运动）之间的冲突与对抗，这恰恰就是现代性自身的张力所
在，这种不和谐也就是现代性所要求的"和谐"。④ 卡林内斯库提出了
两种现代性及其对抗的理论：一种是作为西方文明史一个阶段的现代
性，另一种是作为美学概念的现代性，两者之间产生了无法弥合的分
裂。前一种现代性包括了种种现代观念和学说：进步的学说、相信科学

---

① 《波德莱尔美学论文选》，郭宏安译，人民文学出版社 1987 年版，第 485 页。
② ［英］安东尼·吉登斯：《现代性的后果》，田禾译，译林出版社 2000 年版，第 1 页。
③ 同上书，第 4 页。
④ 周宪主编：《文化现代性精粹读本》，中国人民大学出版社 2006 年版，第 10 页。

技术造福人类的可能性、对时间的关注、对理性的颂扬、在抽象人文主义框架中得到界定的自由理想，还有实用主义和崇拜行动与成功的定向，等等。后一种现代性，也就是促使先锋派产生的现代性，秉承了浪漫主义激进的反资产阶级态度。它厌恶中产阶级的价值标准，并通过极其多样的手段来表达这种厌恶，从反叛、无政府、天启主义直到自我流放。这种现代性的特征就是它对资产阶级现代性的公开拒斥，以及它强烈的否定激情。两者之间存在着内在冲突的矛盾。① 哈贝马斯认为现代性最有价值的成分便是批判和反思，而这种批判与反思之所以有价值，则是因为它们既是促进思想者寻求自我解放的条件，也是整体社会在反压迫中寻求自我更新的途径。利奥塔将现代性定义为一种思想方式、一种表达方式、一种感受方式，而这种思想方式为某种观念所支配，这种观念就是解放的观念。② 总之，对于现代性的解读，众说纷纭。

但是为人所公认的是，现代性是对现代社会特征的表述，是对现代社会生活状态的界定。现代性与现代化关系密切，它们是一个命题的两个方面，前者是实质，后者是内容。若现代性代表着一种价值选择、一种社会理念、一套社会生活的制度性设计的话，那么，现代化就是实现这一价值选择、理念和制度设计的历史进程，换言之，现代性是现代化的目标选择、理论抽象和基本框架，现代化是现代性的具体体现与建构、实现的过程。同时，我们也必须认识到，现代化所要努力达成的目标与内容——现代性，是超越民族的，如果我们不承认现代性的普遍性、共同性，不承认现代化目标的同一性，就很可能会对现代化有一种狭隘的民族主义情绪。③

现化性是每一个民族文化的变迁趋势和价值选择，不管其愿意与否，所有民族文化都被卷入了现代性的建构的潮流，都不得不为适应现代生存环境而做出现代性的发展选择。具备多少现代性已成为一个文化在当代社会中继续存在的基本前提。现代性包括一些基本要素，如理性化、世俗化、自主性、科学、民主、自由、崇尚享乐与消费主义等。湘

---

① 周宪主编：《文化现代性精粹读本》，中国人民大学出版社 2006 年版，第 10—11 页。

② 文军：《承传与创新：现代性、全球化与社会学理论的变革》，华东师范大学出版社 2004 年版，第 24 页。

③ 同上书，第 34 页。

西苗族文化现代性建构的过程，就是现代性的这些要素渗透进湘西苗族文化的过程。

百年来湘西苗族文化变迁的过程，就是现代性文化与湘西苗族传统文化不断交流、博弈的过程。在此过程中，现化性因素凭借国家话语的倡扬和自身的实用性渗透进湘西苗族文化，湘西苗族携带着独特的传统文化基因去迎接现代文化，从而实现了湘西苗族文化的现代性建构。

一　祛魅：理性、科学对民间信仰的冲击

理性是按照对象世界的本来面目去认识对象世界，验证对象世界。"理性是现代性发轫的根源，进入现代性就是进入理性支配的社会与文化，反之，处于传统社会与文化之中，也就是处于非理性的状态之中。"① "现代性是西方'理性'的一种历史性的表现形式，它得以让'理性'以不同的转型样式表现在社会中不同面相。"② 可见，理性是现代性的主要内容和本质特征。按照马克斯·韦伯关于价值理性和工具理性的划分，工具理性指人在特定的活动中，对达到目的所采取的手段进行首要考虑、计算的态度，价值理性指以"合目的性"的形式建构的意义世界。现代化的过程是工具理性不断超越价值理性的过程，而工具理性扩展的结果便是世界的祛魅。现代科学作为工具理性，更是祛魅的核心武器。百年来，在现代化目标诱惑下的中国，科学话语成为国家的主导话语。

由于湘西苗族是一个有着多神信仰传统的民族，神灵在他们生活中发挥着十分重要的作用，因此科学话语与湘西苗族传统话语的交锋，必然是一个你进我退、你强我弱的激烈过程。

进入民国后不久，新文化运动（1915—1925 年）的大幕轰轰烈烈拉开，这次思想文化领域的运动以"科学"、"民主"为旗帜，以现代西方国家为蓝本，试图拯救危机中的中国，自此，"科学"便成为宏大话语。而在此时的湘西苗族社会，民间信仰十分盛行，科学话语的辗转

---

① 周宪主编：《文化现代性精粹读本》，中国人民大学出版社 2006 年版，第 14 页。
② 叶启政：《再论传统和现代的斗争游戏》，《社会学研究》1996 年第 6 期。

传入,多少动摇了其民间信仰的坚固地盘。石启贵就曾要求改良苗民习俗,"提倡、推行医药卫生,打破迷信心理","劝导改良猪、牛椎祭","严禁巫医和仙姑搞迷信,妄造空气,致酿社会无端纠纷"。① 但由于特殊的国内外局势,在被战争拖掣得精疲力竭的国民政府看来,发展科学远次于"抓丁拉夫"的政治任务,科学话语仅是知识分子的奢侈口号,对于偏于深山一隅的湘西苗族,并没有产生实质的影响。

在整个"总体性社会"时期,湘西苗族的民间信仰遭受重创,但前后的情形和原因却不相同。在"文革"前,随着新中国的成立,国家确立了社会主义现代化的宏伟目标,也认识到了科学是抵达这一目标的有效途径,因此大力提倡科学话语。由于自上而下、高度统一的政治运动和宣传模式,这一话语也被高效传播进了湘西苗族,从而严重冲击了当地的民间信仰。而在"文革"中,在"以阶级斗争为纲"的口号下,政治斗争成为国家的主导话语,现代化目标被抛置一旁,知识分子连带其知识产品——科学都被意识形态化,被烙上了资产阶级的标记,因而科学话语并没有成为国家话语。但是此期间在"破四旧"和"横扫一切牛鬼蛇神"等运动中,湘西民间信仰成为被扫荡的对象。因此,"文革"后湘西苗族民间信仰的衰落并不是科学话语的冲击所致。

改革开放以后,由于现代化目标的再次明确和工作重心向经济建设转移,科学话语强劲高涨;与此同时,随着政治环境的宽松,民族政策的兑现,以及民族民间文化的重要性突出,湘西苗族民间信仰又开始回复。当这两种话语在湘西苗族这一特定场域相遇,出现了十分有趣的现象:本是相克相反的两种话语,不仅没有出现你进我退、你存我灭的结局,反而相安无事地共存于一个文化体中。如前所述的"神药两管"便是典型,是现代医学和民间信仰在解除病痛方面共同发挥作用,"无论有多少知识和科学能帮助人满足他的需要,它们总是有限度的。人事中有一片广大的领域,非科学所能用武之地。它不能消除疾病和朽腐,它不能抵抗死亡,它不能有效地增加人和环境间的和谐,它更不能确立人和人间的良好关系。这领域永久是在科学支配之外,它是属于宗教的

---

① 石启贵:《湘西苗族实地调查报告》,湖南人民出版社 1986 年版,第 666、669、670 页。

范围。……不论已经昌明的或尚属原始的科学，它并不能使人类的工作都适合于实际的需要及得到可靠的成效"①。但是，从总体来看，与传统苗族社会相比，经过理性与科学话语洗礼后，民间信仰在苗民生活中的地位已明显下降，其功能已经减弱或发生改变，整体上处于一种退化、式微的状态。这表现在：第一，民间信仰的神圣色彩开始褪去，其信众在逐渐缩减。从调查的结果来看，苗民普遍认为，即使国家不反对民间信仰，他们也不热衷于此事。一些中老年人平时遇事仍祭祀鬼神，但是规模都较小，他们也自认为这种做法落伍了，与现代社会的流行思潮不相符，在与国家倡导的思想交锋中，他们往往处于下风。而年轻人通过学校教育和现代传媒，接受到了更具时代性的文化，他们不仅对民间信仰失去兴趣，而且还表现出反感情绪。对于鬼神，他们的普遍的反应就是，"这是迷信，世界哪里有鬼？我不信"。第二，在传统社会中，巫术、祭祀鬼神是人们解决问题或表达意愿的主要方式。如今，当人们面临危机时，他们采取的处理办法往往是科学与迷信"双管齐下"，其间基本上遵循着这样一个原则，即首先还是希望依靠科学来加以解决。若不见效，然后才会使用民间信仰的方法，它处于一种辅助手段。第三，民间信仰的传承面临着断裂的危机。正因为理性的提倡与影响，年轻人向往着依靠科技与知识而发家致富，对民间信仰缺乏热情；而一些精通法事与仪式规则的人，现在年事已高，即便是想将自己的技艺传承下去，也苦于找不到继承人，这对民间信仰的保护极为不利。

当理性与科学渗透于湘西苗族生活中时，所表现出来的基本的文化形态是：科学理性与民间信仰共存，民间信仰仍然发挥着一定的文化功能，甚至有勃兴的迹象。但是在平时的生活中，人们的信任天平已经明显地偏向理性，理性在不断地冲击与吞噬着民间信仰领域，民间信仰已经丧失了对社会的主宰力，这一个不争的事实。随着湘西苗族的价值诉求与行为准则受到理性观念的影响日益加深，他们的信仰、神灵、巫术在生活中所发挥的功能，必然会进一步走向衰落。

---

① ［英］马凌诺斯基：《文化论》，费孝通译，华夏出版社 2002 年版，第 53 页。

二　高扬苗族文化价值：主体意识的增强

现代性最早起源于文艺复兴时期人本主义取代神本主义的转折，而人本取代神本的本质是人成为主体，以主体的姿态面对整个世界。所以，现代性的核心是主体性。这种主体性反映在民族文化上，便是高扬本民族文化的价值，面对国家力量的干预，面对他文化的侵入，始终保持以我为主、为我所用的主体意识。

百年来，湘西苗族在面对国家话语的文化涵化过程中，文化主体意识不断增强。民国时期，虽然国民政府制定了文化同化政策，但兵荒马乱的动荡局势极大地牵制了政府在文化方面的投入，文化同化难以真正落实，偏僻的湘西苗族乡间更是政府力所不能及的角落。由于较小受到外力的冲击，湘西苗族文化仍然以惯性延伸，成为当地的主体性文化。

"总体性社会"时期，在高度的国家权威下，湘西苗族和其他民族一样，被强大的国家话语所控制，苗族文化受到剧烈的震荡，被国家话语所取代，从而出现了较长时期的断裂。此时期苗族文化呈现出一种复杂的形态：在实践层面，苗族文化被淹没在国家话语的汪洋大海中，失去了主体性；而在苗民内心，在国家话语的启发下，他们对部分传统文化进行了反省，主动认同了国家话语，但对部分民族文化坚韧地信守，这部分文化便成为他们主体意识的坚固堡垒。

改革开放以来，宽松的政治环境给予了苗族文化生长的肥沃土壤，宽惠的民族政策为苗族文化的复苏提供了制度保证，民族民间文化重要性的凸显促成了苗族文化保护的一致主张，苗族文化的主体意识得到前所未有的张扬。

第一，高度赞美苗族文化。在吉龙村申请民族文化村的报告中，有这样一段文字：

> ……河中水质清凉透明，鱼虾丰富，苗民捞鱼、网虾、抓蟹，在田间地头忙碌辛勤耕作，构成一幅迷人的田园自然风景画面。稻草堆、柴垛60多个，作为苗乡特色标志，更富于诗情画意；四周的山景别致，放眼望去，山势连绵起伏，雄伟挺拔，气势磅礴，

奇姿怪态，尽收眼中，令人心旷神怡，感到亲切自然。原有的三个水碾，随着年代的推移，水碾倒塌，只剩遗迹；风雨桥一座也已损毁，原是木质结构，构造奇特，匠心独具，体现了苗族匠人的高超智慧，是苗族艺人的心血结晶，现要求恢复过来，使以保存苗寨的古朴风貌，这些景观在全州乃至全国都是罕见的。铁匠铺一个，随着退耕还林政策的启动实施，现在已不营业；染房一个，是为了丰富苗族人们的服饰色彩花样；油榨房是在没有榨油机械的情况下，苗人为了生活而设计发明创造的，这些都要恢复过来，哪怕只是一种摆设，也要使我们的后辈了解历史，看到苗族先辈们勤劳勇敢和高超的智慧。酿酒和豆腐作坊各一个，用清澈透明的源头水所酿成的包谷酒、米酒，味道纯正，浓郁馨香，源头水做成的豆腐，鲜嫩可口，余味无穷，这些都是名副其实的绿色饮料和食品。拦河坝一座，人为地损坏了一部分，拟要重建完整。修复之后，又将是一个迷人景点，因为一到晴天，大小的鱼儿跃龙门，鱼鳞在阳光的普照下，相映生辉。……很多苗族的生产工具正在逐步消失、损毁，例如，织布所需的整套木制和竹制工具，还有风车、推磨地春等，苗族的武术、苗歌、织锦带、帐檐、鞋帽、挑花、围裙、苗服饰等都是一个民族的财富，这些东西现在很多人都不认识，甚至没有见过，这将是一个民族的悲哀。村寨每年传统节日及祭祀活动中的苗歌，吃猪、椎牛、爬刀梯、舞狮、接龙、鼓舞、先锋舞、绺巾舞、穿花舞等节目的表演，都令人称绝。村寨中的苗老司可分为两种，巴黛雄和巴黛扎，他们有自己的总坛、神像挂图，道士也有自己的法坛及挂图神像，其中有丰富的傩文化……

此段话对苗族文化事象进行了认真的盘点，字里行间洋溢着对苗族文化的啧啧称赞。又如，我们在调查中发现，在湘西苗族景区，人们常常借用旅游这一平台向外界游客进行这样的文化表达：

苗家处处是歌声，苗家处处有舞蹈。苗家人只要三三两两走一道，走路便是舞，说话也成歌。随随便便敲几下，奇妙的音乐随手来。苗山绿了,苗水蓝了,山坡上人欢牛跳,河水边鱼游虾舞。千百年来苗家人在这块美丽的土地上,就这样把希望种在田野,把喜悦收回家中,他们在诗里面生活,在画里面繁衍。(勾良苗寨)

苗族自古爱唱歌,苗歌唱响万山和。在纸醉金迷的大千世界里,苗山却有这块视钱财如粪土的圣洁之地,有这样一群重情义的兄弟姐妹。唱情唱义唱团结,用深情的苗歌鼓励自己珍爱生活。(关田山苗寨)

这些话语表达了对本民族文化价值的高调确认和高度自信。如今,走在苗区的任一村庄,村民们都会自豪地亮出苗族身份,并如数家珍般介绍苗族文化,大肆渲染其神秘韵味。

第二,积极保护和弘扬民族文化。湘西苗族聚居县都制定了保护苗族文化的实施方案,如在花垣县、凤凰县、吉首市,很多文化被列入了政府文化保护的范围,得到了有步骤、有策略的精心保护。在湘西苗族民间,苗民通过各种方式保护和弘扬苗族文化,如制作原生态苗族风俗的 VCD,将苗歌、苗鼓、苗剧和苗族节庆习俗等不加修饰地拍摄录制成 VCD,到市场上出售,深受老百姓喜爱。每到赶集时,在 VCD 的摊位旁经常被挤得水泄不通,或站或蹲,争相观看,这种方式将苗族文化辐射向四面八方,增添了苗族文化的知晓度。再如,许多村寨都组建了文艺队,打鼓、唱歌成为他们平时主要的娱乐形式,营造了苗族文化展演的浓厚氛围,实现了苗族文化的活态保护。另外有不少苗民致力于整理、挖掘苗族文化的工作,为苗族文化的传承和创新付出了不懈的努力。板栗村的吴海生就是最典型的一位。他回顾了自己家世的苗族文化渊源:

我 1946 年腊月出生在吉首德夯的一个苗族艺人家庭,父亲从小到花垣董马库卧龙村拜师学艺,学裁缝、刺绣、绘画。师傅姓吴,远近闻名。跟着学了几年,后来出师了。我父亲就当裁缝,给人画画、刺绣,这是解放以前的事。我父亲一直从事民间工艺方面的事情。周围的大户人家都请他去做衣服,解放后还有很多遗作,矮寨附近的人都知道。我父亲还是苗族武术教练。他还会唱苗歌,会搞传统纸扎。乐器中吹拉弹唱他样样会。我们苗族有玩年抢狮的习俗，父亲玩狮子是玩狮子头的。我从小受到父亲的影响。1950年，父亲不幸得了中风病故了。母亲通过别人的介绍，改嫁到花垣县排碧乡板栗村，当时我5岁。继父也是当地的文化人，……主要从事苗族巫教法事活动，是祖传的苗法师弟子。到他这一代，已传承了五代。我从小就爱好苗族文化，喜欢写写画画，我还跟着继父学苗法师……①

作为一个正传的苗法师，一个深受苗族文化熏陶的知识分子，这些年来，他一直从事保护苗族文化的工作：

我心中一直有个梦，就是要恢复组织"太阳会"活动。我儿时就对"太阳会"有过很多难忘的记忆，我太熟悉"太阳会"的传说了……这三十多年来，我一直关注本民族文化，尤其是那些遥远古老的传说神话。我认为它们都是苗族文化的精华，应该引起高度重视。"太阳会"苗语叫"许黎许"，就是祭祀太阳和月亮，属于综合性的传统祭祀活动，表现了苗族先民对于自然宇宙的认识，也反映了苗族人民与大自然的抗争精神和积极乐观的民族性格。清末就做过一次，民国以后就没做了。因为耗资太大，牵涉的人太多，是众多村寨一起搞的大型活动。我从1992年开始整理"太阳会"民间传说，也开始策划组织"太阳会"。

在搜集整理"太阳会"的过程中，我着手创作一部长篇小说《楚湘西梦》……完全是根据苗族古老神话以及民间神话传说的素材进行创作，我把苗族法师做法事的"科本"内容也融合进去，我想把神名、地名等资料搜集、整理与改编结合起来，希望它在保护和传承苗族传统文化方面具有一定的积极意义和促进作用。②

---

① 吴海生口述、田茂军整理：《吴海生：讲述太阳和月亮的故事》，《边城视听》2006年2月12日。
② 同上。

从他的讲述中，可感知他对苗族文化的深厚感情，以及他在本民族文化面前的责任意识和主体心态。正是有他这样一批炽爱苗族文化的人，才使得苗族文化在经过几十年的断裂后，仍能薪尽火传，代相递送。

第三，围绕苗族文化发展地区经济。在湘西苗族地区，各县都确定了旅游业为新的经济增长点的发展规划，大力发展民族旅游业和文化产业，包括旅游服务业、苗族工艺品和歌舞表演等，这些产业所带来的收入在湘西地区的 GDP 中所占份额越来越大。应该说，这不失为一种经济发展策略，但却反映了苗族文化在蔚为大观的主流文化面前，不卑怯、不猖狂、自信地展示多元文化之一元的独特风采与魅力，释放久远文明的内在张力，表达不为外界所左右的主体意识。

三 采纳他文化：开放性的培育

开放性与现代性是具有相当程度的同步性与互涉性的两个概念，一个民族的开放态势是衡量该民族现代化程度的标尺，不同的开放程度与开放意识标志着现代性的强弱变动。因此，开放性是现代性的重要内容。尽管开放性是百年来中国文化进程的连续性本质，但湘西苗族文化的开放性因子的培育却十分艰难。

早在 19 世纪末，当中国面临西方先发国家轮番的殖民侵略时，大清帝国朝野内外都掀起了突破儒家文化、借鉴西方文化的新风尚，如"中学为体，西学为用"的洋务运动，"百日维新"的政治变革运动。到了新文化运动时期，一大批受过西方教育的知识分子更是以西方文化为武器，攻击传统文化，开启了中国文化开放性之先河。但此次发生于思想文化领域的开放态势，仅促成了一场上层知识分子的思想盛宴，对底层社会的影响微乎其微。在湘西苗族地区，在外族欺凌下屡屡迁徙的坎坷历程，形成了苗族对外部世界的消极防御心态和闭塞的民族性格；苗族深居中部腹地的崇山峻岭之中，山岭成为拒斥异文化的天然屏障；再加上中央政权文化力的孱弱，这些因素共同导致了在整个民国时期，中国文化舞台上的沸腾并未惊动湘西苗族文化的宁静，湘西苗族文化以自我保全的本能对抗着外部世界的诱惑。

　　"总体性社会"时期，高度集权的中央政府将其版图内的所有区域视为社会主义新中国这一部大机器上的零部件，从政治、经济、文化等方面全方位地推行统一模式。在这一背景下，湘西苗族的文化也被社会主义文化所取代，此时的社会主义文化的理论指导主要是马克思主义，实践榜样则来源于苏联模式。尽管这是湘西苗族文化在强力威迫下对外来文化的吸引和适应，有几分被动，有几分无奈，但毕竟是湘西苗族文化的第一次开放。

　　改革开放以来，中国向世界敞开国门，迎取人类文明的一切优秀成果，追赶现代化目标。改革开放国策震荡了中国社会的原有格局，引发了各领域的深刻变革。在文化领域，西方文化大规模地涌进中国，打破了社会主义文化一枝独秀的单调局面，形成了多元并存的生动样态。湘西苗族文化也突破保守性格，广泛接收外来文化。电视在乡村普及，互联网在城镇周边开通，湘西苗民也成为"地球村"的平等成员，享受着现代科技普惠下的文化资源。外来文化也改变了苗民传统的生活方式，大批青壮年告别祖辈"面朝黄土背朝天"的农耕生活，离开故土，到城市务工；年轻人将具有民族身份象征功能的苗族服饰掖藏进箱底，选择现代服饰装扮青春；城市中的流行元素都能在苗族青年身上找到，长靴、染发烫发、流行音乐、MP3、网络语言再也不是城市人的特权；手机如今如曾经流行的手帕一样，成为苗区男女老少必备的沟通工具；饮食也趋于多样化，除一日三餐或两餐外，其他的副食，如饼干、方便面、糖果、可乐、橙汁，在乡村也十分普遍；新式家具、家电作为高档消费品也渐次走进苗家；经济条件好的家庭，木质吊脚楼已经换成两层的水泥楼房，并铺上了地板砖……如今走在苗族村庄，尽管仍能明显地感觉到在经济发展水平与城市、与发达地区农村的差距，但处处都透露着外来文化的影子，宣告着苗族开始以开放的姿态与外界交流的信息。

　　除生活方式外，他们在传统节日中也引入了大量外来因素。例如，在"四月八"活动中，除表演鼓舞、苗歌、上刀梯、踩犁口等传统节目以外，流行歌曲、英文歌曲、其他民族的经典民歌（如《达坂城的姑娘》、《刘三姐》、《龙船调》等）、相声、小品等也经常会出现在舞台上；群众性的娱乐项目，除了荡秋千、对唱苗歌外，篮球比赛、拔河比赛、舞龙舞狮比赛等也出现在节目单上；所用的伴奏乐器，既有当地的锣鼓、唢呐，也有洋鼓、洋号和电子音乐。这一现象在湘西苗族旅游区更为突出。例如，湘西关田山苗寨在苗族传统节目中，还穿插现代流行歌曲的演唱，不仅为传统文化增添了现代时尚元素，而且还提升了文化的欣赏性，增加了游客的兴趣。另外，为了让游客更深入了解苗族传统节日，他们还大量借用汉语进行介绍与诠释。例如，苗族"三月会"被解释为"相当于汉族七夕"；苗族的磨鼓舞被解释为"东方的迪斯科"。这就使得传统节日具有了浓厚的时代色彩，也更加符合现代人的欣赏品位与审美要求，为传统节日带来了更多的生机与活力。

除了节目的增添，苗民还赋予传统节日新的意义。在岩锣村举办的"赶秋"节中，当地政府的目的就是希望借此机会来宣传新农村建设的政策，扩大当地影响，为当地经济发展争取良好的舆论效果与社会环境，特别是他们不拘泥于俗套，将"赶秋节"改换成"西瓜节"，充分表现出他们开放的心态和思想的解放，敢于探求与尝试新的经济发展模式。此外，随着旅游业的兴起，苗民在对待地方性知识方面表现出极强的灵活性与自由性，大胆地变更传统仪式如椎牛、巫术、还傩愿、穿花舞等的文化时空，将它们搬移至旅游区或节日活动中，出现表演化、舞台化的倾向，从而为传统文化获取了新的文化意义与生存空间。可见，苗族文化的开放性特征，不仅没有缩小其生存空间，反而还在一定程度上扩展了其生存空间。与此同时，在民间社会中，这些仪式原有的文化意义也并没有丧失，他们仍然可以活跃在原生的文化场域中，发挥其原有的文化功能。

如果说总体化时期苗族文化让位于国家话语，是苗族文化的被动开放，那么改革开放后苗族文化广纳外来文化则是苗族文化的主动开放。这种开放既是一种文化发展策略，也是对现代化强烈渴求的自觉反应。可以预期，随着苗族地区现代化进程的推进，苗族文化的开放性特征将会愈来愈明显。

四　捍卫民族权利：权利意识的伸张

主体性存在是现代性的必要条件。主体性体现在与他者的关系中，是以我为主、为我所用的理性选择；体现在个体的价值确认上，则是权利意识的树立。权利意识是人的现代性的重要表现。百年来，在国家力量的影响下，湘西苗族权利意识逐渐被唤醒，在捍卫国家主权、争取民族参政权和文化权方面付出了艰辛的努力。

（一）积极投入捍卫国家主权的战争

抗日战争时期面对日本强敌对中国的肆意侵略，在国民政府的召唤下，苗族人民深知国家主权是实现民族主权的前提，积极投身于全民族抗战的洪流中。据载，"西南苗人自闻息（抗战的消息）之后，亦同仇敌忾，积极训练民众，已输送前方杀敌者，为数不少。例如黄平县，全县人口，三分之二为苗人，壮士共两万四千，而已练成劲旅者四千名，均以苗人为多。……石门坎光华学校，自抗战发动开始以来，每逢赶集，师生整队出发宣传，情绪极为激烈。更有石门坎附近，一热心苗民教友陶自改者，年已半百，务农为生，自闻倭寇侵略以后，昼夜为□□□□祈求胜利，此老家贫，无力捐款，终日祷告，乃至哭泣。一晨忽然晕倒于地，及醒，仍祷告如恒，诚恳而热烈之情绪，殊足钦敬"①。在湘西苗族地区，人们的抗日情绪同样高涨，并且爆发了革屯运动。之后，苗族将士为捍卫国家的主权，共赴国难，先后参加了1940年的"鄂西会战"，1941年冬至1942年的两次"长沙会战"，1944年的"滨湖会战"，在抗日战场上英勇杀敌，不惜抛洒满腔热血。此外，湘西苗族地区如永绥、凤凰、乾城等地还发生过"跳仙会"的武装起义，其主要目的虽然是为了反抗国民党的压迫与剥削，但是其中也出现宣传抗日思想的举动。例如，在乾城"跳仙会"的活动中，"凡愿吃'仙水'的人，都说有志'爱国爱民，现在日本这样猖獗，奸淫妇女，杀戮同胞，种种惨状，我们要团结起来，一致行动反抗他，毁家纾难，正在此时，要把日本鬼子赶走，大家才好安居乐业'。吃此'仙水'的信徒，莫不热心，众口一词，大有愤愤不平之慨"。当队伍出发时，他们还制作了一些红绿旗帜，上面写着"打倒日本"四字。② 这些

---

① 王建明：《西南苗民的社会形态》，载贵州省民族研究所编《民国年间苗族论文集》，1983年印，第199页。

② 石启贵：《湘西苗族实地调查报告》，湖南人民出版社1986年版，第74页。

例子都充分说明了苗族人民国家意识的逐渐增强，以及他们对国家主权的捍卫决心。

1949 年以后，湘西苗族人们又响应国家的号召，积极投入到剿匪运动与抗美援朝运动中。以乾城县为例，在抗美援朝运动中，当地的老百姓都踊跃捐献钱物，表达对"抗美援朝，保家卫国"这一国家决策的支持。例如，龙二妹，利用业余时间带着孩子外出捞虾，把卖得的一万多元全部捐献国家；良章乡 70 多岁的龚潘氏，到墟场上卖粑粑，把 1000 多元收入捐了出来；杨秀保虽然贫困，但尽其所能，将 4 个鸡蛋捐了出来；养路工人李仕友，将节省出来的十几万元工资全部捐献，以购买飞机大炮。在捐献运动中，苗族同胞表现积极，72 岁的龙玉珍一家捐了八万元，洪登花每四夜纺一斤线，每四天织一匹布，拿增产额来捐赠，还有许多苗族妇女将自己的戒指、耳环、银圈、手镯等首饰都捐了出来，共捐了 16042.326 万元，占全县捐献额的 22%。[1] 作为中华民族的一员，他们再一次以实际行动表达出与国家同呼吸、共命运的赤子情怀。

（二）诉求苗族的参政权

自改土归流后，中央朝廷对湘西苗族实行流官治理方式，即委派汉族官吏到边疆少数民族地区进行治理，而苗族自身即便有管理本地社会事务的能力，却被剥夺了参政权，长期被制度性地排斥于权力系统外。"间有可为国家服务者，奈何政府不予提携。极目生疏，介绍无人，所有之志，故莫能展，仅在山陬耕读也。"[2] 这种情形持续到民国时期，"遍查省内各机关团体中公务人员，多系汉人，未闻有一位苗人任职其间。即以边区苗族各县政府范围内论之，亦未见有苗人参加服务。地方遇所属乡长到会外，所有优秀之苗民，并未通知·人参加。甚有推行之政务，尚不知为何事也。是以上下声气鲜通，苗、汉意志行动不一，一切主张未能贯彻。每有特殊权利享受，往往不达苗人身上也"[3]。在社会事务的决策和管理上的缺席，既影响了苗族主体性的发挥，也损害了

---

① 李雄野主编：《世纪之行》，2001 年印，第 172—173 页、第 178 页。
② 石启贵：《湘西苗族实地调查报告》，湖南人民出版社 1986 年版，第 185 页。
③ 同上书，第 186 页。

苗族的切身利益。对此，苗族人民十分不满，他们试图通过各种渠道诉求政策权利。

民国时期，苗族民众争取政治权利的意识开始萌生，并日趋强烈。石启贵便是为湘西苗民争取政治权利的先行者。1936 年，石启贵等向湖南省政府呈送《湘西苗民文化经济建设方案》，提出许多治理苗疆的主张，其中特别提到要赋予苗族人民参政权，让他们自己处理本民族的社会、经济和文化事务。例如，他提出：要确定改进行政方案，实现治边政策；选派深谙苗情，富有改进苗区思想者，充任当地长官，如设有正副长官，优秀苗胞须参加一人；选用优秀苗族人员，参加行政各级机构，以收集思广益之效；县行政之扩大会议，须请苗族学者参加；专科以上毕业生，确有政治经验者，政府提携为国家服务；重要机关或公共团体，酌设苗族名额参加。① 与此同时，他还积极为苗民争取国民大会代表的资格，力图行使苗族作为国民身份所应当行使的政治权利。

1937 年，国民大会代表选举总所公布代表名额分配情况，蒙、藏各族中设有二百四十名指定代表，不属选举区内的法定范围，而全国其他少数民族竟一个名额也没有，"苗族人民对此颇多异议"，认为这"事关民族权益"，于是推选石启贵写信给国民政府。1940 年 6 月，石启贵据理上书，信中写道："苗民历受政治经济压迫，五千年来不堪言状，以无人代表参政之原因，故得不到均等享受之利益。"并且详细列举了五条理由：

1. 土著民族原称苗族，因其此呼多为汉人所轻视，易起土民之反感。中央政府为融合土、汉，消灭畛域，始改定为特种部族，后以此称不切实际，再改定为土著民族。几经审酌定义优良。虽云名称已改善，然而地位待提高。且此民族自成部落，即有土著之称谓，当有代表之定额。此应声请指定土额代表参加国民大会理由者一；

2. 土著民族原繁殖于黄河流域，后为黄帝征服南迁，分布湘

---

① 石启贵：《湘西苗族实地调查报告》，湖南人民出版社 1986 年版，第 666—667、669 页。

桂黔滇川康等省，现存人口为数总在千万以上。其与汉族言俗习尚均不相同，文化水准最低，组织情形复杂。厥为湘西土民，散处山陬，不事竞进，生活现状极感困难，食衣住行，诸待改善。深恐下情不得上达。此应声请指定土额代表参加国民大会理由者二；

3. 首都迁渝，土著区域形成重点，迥非昔年边疆可比，其与汉人的情绪，自有深密之关切，政治待遇一同并重。查优秀土著，素为族人信仰者，地方兴革，见之较真，因材使用，驾轻就熟，诚能优于指定代表，坚其热烈归化之心，引众乐从，共维国家治安之局。如此次代表既无竞选之可能，复无指定之机会，今后参政望尘莫及。惟有听其沦陷险途，自生自灭，永无展日。此应声请指定土额代表参加国民大会理由者三；

4. 我国号称汉满蒙回藏苗六族，无异家庭兄弟六人，所有权利及义务自属均等之享受。国民大会为最高之立法机关，实非普通社团组织。不特六族应有代表出席，即士农工商，男女同胞，贵族平民，海外华侨，各实业文化团体都应参加，才能健全大会机构。如少某族或某界无人代表出席者，即为大会之缺点。此应声请指定土额代表参加国民大会理由者四；

5. 国民大会根据三民主义成立，而代表人员，当以民族为依归。其目的在求民族之平等，尤贵民权之普遍，使人民于政治上得到均等之地位。否则障碍堪虞，何能促进文化经济发展民生？此应声请指定土额代表参加国民大会理由者五。①

足见石启贵为苗族争取政治权利的急切心情与强烈愿望。后来，迫于舆论压力，民国政府安排了全国土著民族额定代表十名，其中湖南占有一名。

1946年11月，石启贵作为湖南土著民族代表，出席了在南京召开的国民大会。会议期间，他与其他代表联合提出40余条提案，积极争取民族权利，要求"民族平等，教育开化边胞，发展苗区经济建设"。

① 石启贵：《湘西苗族实地调查报告》（增订本），湖南人民出版社2002年版，第625—626页。

在大会上他呼吁："国内各民族一律平等，是国父孙中山先生民族主义实行的先声，希望在宪法上对这点予以确定，对土著代表的意见，国大必须容纳。"①针对宪法中"有土著民族代表，无土著民族'宪法'规定"的缺陷，石启贵等人竭力呼吁，要求改进宪法规定。后来，他们的意见得到了采纳，在《中华民国宪法》第三章"国民大会"中第二十六条蒙藏代表的条款之后，增补了"各民族在边疆地区选出代表，其名额以法律定之"；第五章"行政"第六十四条，在蒙藏代表的条款之后增补了"各民族在边疆地区选出者"；第六章"立法"第六十四条"立法院立法委员"，在蒙藏条款之后，增补了"各民族在边疆地区选出者"的款项；第十三章"基本国策"中，增补了边疆民族（包括土著民族）两个条文："第一百六十八条，国家对于边疆地区各民族之地位，应予以保障，并于其地方自治事业，特别予以扶植"，"第一百六十九条，国家对于边疆地区各民族之教育、文化、交通、水利、卫生及其他经济、社会事业，应积极举办，并扶助其发展"。1948年3月，石启贵出席了第一届国民代表大会。会上，石启贵等人又提出315号、316号两个提案，呼吁边疆各级政府及司法处等机关，应设公职通译人员；民选县长，规定汉、苗副名额；在行政院下，增设边疆委员会，或边政部。②虽然，后来民国宪法成为一纸空文，提案也最终成为泡影，但是，石启贵等人的不懈努力，却证实了苗族人们政治权利意识的觉醒。

1949年中国共产党执政以后，实行民族区域自治政策，苗族的政治权利得到了充分尊重：1952年成立湘西苗族自治区；1955年改为湘西苗族自治州；1957年设立湘西土家族苗族自治州。根据民族区域自治制度，湘西苗族人民获得了参政权及其他一系列的权利。

（三）创建文字，表达文化权利

文字是文化的载体，是文化传承的主要方式。无论是民间传说，还是官方文献中，都有苗族文字曾经存在过，但后来又失传的历史记忆或

---

① 石启贵：《湘西苗族实地调查报告》，湖南人民出版社1986年版，第6页。
② 石启贵：《湘西苗族实地调查报告》（增订本），湖南人民出版社2002年版，第632页。

记载。长期以来，由于没有文字，湘西苗族主要依靠口头方式来传承文化，或使用汉文来记录苗歌和其他资料，这种方式极大限制了苗族文化的传承和创新。鉴于此，一些苗族知识分子开始探索创制文字，希望用自己的文字来记载苗族文化。清末民初苗族诗人石板塘运用"六书"的造字规律，借助汉字偏旁，创建了一种方块字形的苗文，称为板塘苗文。这种文字在字形上兼有形符与声符，对于辨认字的意义和读音很有帮助，在花垣的龙潭、雅桥、麻栗场等地传播，用以记录、传抄民歌，石板塘的许多苗歌，都是用这种苗字记录的。民国时期，石启贵也创建过苗文，他采用汉字传统的反切注音方法，创造出"苗文切音"。后来，他从芮逸夫运用国际音标记述苗语中得到启示，参照拉丁字母，设计了一种"苗文音符"。为了便于调查，他还设计出了一种"速记音标"，并著成《民族速写学》一书。他认为，这些速记符号，是"速写新创作，声韵排准确……读悉本符母，万音尽包罗"。他多次提到"速写符号具有笔画简，记音准，书写快等优点"。但在当时，他的这一套文字记录法，没有引起政府注意，因此未能在群众中推广。

1949年中华人民共和国建立后，花垣县麻栗场老寨村的石成鉴创设了一种苗文，用于记录苗歌和写作苗剧，被称之为"老寨苗文"。这种苗文与板塘苗文有相同之处，即它有相当一部分也是利用汉字的形、音、意对汉字进行拆组而成，它的独特之处就在于，它是利用汉字的形与意直呼苗音而成，并在要读音的汉字头上加"'"做提示，让人一目了然。除了个人出于对本族文化的热爱而探求苗文的创制外，政府对苗文的创建也表示出了浓厚的兴趣。1956年10月，政府组织专家创立了苗语东部方言文字，这套苗文以拉丁字母为书写符号，以花垣县吉卫镇的语音为标准音，受到湘西苗族人们的欢迎。随着国民教育的普及，汉语作为主要的传播工具在苗区盛行，这些苗文的使用范围已经很小，基本上失去了使用价值。但是，苗族人们创建文字的行动，标志着他们文化权利意识的觉醒和上升。

综上所述，湘西苗族在国家力量的推动下，开始了文化现代性的建构。但这种建构不是以放弃本民族文化为代价去全盘接受现代性因子，而是始终在外来文化与本民族文化间保持一定的距离，既不丢传统，又跟上现代，审慎而理性地构建着自己的文化：当理性和科学挤占人们的思想空间的时候，仍为民间迷信和巫术留下了地盘；苗族文化主体性的增强，并未丝毫消减苗族对外来文化的开放姿态；而文化的开放性更是为传统文化在现代性文化场景中获取新的意义；在追求民族权利的同时，也表达了对国家主权的认同和归顺。

有学者认为"文化自觉"的真实含义就是，不同的民族要求在世界文化秩序中得到自己的空间。这不是一种对世界体系的商品与关系的排斥，而更经常意味着是对这些商品与关系的本土化的渴求。它所代表的方案，就是现代性的本土化。① 据此，我们也可以认为，湘西苗族文化的现代性建构，便是其争取文化空间，实现文化自觉的过程；是传统文化的升华与转型，是地方性文化体系在遭遇现代性文化因子渗透之后，吸取、调适后表现出来的文化形态，而绝不是以牺牲传统文化来盲目换取没有任何根基的现代性文化样式。也就是说，现代性因素在被苗族文化借鉴、接纳时，必然经过苗族文化的筛选、过滤与取舍，然后，再对苗族文化发展有利的因素加以吸收、整合，使之成为苗族文化的有机组成部分。

"传统并不是封闭式的，它是一个开放的系统，不断吸纳新的时代精神而重铸自身。……传统与现代是无法区分的，正如生物体一样，今日之细胞已非昨日之细胞。"② 因此，现代性文化是传统与现代的矛盾统一体，是传统与现代因素在一个文化体中相互激荡、相互交织、相互吸收，共同形塑的文化样式。萨林斯曾说过："非西方民族为了创造自己的现代性文化而展开的斗争，摧毁了在西方人当中业已被广为接受的传统与变迁对立、习俗与理性对立的观念，尤其明显的是，摧毁了20世纪著名的传统与发展对立的观念。"③ 湘西苗族文化的现代性建构，也正好证明了这一结论。每一个文化的现代性，都是现代性共同的文化要素，如理性主义、自由主义、消费主义、世俗享乐等，与具有各自个性的传统文化相互结合的产物，它可能既蕴含着这个时代人类文化的共

① ［美］马歇尔·萨林斯：《甜蜜的悲哀》，王铭铭、胡宗泽译，生活·读书·新知三联书店2000年版，第124页。
② 朱炳祥：《张力的度量——以"朝珠花的传说"为例对国家与民族社会关系的研究》，《武汉大学学报》2004年第1期。
③ ［美］马歇尔·萨林斯：《甜蜜的悲哀》，王铭铭、胡宗泽译，生活·读书·新知三联书店2000年版，第125页。

同性，又保持着自身传统和特色的文化景观。因此，每一种现代性文化也是不尽相同的，更不会是西方现代性的简单的"复制品"。不同文化的特质不可能被某种特殊文化的现代性特质完全解构，多元的文化决定了文化现代性的多元。

结　语

百年来，围绕着社会主义现代化这一宏伟目标，国家根据国内外局势，阶段性地调整政治、经济和文化政策。湘西苗族地区被纳入每一次调整后的政策体系中，接受国家主导话语的规制。同时，作为一个文化机体，湘西苗族也对国家话语进行了积极的回应，表现出了文化的主体性。本书就是在"国家在场"分析框架下，对湘西苗族文化变迁进行的具体阐述，湘西苗族文化的变迁就是在"国家在场"与民间回应这两种力量的交互作用中展开的。

（1）在湘西苗族文化百年来的变迁历程中，"国家在场"与民间回应的力量对比呈现出阶段性特征。从总体上看，前半世纪国家对苗区实际影响少，地方治理与国家政策的执行在很大程度上不一致，民间社会控制更多，苗族文化变迁缓慢；后半世纪国家对苗区进行了有效管理，基层政权按国家意志设立与运作，这一治理模式对苗族文化影响较大，苗族传统文化迅速变迁，现代性因素不断积聚。具体而言：

民国以前，中国民间社会是一个较为稳定的，有自我治理功能的社会生活共同体，其自治性特点较为突出，国家对社会的干预较少，国家与社会的结构模式是"弱国家—弱社会"的形态。正如孙中山所指出的那样："在清朝时代，每一省之中，上有督抚，中有府道，下有州县佐杂，所以人民和皇帝的关系很小。人民对于皇帝只有一个关系，就是纳粮，除了纳粮之外，便和政府没有别的关系。因为这个缘故，旧中国人民的政治思想就很薄弱，人民不管谁来做皇帝，只要纳粮，便算尽了人民的责任。政府只要人民纳粮，便不去理会他们别的事，其余都是听任人民自生自灭。"① 国家虽试图努力控制民间社会，但是如前所述，由于时局环境、举措不当等因素的影响，其干预效能明显表现为"有心无力"的状态。在湘西，国家对苗族文化控制乏力，有时民间社会的自治力量反而增大，苗族文化以历史的惯性延伸，文化的传统特质明显而浓厚。

"总体性社会"时期，由于国家面临现代国家建构与实现现代化的重大任务，国家需要民间社会资源的支持，以便推进国家的现代化建设。因此，国家通过一系列政治运动，几乎完全将民间社会纳入国家统一的管理之中，"国家权力无处不在、无所不为，成为无所不能的东西"②，国家对民间社会的覆盖与整合达到了前所未有的程度。在湘西，国家以高度的威权推行社会主义主导文化，强行挤占了民族文化的生存空间，苗族民间在国家的严控之下近乎失语，在接受自上而下方式灌输的现代性文化因素的同时，苗族文化传统出现了断裂。

改革开放以后，国家从对苗族文化的强势干预中抽身撤退，转而实行宏观控制，对民间社会不再表现为行政命令，而是一种有组织的服务。有学者将此时政府的主要职能形象地定位为"掌舵"（决策、指挥、控制、监督）而不是"划桨"（具体生产）。③ 因此，在这种背景下，民族社会重新焕发活力，其自主性不断扩大。不仅如此，国家还充分利用民族区域自治制度为苗族文化提供合法性依据，苗族人民开始捡拾散落在民间、记忆或书本中的有形或无形的文化碎片，在新的历史时空进行拼接整合，苗族文化出现复兴；市场经济体制建立以来，在保护民族民间文化和发展苗区经济的两大动力下，国家与苗族民间在对待苗族文化上达成了高度的默契，在保护和创新苗族文化上共谋互协。

（2）"国家在场"在湘西苗族文化的变迁中产生了重要的影响：第一，国家的文化政策直接导引了苗族文化变革的方向。无论是国民政府时期，还是新中国政权时期，国家的文化政策都服从、服务于国家的宏

① 孙中山：《三民主义》，岳麓书社 2000 年版，第 89 页。
② 黄辉祥：《民主下乡：国家对乡村社会的再整合——村民自治生成的历史与制度背景考察》，《华中师范大学学报》2007 年第 5 期。
③ 宋惠芳：《非零非博弈：国家与社会———一种合作主义的理论视野》，《云南师范大学学报》2006 年第 1 期。

大话语，并进行相应的变革。湘西苗族地区作为中央政权管辖下的行政区域，必然会依照国家文化取向的调整，对自己的文化或损或益，或留或变。比如，在"总体性社会"时期，国家为了确立唯物主义和社会主义主导意识形态，发动了对封建迷信的大规模清算运动，湘西苗族的民间信仰在运动中被取缔；到了 21 世纪初，随着国际范围内对非物质文化遗产的关注，国家又开始拯救某些濒危的民间信仰，湘西苗族的传统信仰活动再次获得了生存空间，椎牛、做法事等民间信仰从历史记忆中唤醒。

第二，国家的民族政策为苗族文化的变革提供了正当性根据。由于国民政府所提出的"三民主义"和"五族共和"等思想有其极大局限性，没有真正解决民族平等和民族团结的问题，因而也没有得到各民族的广泛响应。而新中国成立后的民族区域自治制度、民族团结政策，都强调各民族一律平等、都是中华民族的有机组成部分，承认各民族文化的价值，承诺尊重各民族文化。这些制度或政策是苗族文化存在的合法性资源。在"总体性社会"时期，苗族文化的合理性被非正常状态的政治斗争话语（"破四旧"运动）所抽离，但是自改革开放后中国社会进入正常轨道以来，这些政策或制度为苗族文化保护和发展提供了强有力的支持。特别是 20 世纪 80 年代以来，随着民族政策的贯彻执行，以及当前"三个离不开"（汉族离不开少数民族，少数民族离不开汉族，各少数民族也相互离不开）和"五个认同"（不断增进各族群众对伟大祖国、中华民族、中华文化、中国共产党、中国特色社会主义的认同）等国家话语的弘扬，苗族文化再次获得了生存正当性证明，逐渐从尘封的记忆中唤起复苏，续接曾被迫中断的传统，并开启了发展创新的新阶段。

第三，国家的政治、经济制度或体制的建立促发了苗族文化的变革。任何社会都是经济、政治和文化的有机结合，一定的经济、政治决定一定的文化，一定的文化又反作用于一定的政治与经济。国家经济、政治制度或体制的变化，必然会引起苗族文化的变革。新中国成立后，鉴于当时国家领导人对社会主义的褊狭理解和纯洁性的高度要求，国家发动了一系列批判、打击所谓"非社会主义"的运动，这一政治导向反映在文化领域，则是一场场反资本主义和封建主义文化的运动。在这些运动中，苗族文化被贴上"封建主义"标签，列入了被禁之列，遭遇了前所未有的劫难。经济体制变革也激励着文化的革新。改革开放特别是社会主义市场经济体制建立以来，苗民作为独立的市场主体融入到市场大潮中，领略了一个与苗疆乡土完全不同的外部世界，带回了大量的现代化信息。这些信息剧烈冲击着苗族传统文化，力促苗族人民对传统文化进行重新审视和再度筛选，重塑适应时代需求的新文化，实现了苗族文化的现代性变迁。

第四，"国家在场"的不同理念与方式，对苗族文化产生了不同的影响。国民政府时期，由于政权力量的软弱及时局的动荡，以建立现代民族—国家为初衷的文化同化策略对苗族文化的影响较小，苗族文化边界明显。1949 年新中国建立后，国家对待民族文化的态度、策略在不同阶段有着明显差异：新中国成立初期，国家组织民族调查，进行民族识别和建立民族区域自治，培养少数民族干部，帮助少数民族创造文字等，充分表明了国家对少数民族政治地位与文化权利的基本尊重。但与此同时，为了快速实现国家现代化的宏大目标，国家又尽力将所有的社会资源纳入了统一的规划中，使全国上下处于一种生活"样式"。因此，在一些场合，对民族文化的发展重视不够，特别是在"文革"十年浩劫中，苗族文化还受到了批判甚至被取缔；20 世纪 80 年代以后，国家对民族文化的认识发生了转变：其一，民族文化作为各民族的重要特征与各民族认同基础的重要性得以彰显，为了处理好民族问题，国家开始尊重民族文化，重视民族文化的继承与发展；其二，文化是综合国力的重要组成部分已成为新时代的国际共识，在"越是民族的，越是世界的"的理念支持下，国家意识到民族文化在促进国家发展与增强综合国力中的重要性，自觉将其作为建设中国特色社会主义先进文化的组成部分。在这种新的发展战略与思维下，国家给予了湘西苗族文化前所未有的生存和拓展空间，使苗族文化得到空前的繁荣发展。

（3）面对"国家在场"对苗族文化的规训，湘西苗族民间社会进行了理性的回应。一方面，当"国家在场"贬低了苗族文化的价值，掐断了苗族文化的传承经脉时，民间便会力所能及地予以抵抗，或以表面的驯服麻痹国家的监视，掩护性地开展活动，或以封存于记忆的方式保存，或在变通中寻求生存空间，或无视国家的禁令公然护持。另一方面，当国家的出场对苗族文化的历史承接有所助益时，民间社会便迎机力捧国家话语，以国家话语为旗号高扬苗族文化，结合时代特征和现实需要，对苗族文化进行重新阐释和现代整合。如改革开放后苗族民间对"尊重和保护民族文化"的政策高调接应，掀起了苗族文化勃兴的蔚然景观。可见，苗族民间社会在文化变迁中表现了鲜明的主体性和独立性。在百年来的苗族文化变迁中，"国家在场"促成了苗族文化的现代性重塑，但损伤了其完整性；民间社会捍卫了苗族文化的传承，但无益于其发展与创新。正是这两种力量此消彼长，交相互动，促进了湘西苗族文化的历史传承与现代创新，演绎了湘西苗族文化变迁的复杂图景。

综观百年来湘西苗族文化变迁进程可见，国家在其中发挥着重要作用。当国家势力软弱时，民族文化虽能保存，却缺乏创新与生机；当国家实施文化严控时，国家文化可以挤占或"覆盖"民族文化空间，民族文化也会随之消沉或被封存；当国家目标与民族文化发展目标一致时，国家与民族社会关系融洽，两者均从中受益。因此，从整体上看，在社会文化发展进程中，国家力量一直能够保持着强劲优势，而社会的力量则相当弱小，"至今还未能真正形成为与国家和政府相对应的力量"①。也就是说，在民族文化变迁中的"国家与社会"，国家是自变量，民族社会是因变量，即经常是国家"出招在先"，民族社会"应招在后"，从而影响文化变迁的方向与特征。在民族文化变迁中的"国家与社会"的关系给予我们深刻启示。

一方面，少数民族文化保护与传承要旗帜鲜明地贯彻国家理念、国家政策，维护"国家在场"的正当性。要"坚持以社会主义先进文化为引领，促进各民族文化交融、创新"②的基本原则。其中，以核心价值观为中心的社会主义先进文化体现了国家的主流意识形态，蕴含着现代化的追求，也决定着各民族共有精神家园的发展方向，是我们必须牢牢把握的根本政治原则。少数民族文化的转型和发展一定要在社会主义先进文化的导向下进行，才能保证正确的政治方向。同时，社会主义先进文化也有助于苗族文化的传承、发展与创新，如通过关联有序的制度

---

① 石德生：《"国家与社会"的中国研究面相》，《攀登》2009年第4期。
② 《关于加强和改进新形势下民族工作的意见印发》，2014年12月22日，新华网（http://news.xinhuanet.com/politics/2014-12/22/c_1113736752.htm）。

安排，为民族文化的发展提供资金、人力资源、沟通渠道和创新思路，为少数民族文化传承与发展创建坚实的平台。同时，要倡导和弘扬"三个离不开"、"五个认同"等国家话语，尊重"中华民族多元一体格局"历史演进事实，培养各民族中华民族共同体意识，建设各民族共有精神家园，坚决反对破坏民族团结、国家稳定的分裂主义思想和行径。

另一方面，社会主义先进文化在引领少数民族文化的发展时，需要了解和尊重少数民族文化所承载的民族性格、价值取向和发展规律。这就要求我们在坚守社会主义先进文化的本质的前提下，探索少数民族易于接受的方式，借用少数民族文化的知识体系和叙事习惯，"或是寻找原有社会组织原则为依据，而利用之介绍新的文化，甚或依循该民族的人格构成特征而推广新文化"[①]，将社会主义先进文化的本质渗透进少数民族文化机理中，实现社会主义先进文化的有效引领。也即是说，国家须具有一个理性的文化态度与科学的为政艺术，社会主义先进文化的引领要坚持做到因势利导，因地制宜，因族而异，处理好国家利益与民族利益、国家认同与民族认同的关系，把握"国家在场"的适时性和适度性，既推进少数民族文化发展的制度化，又给予少数民族文化充分的理解与尊重，去粗取精、推陈出新，努力实现少数民族传统文化的创造性转化和创新性发展，为民族地区发展提供强大精神动力。相反，若是脱离少数民族的文化土壤，国家话语对民族社会进行"不由分说"式的直接干预与渗透，不仅会破坏民族社会合理的社会规范和文化传统，而且也可能引发民族社会对国家宏大话语所建构的发展秩序产生困顿，出现文化认同危机与适应危机，同时对国家的发展目标也会产生阻碍。

---

① 李亦园：《人类的视野》，上海文艺出版社 1996 年版，第 116 页。

主要参考书目

史志类

1.（清）但湘良：《湖南苗防屯政考》，光绪九年。

2.（清）严如熤：《苗防备览》，道光癸卯重镌本。

3.《永绥厅志》，宣统元年本。

4.《凤凰厅志》，道光本。

5.《乾州厅志》，光绪本。

6. 凤凰县民族志编写组：《凤凰县民族志》，中国城市出版社 1997 年版。

7. 湖南省志编纂委员会民族志编辑组：《湖南省民族志》，1959 年印。

8.《苗族简史》编写组：《苗族简史》，贵州民族出版社 1985 年版。

9. 湘西土家族苗族自治州地方志编纂委员会：《湘西土家族苗族自治州志丛书·民族志》，湖南人民出版社 1999 年版。

10. 新编《湘西州志》，湖南人民出版社 1999 年版。

11. 中国科学院民族研究所、贵州少数民族社会历史调查组：《苗族简史简志合编》，1963 年印。

著作类

国内学者著作

1. 柏贵喜：《转型与发展——当代土家族社会文化变迁研究》，民族出版社 2001 年版。

2. 邓正来、［英］J. C. 亚历山大编：《国家与市民社会——一种社会理论的研究路径》，中央编译出版社 2005 年版。

3．段超：《土家族文化史》，民族出版社 2000 年版。

4．费孝通：《乡土中国　生育制度》，北京大学出版社 1998 年版。

5．冯天瑜、何晓明、周积明：《中华文化史》，上海人民出版社 1990 年版。

6．风笑天：《社会学研究方法》，中国人民大学出版社 2004 年版。

7．高丙中、纳日碧力戈等：《现代化与民族生活方式的变迁》，天津人民出版社 1997 年版。

8．郭于华主编：《仪式与社会变迁》，社会科学文献出版社 2000 年版。

9．《波德莱尔美学文选》，郭宏安译，人民文学出版社 1987 年版。

10．贵州省民族研究所编：《民国年间苗族论文集》，1983 年印。

11．胡申生、李远行、章友德等：《传播社会学导论》，上海大学出版社 2002 年版。

12．花垣县政协文史资料研究委员会编：《神奇的花垣》（风情篇），2007 年印。

13．花垣县民委、花垣县政协文史委员会编：《花垣苗族》，1993 年印。

14．花垣县民委：《湘黔边区花垣纪念苗族传统节日"四月八"资料汇编》，1986 年印。

15．金炳镐：《中国共产党民族政策发展史》，中央民族大学出版社 2006 年版。

16．梁漱溟：《中国文化要义》，上海世纪出版集团 2005 年版。

17．罗荣渠：《现代化新论》，北京大学出版社 1993 年版。

18．林耀华主编：《民族学通论》，中央民族大学出版社 2003 年版。

19．凌纯声、芮逸夫：《湘西苗族调查报告》，民族出版社 2003 年版。

20．李亦园：《人类的视野》，上海文艺出版社 1996 年版。

21．李国栋：《民国时期的民族问题与民族政策研究》，民族出版社 2007 年版。

22．李昌俊、彭继宽主编：《湖南民族关系史》（下卷），民族出版社 2006 年版。

23. 马戎：《民族社会学——社会学的族群关系研究》，北京大学出版社 2005 年版。

24. 马戎等主编：《中国乡镇组织变迁研究》，华夏出版社 2000 年版。

25. 马戎：《民族社会学导论》，北京大学出版社 2005 年版。

26. 马敏：《官商之间：社会剧变中的近代绅商》，天津人民出版社 1995 年版。

27. 宋蜀华、白振声主编：《民族学理论与方法》，中央民族大学出版社 1998 年版。

28. 司马云杰：《文化社会学》，中国社会科学出版社 2001 年版。

29. 孙立平：《社会现代化》，华夏出版社 1988 年版。

30. 石启贵：《湘西苗族实地调查报告》，湖南人民出版社 1986 年版。

31. 石启贵主编：《民国时期湘西苗族调查实录》，民族出版社 2009 年版。

32. 谭必友：《清代湘西苗疆多民族社区的近代重构》，民族出版社 2007 年版。

33. 吴泽霖、陈国钧等：《贵州苗夷社会研究》，民族出版社 2004 年版。

34. 伍新福、龙伯亚：《苗族史》，四川民族出版社 1992 年版。

35. 伍新福：《苗族文化史》，四川民族出版社 2000 年版。

36. 伍新福：《中国苗族通史》，贵州民族出版社 1999 年版。

37. 伍新福：《湖南民族关系史》（上卷），民族出版社 2006 年版。

38. 王铭铭：《社会人类学与中国研究》，广西师范大学出版社 2005 年版。

39. 王铭铭、[英] 王斯福主编：《乡土社会的秩序、公正与权威》，中国政法大学出版社 1997 年版。

40. 王铭铭：《村落视野中的文化与权力》，生活·读书·新知三联书店 1997 年版。

41. 王铭铭：《逝去的繁荣》，浙江人民出版社 1999 年版。

42. 王雅林主编：《生活方式概论》，黑龙江人民出版社 1989 年版。

43. 王建娥、陈建樾等：《族际政治与现代民族国家》，社会科学文献出版社 2004 年版。

44. 文军：《承传与创新：现代性、全球化与社会学理论的变革》，华东师范大学出版社 2004 年版。

45. 吴忠民、刘祖云主编：《发展社会学》，高等教育出版社 2002 年版。

46. 徐杰舜、韦日科主编：《中国民族政策史鉴》，广西人民出版社 1992 年版。

47. 夏建中：《文化人类学理论流派》，中国人民大学出版社 1997 年版。

48. 湘西自治州凤凰县委、贵州松桃苗族自治县民委、湖南省社科历史研究所：《苗族史文集——纪念乾嘉起义一百九十周年》，湖南大学出版社 1986 年版。

49.《湘西苗族》编写组：《湘西苗族（初稿）》，《吉首大学学报》（社会科学版民族问题增刊）1982 年第 3 期。

50. 杨念群主编：《空间记忆社会转型——"新社会史"研究论文精选集》，上海人民出版社 2001 年版。

51. 严昌洪：《20 世纪中国社会生活变迁史》，人民出版社 2007 年版。

52. 詹启智主编：《转型社会的乡村政治》，中国农业出版社 2006 年版。

53. 钟敬文：《民俗学概论》，上海文艺出版社 1998 年版。

54. 郑杭生主编：《社会学概论新修》，中国人民大学出版社 2003 年版。

55. 张静：《基层政权——乡村制度诸问题》，上海人民出版社 2007 年版。

56. 周积明、宋德金主编：《中国社会史论》，湖北教育出版社 2000 年版。

57. 郑振满、陈春声：《民间信仰与社会空间》，福建人民出版社 2003 年版。

58. 赵世瑜：《小历史与大历史——区域社会史的理念、方法与实践》，生活·读书·新知三联书店 2006 年版。

59. 庄孔韶主编：《人类学通论》，山西教育出版社 2003 年版。

60. 周宪主编：《文化现代性精粹读本》，中国人民大学出版社 2006 年版。

国外学者著作（以学者国籍英文字母顺序排列）

1. 〔美〕艾恺：《世界范围内的反现代化思潮——论文化守成主义》，贵州人民出版社 1991 年版。

2. 〔美〕杜赞奇：《文化、权力与国家：1900—1942 年的华北农村》，王福明译，江苏人民出版社 2004 年版。

3. 〔美〕戴维·波普诺：《社会学》（第十版），李强等译，中国人民大学出版社 1999 年版。

4. 〔美〕塞缪尔·P. 亨廷顿：《变化社会中的政治秩序》，生活·读书·新知三联书店 1989 年版。

5. 〔美〕黄宗智主编：《中国研究的范式问题讨论》，社会科学文献出版社 2003 年版。

6. 〔美〕黄宗智：《华北的小农经济与社会发展》，中华书局 2000 年版。

7. 〔美〕黄树民：《林村的故事：1949 年后的中国农村变革》，素兰、纳日碧力戈译，生活·读书·新知三联书店 2002 年版。

8. 〔美〕吉尔伯特·罗兹曼主编：《中国的现代化》，江苏人民出版社 1998 年版。

9. 〔美〕马歇尔·萨林斯：《甜蜜的悲哀》，王铭铭、胡宗泽译，生活·读书·新知三联书店 2000 年版。

10. Peter B. Evans, *Embedded Autonomy*: *States and Industrial Transformation*, Princeton, Newrsey: Princeton University Press, 1995.

11. Peter B. Evans ed., *State-Society Synergy*: *Government and Social-Capital in Development*, Berkeley: University of California, 1997.

12. Joel S. Migdal, *State in Society*: *Studying How States and Societys Transform and Constitute One Another*, Cambridge: Cambridge University Press, 2001.

13. 〔美〕詹姆斯·C. 斯科特：《弱者的武器》，译林出版社 2007

年版。

14. Helen Siu, *A gents and Victims in South China*, Yale University Press, 1989.

15. Vivienne Shue, *The Reach of the State：Sketches of Chinese Body Politic*, Stanford University Press, 1988.

16.［英］马凌诺斯基：《文化论》，费孝通译，华夏出版社 2002 年版。

17.［英］方德万：《中国的民族主义和战争》，胡允桓译，生活·读书·新知三联书店 2007 年版。

18.［英］菲奥纳·鲍伊：《宗教人类学导论》，金泽等译，中国人民大学出版社 2004 年版。

19.［英］安东尼·吉登斯：《现代性的后果》，田禾译，译林出版社 2000 年版。

20.［日］王柯：《民族与国家——中国多民族统一国家思想的系谱》，中国社会科学出版社 2001 年版。

论文类

1. 陈春声：《乡村神庙系统与社区历史的演变——以樟林为例》，载周积明、宋德金主编《中国社会史论》（下卷），湖北教育出版社 2000 年版。

2. 陈春声：《明末东南沿海社会重建与乡绅之角色——以林大春与潮州双忠公信仰的关系为中心》，《中山大学学报》2004 年第 4 期。

3. 陈春声、陈树良：《乡村故事与社区历史的建构——以东凤村陈氏为例兼论传统乡村社会的“历史记忆”》，《历史研究》2003 年第 5 期。

4. 陈春声：《“正统”神明地方化与地域社会的建构——潮州地区双忠公崇拜的研究》，《韩山师范学院学报》2003 年第 2 期。

5. 陈柯云：《明清徽州宗族对乡村统治的加强》，《中国史研究》1995 年第 3 期。

6. 邓正来：《市民社会与国家——学理上的分野与两种架构》，载邓正来、［英］J. C. 亚历山大《国家与市民社会——一种社会理论的研究路径》，中央编译出版社 2005 年版。

7. 邓正来：《"国家与社会"研究框架的建构与限度——对中国的乡土社会研究的评论》，载王铭铭、〔英〕王斯福主编《乡土社会的秩序、公正与权威》，中国政法大学出版社 1997 年版。

8. 邓京力：《"国家与社会"分析框架在中国史领域的应用》，《史学月刊》2004 年第 12 期。

9. 戴桂斌：《"互强型"国家与乡村社会的建构》，《社会主义研究》2010 年第 1 期。

10. 高丙中：《民间的仪式与国家的在场》，《北京大学学报》2001年第 1 期。

11. 郭于华：《民间社会与仪式国家：一种权力实践的解释》，载郭于华主编《仪式与社会变迁》，社会科学文献出版社 2000 年版。

12. 关凯：《多元文化主义与民族区域自治——民族政策国际经验分析》（下），《西北民族研究》2004 年第 2 期。

13. 关凯：《多元文化主义与民族区域自治——民族政策国际经验分析》（中），《西北民族研究》2004 年第 1 期。

14. 黄剑波：《乡村社区的国家在场——以一个西北村庄为例》，《西北民族研究》2005 年第 1 期。

15. 何艳玲：《西方话语与本土关怀——基层社会变迁过程中"国家与社会"研究综述》，《江西行政学院学报》2004 年第 1 期。

16. 景跃进：《"市民社会与中国现代化"学术讨论会述要》，《中国社会科学季刊》1993 年第 5 期。

17. 科大卫、刘志伟：《宗族与地方社会的国家认同——明清华南地区宗族发展的意识形态基础》，《历史研究》2000 年第 3 期。

18. 李汉林、李路路：《资源与交换：中国单位组织中的依赖性结构》，《社会学研究》1999 年第 4 期。

19. 李建斌、李寒：《国家与社会在海外中国研究领域中的兴起及其反思》，《江汉论坛》2006 年第 12 期。

20. 罗兴佐：《中国国家与社会研究述评》，《学术界》2006 年第 4 期。

21. 林名均：《川苗概况》，载贵州省民族研究所编《民国年间苗族论文集》，1983 年印。

22. 刘锡蕃：《苗荒小纪序引》，载贵州省民族研究所编《民国年间苗族论文集》，1983 年印。

23. 雷勇：《国家在场与民族社区宗教正功能的生成——以贵州青岩为例》，《广西民族研究》2010 年第 4 期。

24. 潘洪刚：《清黔湘苗区屯政之比较》，《贵州社会科学》1985 年第 2 期。

25. 皮自牖：《穷山溪洞中苗族的生活》，载贵州省民族研究所编《民国年间苗族论文集》，1983 年印。

26. 邱纪风：《滇黔边境苗胞教育之研究》，载贵州省民族研究所编《民国年间苗族论文集》，1983 年印。

27. 盛襄子：《湘西苗疆之设治及其现状》，载贵州省民族研究所编《民国年间苗族论文集》，1983 年印。

28. 盛襄子：《湖南之苗瑶》，载贵州省民族研究所编《民国年间苗族论文集》，1983 年印。

29. 孙家俭：《湘西的苗人》，载贵州省民族研究所编《民国年间苗族论文集》，1983 年印。

30. 孙立平：《总体性社会研究——对改革前中国社会结构的概要分析》，《中国社会科学季刊》1993 年第 2 期。

31. 宋惠芳：《非零非博弈：国家与社会——一种合作主义的理论视野》，《云南师范大学学报》2006 年第 1 期。

32. 唐士其：《"市民社会"、现代国家以及中国的国家与社会的关系》，《北京大学学报》1996 年第 6 期。

33. 唐利平：《国家与社会：当代中国研究的主流分析框架》，《广西社会科学》2005 年第 2 期。

34. 仝志辉、贺雪峰：《村庄权力结构的三层分析：兼论选举后村级权力的合法性》，《中国社会科学》2002 年第 1 期。

35. 王笛：《晚清长江上游地区公共领域的发展》，《历史研究》1996 年第 1 期。

36. 伍新福：《湘西"革屯"运动述评》，《贵州民族研究》1983 年第 4 期。

37. 伍新福：《清代湘黔边"苗防"考略》，《贵州民族研究》2001

年第 4 期。

38．伍新福：《湘西苗族人民辛亥反清起义始末》，《贵州民族研究》1982 年第 2 期。

39．王铭铭：《国家与社会关系史视野中的中国乡镇政府》，载马戎等《中国乡镇组织变迁研究》，华夏出版社 2000 年版。

40．王巍：《国家、社会互动结构中的社区治理——一个描述性案例研究》，《武汉大学学报》2008 年第 2 期。

41．王建明：《西南苗民的社会形态》，载贵州省民族研究所编《民国年间苗族论文集》，1983 年印。

42．萧功秦：《市民社会与中国现代化的三重障碍》，《中国社会科学季刊》1993 年第 5 期。

43．夏维中：《市民社会：中国社会近期难圆的梦》，《中国社会科学季刊》1993 年第 5 期。

44．徐勇：《论农民劳动的国家性建构及其成效———国家整合视角下农民劳动的变化》，《山西大学学报》2008 年第 3 期。

45．阮西湖：《关于术语“民族国家”》，《世界民族》1999 年第 2 期。

46．严昌洪：《晚清民国时期社会风俗的变迁》，载周积明、宋德金主编《中国社会史论》（下卷），湖北教育出版社 2000 年版。

47．叶启政：《再论传统和现代的斗争游戏》，《社会学研究》1996 年第 6 期。

48．郑杭生、洪大用：《现代化进程中的中国国家与社会——从文化的角度看国家与社会关系的协调》，《云南社会科学》1997 年第 5 期。

49．赵世瑜：《国家正祀与民间信仰的互动——以明清京师的“顶”与东岳庙为个案》，《北京师范大学学报》1998 年第 6 期。

50．赵世瑜：《黑山会的故事：明清宦官政治与民间社会》，《历史研究》2000 年第 4 期。

51．赵世瑜、邓庆平：《二十世纪中国社会史研究的回顾与思考》，《历史研究》2001 年第 6 期。

52．朱英：《近代中国的社会与国家：研究回顾与思考》，《江苏社会科学》2006 年第 4 期。

53. 朱英：《关于晚清市民社会研究的思考》，《历史研究》1996 年第 4 期。

54. 朱炳祥：《民族宗教文化的现代化——以三个少数民族村庄神龛变迁为例》，《民族研究》2002 年第 3 期。

55. 朱炳祥：《张力的度量——以"朝珠花的传说"为例对国家与民族社会关系的研究》，《武汉大学学报》2004 年第 1 期。

56. 朱炳祥、夏循祥：《屏风村龙灯文化变迁中的国家与社会》，《广西民族学院学报》2003 年第 11 期。

57. 朱炳祥、普珍：《国家的在场与家族共同体的消亡——以摩哈苴彝汉杂居村为例》，《中南民族大学学报》2004 年第 4 期。

58. 郑萍：《乡村视野中的大传统与小传统》，《读书》2005 年第 7 期。

59. 张鸣：《爬上妙峰山看村民自治》，《读书》2001 年第 11 期。

60. 郑卫东：《"国家与社会"框架下的中国乡村研究综述》，《中国农村观察》2005 年第 2 期。

后 记

　　这本书稿是在我 2009 年度国家社科基金项目的最终成果基础之上修改完成的。今天最后一次通读文稿，再次感受到此份书卷的厚重与轻薄。

　　说其厚重，是因为它凝聚了太多的教诲、关怀与支持。

　　中南民族大学段超教授以他敏锐的思路、宏大的历史观和渊博的学识为我开启了华丽的学术殿堂，激励我在学术道路上不断追求。在书稿的写作过程中，从确定理论框架、拟定提纲到撰写，他都进行了耐心的指导，并多次提出修改建议。书稿写作过程中，雷振扬教授、田敏教授、柏贵喜教授、李吉和教授都提出了许多十分宝贵的建议。此情此景，历历在目。

　　好友张春雨、邓晓红给了我家人般的温暖，分担了我生活中的烦愁，情同手足，契若金兰。妻子尹旦萍教授在忙碌的工作之余，还承担了繁重的家务，她的宽容和理解让我凌乱、笨拙的生活有了幸福的方向。可爱的女儿给予我无畏前行的强大动力，她的快乐成长让我有了韶华已去而无悔的生命领悟。世事沧桑，辗转年华，挚友如斯，家人如斯，吾复何求。

　　写作期间，由于多次去往湘西调查，无数田野乡间留下了我艰难跋涉的足迹，也积淀了太多的难忘经历，一草一木都让我无限地眷恋，湘西早已成为我的第二故乡。我的调查地吉龙村、板栗村和万溶江村的村民们，以他们本色的朴实和真诚为我介绍苗族的历史、传说、掌故和风俗，湘西州、凤凰县、花垣县、吉首市的档案馆、民族委员会和文化局的工作人员为我翻阅、复印历史文献提供了便利。乡恩友情，无以为报！

可以说，书稿的字里行间渗透着关心和帮助我的良师益友、家人、乡亲和工作人员的智慧与力量。每次翻看书稿，我都强烈地感受到蕴含其中的沉甸甸的真诚与善良，体验到书稿背后厚重的鼓励与期望。

说其轻薄，是由于自己有限的学术能力，没有能承托起他们的帮助与厚望，无法拿出一份有分量的著作。说实在的，面前的这本书稿，并不令我满意。由于我基础较差，勤奋不够，悟性欠佳，对于老师们的很多建议和要求，虽然万分珍惜，努力遵循，却因为能力的限制而无法达致，最终只能拿出这份颇显轻薄的论文。

在厚重与轻薄的反差之间，我深感惭愧和无颜。在以后的岗位上，我一定会用加倍的努力、出色的成绩来抵消这份惭愧和无颜，回报这份厚重。

崔榕

2017. 3